Cicatrices en la memoria

Editorial Capitán San Luis
La Habana, 2016

Editor asesor: Eduardo Heras León / Edición: Asunción Rodda Romero / Diseño interior: Rafael Morante Boyerizo / Diseño de cubierta: Eugenio Francisco Sagués Díaz / Realización: Viviana Fernández Rubinos y Julio A. Cubría Vichot / Fotografía: Roberto Chávez Miranda.

Todos los derechos reservados
© Sobre la presente edición:
Editorial Capitán San Luis, 2016
Primera edición, 2003

ISBN: 959-211-249-5

Editorial Capitán San Luis, Calle. 38, No. 4717, entre 40 y 47, Playa, La Habana, Cuba

Email: direccion@ecsanluis.rem.cu
www.capitansanluis.cu
https://www.facebook.com/editorialcapitansanluis

Sin la autorización previa de esta editorial, queda terminantemente prohibida la reproducción parcial o total de esta obra, incluido el diseño de cubierta, o su trasmisión de cualquier forma o por cualquier medio.

roberto fernández retamar

PRÓLOGO

Los monstruosos atentados que el 11 de septiembre de 2001 abatieron las torres del World Trade Center en Nueva York y destruyeron un ala del Pentágono en Washington, provocaron en el mundo un enorme y justificado rechazo ante los horribles actos de terrorismo. Cuba fue uno de los primeros países en condenarlos, y en ofrecer ayuda al agredido pueblo estadounidense, al que, al margen de conocidas diferencias políticas, tanto nos une. Además de ello, Cuba sabe de qué se está hablando, pues ha sufrido en carne propia, desde 1959, cuantiosos actos terroristas, por lo general alentados, con raras excepciones como las del gobierno de Carter, por sucesivas administraciones de los Estados Unidos.

No hay terrorismo bueno ni terrorismo malo: todo terrorismo es condenable; ni son sólo los poderosos los que padecen cuando el terrorismo se vuelve contra ellos. Pero los medios de información (a menudo, de desinformación) en manos de los últimos, llevan a las cuatro esquinas del planeta ecos de sus dolores, y acallan o minimizan los de la humanidad pobre. Este libro se propone mostrar cómo escritores radicados en Cuba han recreado algunas de las múltiples agresiones sufridas por el país a lo largo de más de cuarenta años. Es *menester escuchar su voz, en momentos en que se pretende hacer creer que sólo los crímenes de aquel 11 de septiembre son merecedores de repudio: e intentando borrar, de paso, otro 11 de septiembre, el de 1973, cuando, cumpliendo instrucciones del gobierno de turno en los Estados Unidos, fue bombardeado en Chile el Palacio de La Moneda, lo que ocasionó la muerte al Presidente Salvador Allende, y se instauró una feroz tiranía militar que asesinaría a millares. El filme de 1982 de Costa Gavras,* Missing (Desaparecido), *denunció el hecho centrándose en el asesinato de un joven periodista norteamericano cuyo padre fue encarnado memorablemente por Jack Lemmon.*

Los actos terroristas cometidos contra Cuba han sido variadísimos, e incluyen sabotajes (como el del barco francés La Coubre, el 4 de marzo de 1960, cuando se descargaban en el puerto de La Habana municiones belgas requeridas para defenderse, o el que el 6 de octubre de 1976 hizo estallar en pleno vuelo un avión cubano de pasajeros recién despegado de Barbados: los autores intelectuales de este último crimen son los connotados terroristas adiestrados por la CIA Orlando Bosch, quien se pasea impunemente por Miami, y Luis Posada Carriles, en la actualidad detenido en Panamá con varios de sus secuaces por haber intentado dar muerte en aquel país a Fidel y de paso a un número indeterminado de estudiantes); incendios (como el que el 13 de abril de 1961 destruyó la más importante tienda cubana, El Encanto); secuestros (como los de pescadores cubanos en alta mar, en los años sesenta y setenta, o el famoso del niño Elián entre 1999 y 2000); atentados (como los numerosísimos que se han proyectado contra Fidel y otros dirigentes, o el que el 22 de abril de 1976 costó la vida a diplomáticos cubanos en Portugal); infiltraciones de terroristas (de las que es ejemplo la ocurrida el 15 de octubre de 1994 en Caibarién); colocación de explosivos (en fecha tan cercana como el 4 de septiembre de 1997 estallaron en los hoteles habaneros Copacabana, Tritón y Chateau Miramar y en el restaurante La Bodeguita del Medio, varios de esos explosivos, colocados por un salvadoreño que contrató Posada Carriles); ametrallamientos desde el mar, guerra biológica y por supuesto la consabida invasión mercenaria similar a las que tantos países del área han conocido: baste el ejemplo de la Guatemala de 1954. La diferencia estriba en que la que se envió a Cuba en abril de 1961 *fue desbaratada en sesenta y seis horas. Como consecuencia de esa derrota, las máximas autoridades norteamericanas organizaron el tenebroso Plan Mangosta, que implicó muchísimas agresiones a Cuba y hubiera podido conducir a una agresión directa de tropas de los Estados Unidos a la Isla en 1962 (ver de Jacinto Valdés-Dapena su libro* Operación Mangosta: Preludio de la invasión directa a Cuba, *La Habana, Editorial Capitán San Luis, 2002). Para disuadir a los gobernantes de ese país, no para atacarlo, y sobre todo por razones de solidaridad con el que era el campo socialista, Cuba accedió a la sugerencia soviética de emplazar cohetes atómicos en su territorio, lo que condujo a la Crisis de Octubre de 1962, el momento más álgido de la Guerra Fría, que puso a la humanidad al borde de la extinción. En los momentos en que se escriben estas líneas, tiene lugar en Cuba la* "Conferencia Internacional La Crisis de Octubre, una visión política 40 años después", *con la participación de varios protagonistas sobrevivientes del estremecedor acontecimiento: una Conferencia, se ha dicho, signada por el rigor y el respeto. Así ocurrirá, tarde o temprano, cuando en el futuro se aborden otros de los hechos aludidos en este libro. Tales hechos han ocasionado a Cuba 3 478 muertos y 2 099 lisiados (véase* Demanda del pueblo de Cuba al gobierno de los Estados Unidos por daños humanos *[presentada al Tribunal Provincial Popular en La Habana el 31 de mayo de 1999], La Habana, Oficina de Publicaciones del Consejo de Estado, 1999).*

Los textos que se reúnen en este volumen son ejemplos de lo que Mario Benedetti llamó, en un libro de utilidad, Letras de emergencia *(Buenos Aires, Editorial Alfa Argentina, 1973). Varios de tales textos, por su calidad intrínseca, sobrevivirán a las coyunturas que los han hecho nacer. Pero sin duda el énfasis ha sido puesto en esas coyunturas. Y su propósito común no es sólo mostrarlas, sino llamar la atención sobre cómo Cuba está obligada a defenderse del terrorismo que ha padecido no en un solitario y amarguísimo día de septiembre, sino durante más de cuarenta años. Un ejemplo señero de esa defensa lo ofrecieron los cinco patriotas cubanos que en estos instantes están encarcelados en prisiones de los Estados Unidos, sometidos a condenas alucinantes, por el presunto delito de haberse infiltrado en grupúsculos radicados en la Florida, sobre todo en Miami, desde donde dichos grupúsculos han estado planeando acciones terroristas contra Cuba a ciencia y paciencia de autoridades de aquella nación. No es delito, sino timbre de gloria, defender a su país contra el terrorismo. Si de modo similar hubieran sido infiltradas las bandas de agresores del 11 de septiembre de 2001, que sorprendentemente se entrenaron en los Estados Unidos, éstos no hubieran tenido que lamentar los horrores de ese día. Sabe Dios cuántos males evitaron, no sólo a Cuba, estos compañeros encarcelados, a los cuales se les ha concedido en su patria el altísimo honor de ser llamados Héroes. En el epílogo de este libro, Ricardo Alarcón, Presidente de la Asamblea Nacional del Poder Popular, explica los avatares del caso.*

Llegar a la inteligencia y al corazón de los demás pueblos, en particular el de los Estados Unidos, es aspiración de estas páginas. Cuando el secuestro de Elián, el ochenta por ciento de la opinión pública de ese país apoyó el regreso del niño al seno de su verdadera familia y de su tierra verdadera. No hay que confundir las trapacerías de gobernantes inescrupulosos con los nobles sentimientos de un pueblo que en el siglo XVIII inició la revolución independentista en América, en el XIX logró hacer extinguir la esclavitud y en el XX combatió contra el nazifascismo fuera y el macartismo dentro de sus fronteras. Confiamos en lo mejor de ese pueblo, la patria de Lincoln. Estas páginas se escribieron, en gran parte, pensando en él. Estamos seguros de que no habrá sido en vano.

La Habana, 13 de octubre de 2002

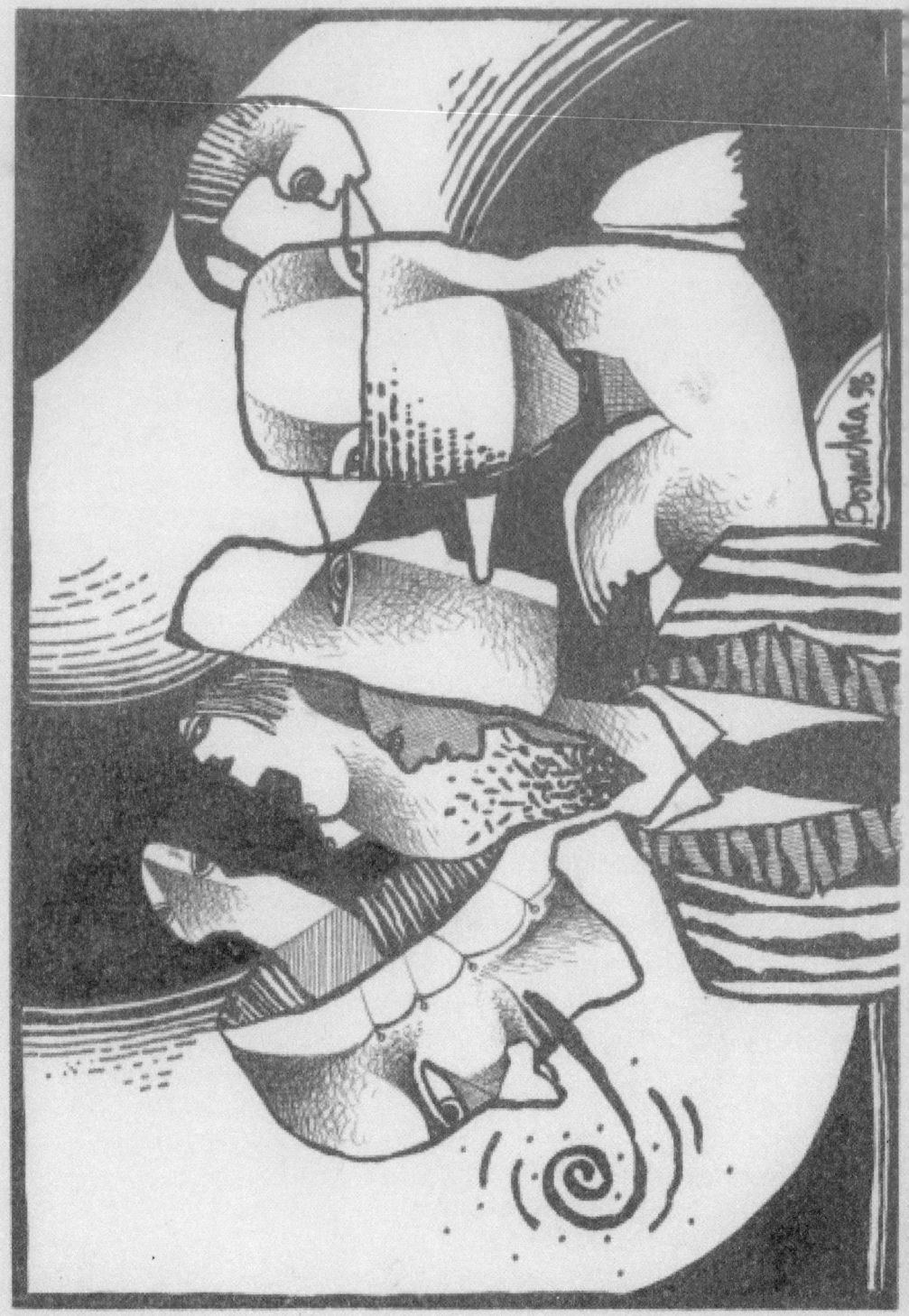

eduardo heras león

*Para Nelson Heras y Enrique Ávila Guerrero,
de la vieja guardia*

ÓLEO DE BARCO CON TALLER DE FONDO

Hacia el mediodía, los talleres de la fábrica eran un aletear de gente y una marea de calor, y nosotros, acabados de almorzar, buscábamos rincones de sombra, minúsculos espacios bendecidos por la brisa, para descansar los escasos minutos del receso.

Yo salí del comedor en estado de absoluta plenitud, y subí los escalones en dirección al taller de fundición. Apenas me asomé a la entrada, el sonido de los pisones en el área de moldeo me entumeció los oídos. "Uno nunca se acostumbra a este ruido infernal", pensé. Crucé apresuradamente el área evitando la zona de vertido. Unos minutos antes habían terminado una colada y las cajas de moldeo todavía echaban humo y contaminaban aún más aquella atmósfera irrespirable. El calor era agobiante y yo quería llegar cuanto antes al taller de acabado. Había descubierto allí un espacio donde el sol y el silencio merodeaban sin estorbarse, y la brisa corría a través de un enorme boquete en el fibrocemento de una de las paredes. Era un extraño oasis en medio de aquella resaca de ruidos, polvo y calor.

Entonces lo vi.

Estaba de espaldas, el casco del fundidor en una mano, mirando abstraído el horno. Era un negro alto, muy delgado, y su silueta, recortada en la claridad de la puerta trasera del taller, me pareció conocida. Algo dentro de mí echó a andar y comenzó a moverse hacia atrás. Pero él no dio tiempo. De repente se volvió y quedó mirándome fijamente, primero muy serio, el rostro contraído; después, sus facciones se fueron aflojando y una amplia sonrisa lo convirtió en el rostro de un niño inconfundible que empezó a atravesar los pliegues de mi memoria:

—Yo te conozco —dijo—. ¿De dónde...? ¿De dónde? De... De... A ver... de...

—Yo también a ti... ¿De las fuerzas armadas...? ¿Artillería...?

—No... no, de más atrás. —Y cerró los ojos.

—¿Universidad...?

—No... no, más atrás, más...

—¿De la escuela...? Sí, de la escuela... —dije ahora más seguro.

—¡114! —dijimos ambos a la vez—. ¡Del Palacio de los Gritos! —agregué riéndome—. Tú eres... tú eres... ¡Faustino! ¡Tino!

—Y tú... ¡Raulito, *el Jabao*! —Se acercó, y me tocó el pelo rebelde como lo hacía antes. Y nos abrazamos como los niños del recuerdo.

—¡Faustino, cará! ¿Te das cuenta? Hace como veinte años de eso, compadre. Veinte años, ¡y míranos!

—¡Dónde nos vinimos a encontrar!

Él se colocó el casco y le echó una ojeada al horno. Levantó la puerta y miró unos segundos el movimiento acompasado de los electrodos en el centro de la recámara. Movió afirmativamente la cabeza y luego cerró la puerta con brusquedad.

—Oye, Tino, ¿tú eres el fundidor del turno?

—Ajá... Hace unos meses que estoy acá.

—Pero qué extraño, compadre, yo no te había visto...

—Es que he faltado bastante. He estado enfermo, todavía lo estoy... los nervios.

Se sentó lentamente en el banquito del fundidor y sacó —no sé de dónde— una banquetica que colocó a su lado.

—Ven, Jabao, vamos a conversar un ratico. ¡Coño, pero qué alegría me da verte!

Se quitó el casco y con un pañuelo muy sucio se secó el sudor de la cara y el cuello. Se había hecho un extraño silencio en todo el taller de fundición, como si estuviera durmiendo una siesta.

—¡Así que fundidor, cará! —le dije—. ¿Eso fue lo que estudiaste? ¿Eres técnico medio?

—No, soy ingeniero metalúrgico.

—¿Cómo ingeniero metalúrgico? ¿Tú ingeniero? No te creo, negro, si tú eras ciego a las matemáticas...

—Ah, ya ves, ahí tengo mi título y todo. Del Instituto Superior Metalúrgico de Kiev...

—¿En la Unión Soviética? ¿Tú...? No, qué va... Bueno, me tienes que contar —le dije, y lo miré con curiosidad.

—No, mi socio, es demasiado largo, y además...

—No, no, pero espérate, espérate. Si tú eres ingeniero, ¿qué haces aquí de fundidor? Tú tendrías que estar en... Oye, ¿pero tú eres ingeniero de verdad?

—Claro que sí.

—¿Seguro...?

Yo me había levantado y lo miraba con toda la incredulidad del mundo. Todavía lo recordaba en los días de la Primaria: un negrito alto y delgado como una varilla, enredado a puñetazos constantemente y que un día, cuando el abusador del aula quiso pegarme, sin yo pedírselo, se convirtió de repente en mi defensor, y ya lo fue después para siempre. Mi gran amigo de la niñez, siempre dispuesto a la pelea, el más torpe de todos en los estudios.

—¡Coño, ¿tú me conoces como mentiroso?!

—No, claro que no, perdóname. Pero es que...

Quedamos callados unos minutos. Los ruidos del taller regresaban tímidamente, y el horno era una mancha rojiza en una densa nube de vapor. Él se dirigió al horno y otra vez abrió la puertecita. Miró absorto unos segundos. Antes de cerrarla, echó unos pedacitos de metal y unas llamitas azules brillaron allá adentro. De pronto recordé:

—Faustino, ¿y Lucio?

Él no respondió. Volvió a secarse el sudor, esta vez con un poco de estopa, y se dejó caer en el banquito. Me pareció que miraba hacia un punto perdido más allá del taller, de la fábrica. ¿Cómo no me había acordado antes de Lucio? Faustino y Lucio, los hermanos inseparables: Lucio, el mayor, siempre cuidándolo; vigilando sus pasos.

—¿Y Lucio?
—Lucio murió, Jabao —dijo casi en un susurro.
—¿Cómo que murió? Pero, ¿cuándo?
—Murió en *La Coubre*, compadre. El 4 de marzo de 1960.
—¿Trabajaba en los muelles?
—Trabajábamos los dos...
—Pero tú...
—Yo me escapé de milagro.
—¿Cómo fue eso? Cuéntame.

Iba a volver a negarse. Se lo noté en el gesto de impaciencia que hizo, en la mano que levantó bruscamente. Pero algo en mis ojos lo apaciguó.

—Es que ese día era mi brigada la que estaba descargando el barco. A Lucio le tocaba descanso. Pero yo tenía turno de médico y él me sustituyó. Fue una idea suya. Cuando salía para el trabajo, le dije que no hacía falta, que yo podía correr el turno. Pero se echó a reír. Me dio un golpecito en el pecho como siempre hacía y me dijo: "Usted, al médico; yo a la pincha". Tú lo conociste, Jabao: cuando él decía esto, era eso, ni más ni menos. Y tú sabes que yo no discutía con él. Entre nosotros, su palabra era siempre la última. Así que me fui a lo mío. Terminé cerca de las tres de la tarde y luego volví al muelle. Pensaba que todavía podía incorporarme a mi brigada que descargaba aquel barco. Yo sabía que eran armas. Incluso agarré un taxi, que me dejó enseguida allí. Cuando pagué, le pregunté al chofer la hora. "Tres y doce", me dijo con extraña precisión. Tres minutos después, el barco explotó.

—¡Coño, Tino! Y tú estabas allí. ¿Y luego...?

—Yo sentí como una oleada de calor que me golpeó la cara y me tiró al suelo. Levanté la cabeza y vi como un hongo de humo saliendo del barco, como si fuera una explosión atómica, y me aterré. Algo estaba resbalando por mi cara y pensé que era sudor. Me limpié con una manga de la camisa y vi que era sangre. Estaba aturdido y en ese momento ni me pregunté dónde estaba mi herida. Intenté levantarme, pero tuve como un mareo y todo empezó a dar vueltas. Algo así como una sirena empezó a sonar mientras la gente corría en todas direcciones. Miré hacia mi derecha, y vi una pierna tirada en el suelo, manchas de sangre, escombros. Otra vez me levanté. Y quise correr hacia el barco. Pero el mareo regresó y volví a caer. No sé qué tiempo pasó. Abrí los ojos, y de pronto, lo vi todo con una claridad sorprendente. Me levanté y eché a correr. ¡Lucio! Mi hermano estaba en el barco. ¡Lucio! Pero algo me detuvo. Alguien agarraba mi camisa y gritaba: "¡Estás herido en la cabeza! ¡Regresa! ¡Va a explotar otra vez! ¡Va a explotar! ¡Atrás!" Quise seguir, pero aquel hombre me dio un empujón y caí nuevamente. Después me agarró por los hombros, me levantó a la fuerza y corrimos juntos, alejándonos.

—Y hubo la segunda explosión, ¿no?

—Sí, peor que la primera. Además, hizo más daño que la otra. Mucha gente se había acercado al barco, y la explosión los destrozó. En medio de aquella confusión regresé a hacer algo, a ayudar en lo que fuera. Así estuve un largo rato, aturdido, sintiendo aquel olor penetrante a pólvora, a azufre, a carne quemada. Pero un mareo mucho más intenso me dejó casi sin sentido. Alguien me vendó la cabeza. ¿Y Lucio? ¿Qué sería de él? Yo sabía que estaba dentro del barco, pero tenía la esperanza de que escapara de aquel infierno. No era la primera vez. Lucio había sobrevivido accidentes, la lucha clandestina cuando Batista, la prisión. No, él saldría también de ésta. Claro que sí...

—Pero no salió, ¿verdad?

—No, Jabao, no salió. Ni siquiera aparecieron sus restos. Sólo recuperé un jacket que llevaba puesto aquel día.

—¿No pudieron velarlo?

—¿A qué cuerpo íbamos a velar?

—¿Y después...?

—Después nada. Después los años pasando, y uno que no puede olvidar, porque Lucio para mí era todo, mi padre, mi hermano, mi amigo. Y yo no quería, ni quiero verlo como un mártir, porque él no tenía ni madera ni vocación de mártir. Era un hombre como tú y como yo, que quería vivir, y que siempre me decía: "Disfruta la vida, Tino, que todavía hay muchas mujeres para acostarse, muchos rones que tomarse y muchos años para vivir. Apréndete eso y aprende también que hay una sola cosa sagrada: el trabajo".

»Un día vinieron a casa y me dijeron que estaba propuesto para ir a la Unión Soviética a estudiar. Yo apenas había terminado el Pre, con pésimas notas, pero era el hermano de Lucio, un mártir de la Revolución. ¿Qué iba a decir? Tenía que hacerlo por él, ¿te das cuenta?, aunque ni la ingeniería ni la Unión Soviética me importaran un carajo. Allí intenté estudiar. Hice lo que pude, pero pude bien poco. Y pensé que me devolverían pronto a Cuba. Pero otra vez Lucio hizo el milagro: jamás me suspendieron. Respondiera lo que respondiera, nunca me suspendieron un examen. Ellos eran así.

—Casi te regalaron el título, ¿no?

—¿Casi? No me hagas reír. El título no me lo estaban dando a mí, sino a Lucio: él era el ingeniero, no yo.

—Y aquí en Cuba, ¿qué pasó?

—Lo que tenía que pasar. Me situaron aquí, en la fábrica, como ingeniero en el Departamento de Producción. A los cuatro meses, después de meter la pata hasta el infinito, de calcular mal unas aleaciones, de descojonar varias coladas, me dieron a escoger: o me bajaban a fundidor, o me iba de la fábrica.

—Y te quedaste.

—Me quedé, Jabao, me quedé. Es lo menos que podía hacer por Lucio. Desde niño me había protegido, me había salvado la vida el día de la explosión, me había hecho ingeniero, a pesar mío. Y algo tenía que hacer yo, ¿no? Pero ahora lo haría yo solo. Ya no estaba a mi lado, ya no podía preguntarle ni pedirle consejo. Y por primera vez en mi vida tomé una decisión sin él. En algún momento tenía que hacerlo. Y aquí estoy.

—Y aquí estás. De fundidor. Qué bien, compadre —le dije irónico.

—Así mismo.

—¿Y vas a seguir de fundidor, eh?

—Voy a seguir.

—Quemándote la vida, pudriéndote aquí.

—Ajá. Como debe ser.

—Pues yo creo que como no debe ser, mi socio.

—¿Por qué no? Está bien que me joda un poco. Eso no hace daño.

—¿Cómo que no hace daño? ¿Hasta cuándo? ¿Te vas a meter aquí toda la vida?

—No sé —dijo y respiró profundamente—. Hasta que cumpla con él.

—¿Cumplir con qué, Faustino? ¿Qué compromiso es ése? ¿Es un castigo? Lo que estás haciendo es castigarte, ¿no te das cuenta?

—Está bien, Jabao, déjalo ahí.

—No, no lo dejo. Yo fui tu amigo y todavía sigo siéndolo. ¿Qué más tienes que hacer por Lucio? ¿Reprocharte no haber muerto con él? ¿No ves que te estás jodiendo la vida? ¡Coño, compadre, no te la sigas jodiendo! —le dije alterado, casi gritando.

—Déjame ya, Jabao, yo sé mis cosas.
—Vete de la fábrica.
—No, deja eso.
—Tino, con más o menos conocimientos, tú eres ingeniero. ¡Tú tienes un título!
—No me sirve.
—Sí te sirve, compadre —casi le supliqué.

Entonces él me agarró por los hombros y me miró fijamente, y los ojos se le fueron achicando, perdiéndose en el humo y el polvo que comenzaban a disminuir la intensa luz del mediodía:

—Jabao —y la voz se le quebró en un murmullo—, ese día yo no fui al médico; ese día yo fui a acostarme con una mujer, Jabao. ¿Tú me entiendes?

Me dio la espalda y se quitó el casco. Nuevamente se secó el sudor con el pañuelo. ¿O eran lágrimas? Después se fue acercando al horno. Abrió la pequeña puerta y miró al interior de la recámara, a través de los cristales del casco. Se volvió hacia mí:

—No te preocupes, mi socio. Ya lo mío pasó. —Y señalando al horno—: Déjame ver esta colada, no vaya a ser que también se joda —dijo intentando sonreír.

Se quitó los guantes. Tocó tres veces el timbre anunciando que la colada estaba lista, y se alejó entre los ruidos, el polvo y el calor de aquel taller al mediodía.

El barco francés *La Coubre* estalló en uno de los muelles de la bahía de La Habana, por un sabotaje preparado antes de su arribo a Cuba. Este acto terrorista ocasionó un número indeterminado de desaparecidos, se encontraron los restos de 101 personas y hubo más de 200 heridos.

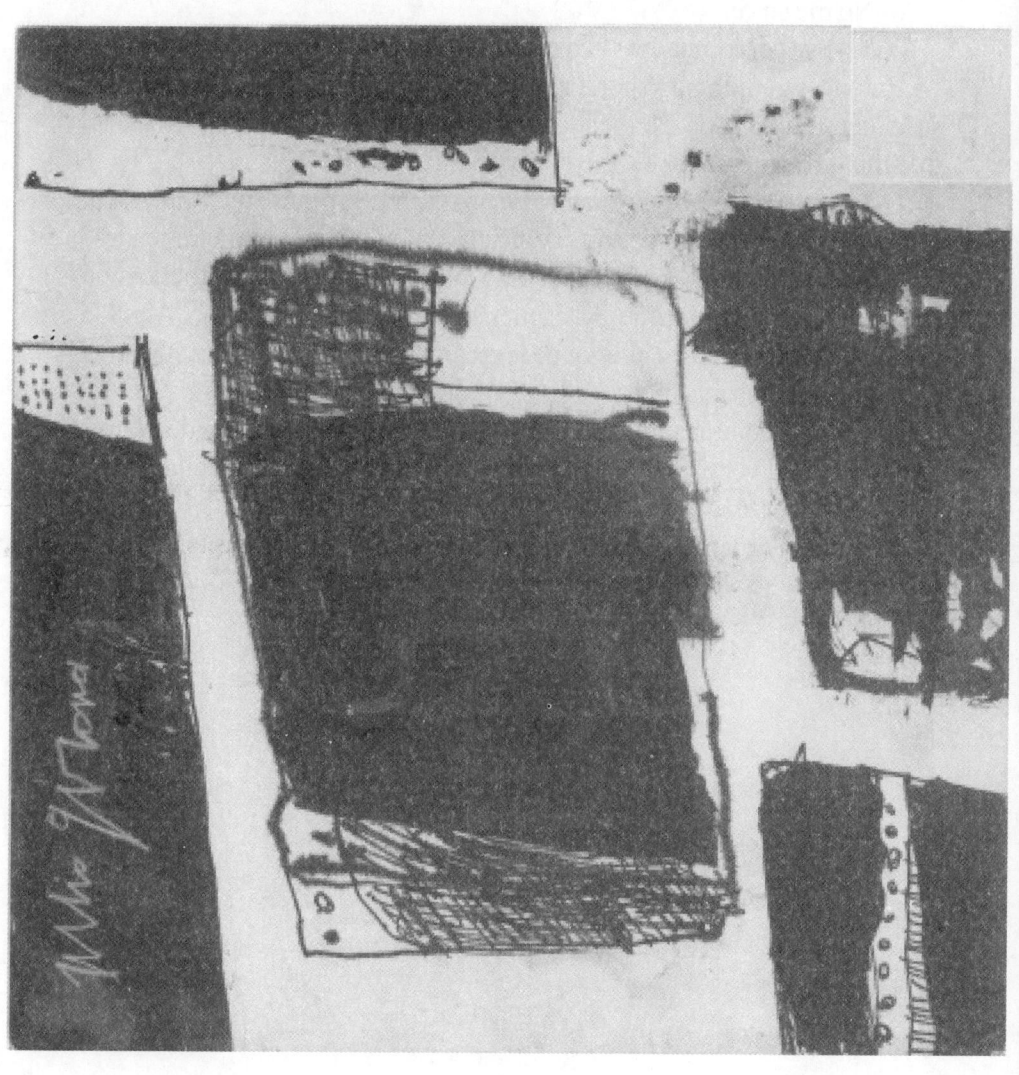

waldo leyva

La Petaca

ÉL
...ella tiene que saberlo porque si no, no me hubiera mirado con esos ojos que parece que me estaban leyendo por dentro. Se tocó involuntariamente la falsa cajetilla de cigarros sobre el pecho, los ojos de la mujer siguieron sus manos un instante, o él pensó que había hecho ese gesto, y sintió como si la petaca se inflamara y la piel empezó a arderle y le faltó el aire. Cambió el rumbo de las manos y buscó en el estante de los discos sin dejar de mirarla pero ella se alejaba dándole la espalda. *Si no quería el disco para qué me lo pidió, tengo que serenarme, ni ELLA ni nadie puede saber nada.* Intentó concentrarse en lo que estaba haciendo una nueva clienta, se acercó, se parecía a Rosita Fornés, todas las mujeres rubias se le parecían a Rosita. La rubia pidió ver un disco de Lucho Gatica, *siempre quieren un disco de Lucho Gatica aunque no tengan los ojos negros, es como una fiebre.* La muchacha pasaba los dedos sobre la fotografía haciendo más lento el movimiento cuando recorrían la boca del cantante. *Si no fuera tan flaca se confundiría con Rosita, y pensar que no podré ver el estreno de* La viuda alegre, *donde seguro va a estar espléndida, como dijo el periódico, ¿o fue soberbia?, no, espléndida, lo dijo Pinelli en la televisión, Rosita estuvo varias veces en la Tienda*

pero sólo una vez vino hasta aquí, no me acuerdo qué disco quería, la tuve cerca, pude ver sus labios mientras me hablaba, su pelo, que despedía el calor que siempre había imaginado, el calor y el perfume, un olor que no venía de ninguna de las fragancias que conozco, un aroma entre salvaje y tierno, por lo menos eso se me ocurrió pensar. No recuerda ahora el tono de su voz, pero sabe que no se parecía al de la Rosita que él oía por la televisión o por la radio. Cerró los ojos para recuperar la voz de siempre, la de verdad. Cuando los abrió, Rosita seguía frente a él y se rió en su cara; se sintió ridículo y fingió ordenar algunos discos. Siempre había deseado tenerla cerca y ahora quería que se fuera. *Mi problema son las rubias, cuando era niño soñaba con Marilyn Monroe todas las noches, siempre era el mismo sueño, yo llegaba volando a una ciudad y la descubría mirando por los cristales de un edificio alto, Marilyn iba desnuda para el baño, envuelta en una toalla que, a veces, era como un abrigo de plumas y otras, una bata de dormir que usó mi madre y que aún está en la casa y que, cuando la veo y la rozo, me parece que estoy tocando su piel, en el sueño, Marilyn siempre tenía los labios pintados y zapatos de tacones altos, rojos, dicen que los hombres no sueñan en colores pero yo veía aquellos zapatos y eran rojos, muy rojos, lo demás era blanco y negro, o gris, pero la boca y los zapatos eran rojísimos.* Cuando se volvía hacia la ventana y lo miraba, él caía al suelo, siempre de espaldas. Era una caída larga, como si se deslizara por un embudo pegajoso y transparente, sin fin. Mientras iba cayendo ya no veía la ciudad sino un lugar cerca del mar lleno de matas de cocos; unas matas se movían mucho por el viento, como locas, otras no. Al despertar, siempre era el amanecer y durante mucho rato le quedaba un susto en el pecho y un desconsuelo en el estómago que no lo dejaba levantarse de la cama. *El mismo vacío que siento ahora, pero falta poco, a las seis sonará el timbre como todos los días y la gente empezará a salir de la Tienda.* Él sabe que ELLA sería una de las últimas, como siempre. *Si se queda, ése es su problema...* Rechazó la idea. Desde el primer momento que Mario Pombo le planteó la "misión", exigió dos cosas: primero, que pondría la bomba al salir para que explotara de noche, con la Tienda cerrada, y segundo, que la coordinación de todo estuviera a cargo de los americanos o de gente suya vinculada directamente con ellos. "La bomba —le respondió Mario— me la dieron ellos y tiene el poder de cien cocteles Molotov, lo tuyo es ponerla, no tienes que preocuparte de lo demás". Él había perdido la confianza en los de aquí, eso no se lo dijo a Pombo, pero eran demasiados fracasos. El cerco se iba cerrando, lo sentía, ya no podía caminar por la calle sin pensar que todos los ojos estaban sobre él. Ayer mismo agredió de palabras a un anciano que lo estaba mirando y después sintió una vergüenza enorme porque el viejo, casi con lágrimas en los ojos, le dijo que se parecía a un hijo que había perdido hacía muchos años, que caminaba igual, que tenía su pelo y hasta el mismo genio que aquel Carlos suyo que seguía buscando aunque supiera que era inútil porque él mismo tuvo que enterrarlo. *Ese viejo me echó a perder el día, y también la noche porque no dormí nada, qué cabrona casualidad que el hijoeputa se llamara Carlos, no sé si se me nota la falta de sueño, me he lavado la cara tres veces ya, y el cabrón reloj que no acaba de dar las seis para que toda esta gente se vaya, ¡coño!, todo el mundo decidió venir hoy al Encanto; tranquilo, compadre, deja los puñeteros discos, la gente se va a dar cuenta, mañana sólo encontrarán cenizas y tú estarás lejos; eso no puede fallar, la condición fue ésa, que me sacaran el mismo día, ellos saben, Pombo sabe que yo no me quedo aquí, a mí no me va a pasar como a Eduardo y Dalmacio, que los fusilaron por comemierdas; por comemierdas no, es que esto es al duro y al que cogen le dan palito; es muy fácil desde afuera o protegido por las embajadas, pero aquí hay que jugársela, coño, y jugársela de a verdad verdad, yo estoy convencido de que ELLA no se tragó que era una cajetilla de Edén, fui un imbécil en sacarla, se parece pero a la legua se ve que esto es una petaca llena de explosivos, ¡cojones con el puñetero reloj que no camina!, y ésa quién es, no creo que a Rosita se le ocurra venir a esta hora, ¿por qué carajo dejaron entrar a esa mujer?, si Rosita está aquí yo no puedo meterle candela a la Tienda; si algo falla, mañana estás preso, hágalo o no lo hagas, se lo viste en los ojos, ELLA todavía no lo ha procesado pero la idea le va a llegar, tiene toda la noche para pensarlo, total, el marido anda comiendo mierda y rompiendo zapatos y el otro hijito está con los rusos; esto es comunismo, a mí no hay quien me joda, por eso quemo la Tienda y me voy, ¡coño, no es Rosita!, esta rubia tiene la nariz muy grande, allá ELLA si se queda, cuando llegue el momento yo hago lo que tengo que hacer, si no hubieran puesto la bombita de mierda ahí afuera, hace unos días, todo sería mejor, el petardito ese lo único que logró fue romper unos cristales ahí, en Galiano, y llamar la atención y hacerme más difícil el trabajo a mí; pero no importa, dale, tú puedes, el carro está afuera esperándote, ellos piensan que ese petardito, como tú dices, fue El Atentado y que nadie se atreverá de nuevo, pero tú estás aquí ahora, con la petaca en el bolsillo, no te la vuelvas a tocar, ¡coño!, ¿o quieres que, al final, se den cuenta?; empieza a cerrar que ya el timbre sonó, ni cuenta te has dado que la gente está saliendo, tranquilízate, no saques más el pañuelo que no estás sudando nada, es sensación lo que tienes, vamos, prepárate, ya sabes dónde tienes que ponerla, recuerda, en medio de la ropa, ya no hay casi nadie, no te apures, ¡cojones!, ponla con cuidado, eso es, ahí, nadie te está mirando, cuando reviente, esto se va a volver una locura pero ya tú estarás lejos, no mires más para los lados, pareces un puñetero semáforo dando señales, vuelve a tu departamento; yo no tengo nada que hacer allí; hazme caso, eso no va a explotar tan rápido, camina suave, como si fueras por el parque; quiero salir ya; espera, tienes tiempo, ahora dale, con calma, salúdalos, diles hasta mañana aunque mañana esto va a ser un infierno y te van a estar buscando hasta debajo de la tierra; ese miliciano me miró, me está siguiendo; nadie te está siguiendo; yo creo que el viejo de mierda lo que hizo fue un teatro, está detrás de mí; detrás de ti no hay ningún viejo, es una vieja, y negra, ése es el carro, dale, móntate, no corras, ¡coño!, y no le hables al chofer, él sabe para dónde te tiene que llevar; ya lo hice, ya está puesta, ahorita está ardiendo, esta vez sí no hay quien lo pare, y ELLA está allá arriba, yo sé que está allá arriba, si no baja se jode, ése es su problema; ése es su problema no, tú también te jodes si ELLA se achicharra porque si te cogen, te fusilan; a mí no me van a coger, yo dejé muy claro que esta misma noche me largaba, mañana me entero por las noticias, que vean que yo, Carlos González Vidal, sí sé hacer las cosas, no como esos comemierdas que se dejaron quitar las armas y después hablaron como cotorras; tú te quieres ir porque sabes que si te cogen no tienen que darte ni una galleta para que desembuches todo; yo no soy pendejo, anda, pásate un día entero con una bomba incendiaria en el pecho, que todo el mundo te esté mirando, que te pidan un cigarro y que tú digas que no tienes y, entonces, te miren al bolsillo de la camisa donde se marca la petaca y tienes que volverte un actor y poner cara de disgusto, de tipo que le jode que le piquen un cigarro, cara de que no te lo doy porque no me da la gana, y después pasarte las horas pensando si ese tipo lo comenta y empiezan a sospechar que aquello no es una cajetilla de Edén y vienen y te registran; eso hubiera sido mejor; ¡qué coño mejor!, qué carajo estoy pensando, yo hice lo que tenía que hacer y si ELLA no sale fue el destino, o lo que sea, este carro no corre, por qué coño está dando vueltas por La Habana; tranquilo, ya lo hiciste, el chofer cumple órdenes, no lo mires, no le hables, él no puede saber quién tú eres porque se queda aquí, en la candela, él no se va; que se joda, yo sí me voy, ése fue el acuerdo y a mí tienen que cumplirme; tranquilo, compadre, te están cumpliendo, la máquina estuvo a la hora y en el lugar que Mario te dijo, aquí tienes la linterna, acuérdate de las señales; sí, ya sé, uno largo, tres cortos y dos largos, lo he estado repitiendo desde que me lo dijeron, pero yo quisiera llegar antes que la luz esa, tengo que revisar las pilas y el bombillo; no te pongas a hacer señales dentro de la máquina, no seas imbécil; ¿por dónde se metió este tipo ahora, por qué carajo no vamos directo a Baracoa?, la Tienda debe estar hecha un infierno, ELLA tiene que haber salido, seguro salió.*

ELLA
...que no me llamen más, que salgan de la tienda antes de que sea demasiado tarde, yo estoy atrapada, tal vez diez minutos antes hubiera podido forzar la puerta de la escalera pero ya es imposible, ¿quién pudo haber hecho esto?... Por más que ELLA piense no va a saber que fui yo y, si al final lo descubre, ya estaré lejos, sentado en algún bar tomándome una cerveza, admirado por todos **...tiene que ser alguien de aquí, algún empleado, pero ¿quién? ¿Martínez? no, es demasiado pusilánime para hacer esto, lo de él es hablar mierda y tirar pullitas, de ahí no pasa.** Intenta alejar los cochecitos que empiezan a deformarse por el fuego que sube cada vez más, quiere empujar un estante pero se da cuenta de que está muy caliente, las paredes se hinchan y parecen que estallarán de un momento a otro.

ELLA salió; procura que así sea porque si no, ya tú sabes lo que te espera; seguro salió, me parece estarla viendo ahora dando órdenes. **Tal vez fue uno de los últimos compradores, hoy la Tienda** *tuvo mucho movimiento, ni que fuera Navidad, alguna pelotica de ping-pong, como las que dejaron en las otras tiendas, el incendio viene de abajo, de eso no hay duda, pero qué importancia tiene eso ahora, el caso es que han quemado la Tienda y yo no tengo salida...* El edificio es una trampa, ELLA sabe que es una trampa, no va a ser tan boba de quedarse arriba *...debimos ser más cuidadosos, el petardo fue un aviso de que algo grande preparaban, pero ¿quién pudo ser capaz?, esto se está convirtiendo en un horno, estoy empapada en sudor, el uniforme se me pega, no puedo respirar; tranquilízate, Lula, tranquilízate, si te desesperas es peor; ¿ÉL?, ¿sería ÉL?, hoy estaba tan raro, parecía un autómata y sudaba mucho, como si no hubiera aire acondicionado...* Debe estar ardiendo; ¿qué te pasa?, ya no puedes arrepentirte, lo hiciste, ¿no?, aguántate ahora, este carro no tiene marcha atrás; siempre me pasa igual, hago las cosas y después quisiera no haberlas hecho; como cuando te masturbas en los baños públicos porque el olor a orine, mezclado con la humedad, te excita; eso es distinto, yo no puedo evitarlo; claro que no puedes evitarlo, si las últimas veces sólo se te paró bien cuando pensaste en ese olor, y después querías matar a la muchacha, como si ella fuera la culpable; sí, pero es distinto, yo hice lo que tenía que hacer, yo sí no estoy ciego, yo sé a donde va esto *...cada vez hay más calor, dentro de poco esto será un infierno, los ojos me lagrimean cada vez más, si pudiera volver al quinto piso, a lo mejor allí todavía no hay tanto humo, pero por dónde, si la escalera está bloqueada; serénate, Lula, serénate, a lo mejor los bomberos están por allá abajo, Ada seguro ya sabe que El Encanto está ardiendo, qué hora será, quedamos en vernos a las once, menos mal que Luisa se llevó la ropa de los círculos, ésa, por lo menos, los cabrones no la pudieron quemar, tiene que ser ÉL, se veía como si no hubiera dormido, la frente le brillaba de sudor como si estuviera enfermo y estaba tan pálido, Isora y Luisa seguro pudieron salir, ¿se habrán dado cuenta de que yo sigo aquí?, el piso está ardiendo, lo siento a través de las botas que me están quemando los pies, falta el oxígeno, dicen que cuando el calor es mucho se quema el oxígeno y hasta el aire se incendia. ¿Qué estará pasando allá afuera?, Ada debe estar ahí, y Ravelo y Robin, yo que le dije a Ada que cuando revisara el quinto piso bajaría a* *comer algo, Ravelo estará reventado después de los sesenta y dos kilómetros, el fuego está llegando a los estantes, no hay nada que hacer, apenas puedo respirar, yo no sé cómo hay personas que pueden darse candela... ¿Qué hora será?, los ojos me arden mucho, cuando le pedí el disco de Los Cinco Latinos por poco se le cae de las manos, Ada se hará cargo de Robin y de mamá, cuando los estantes se prendan será el fin. ¡Claro!, tiene que ser ÉL, si cuando Pepe le pidió un cigarro le dijo que no tenía y se puso blanco como el papel, tiene que haber sido ÉL, ¿qué hora será?, ya el humo no me deja ver su reloj, nunca le pregunté a Elena por qué, en el momento de la foto, agarró aquel reloj de pared, qué ocurrencia, por eso salí muerta de risa, ÉL no hacía otra cosa que mirar la hora, toda la tarde estuvo pendiente de la hora; ¿cómo no te diste cuenta, Lula?, esperó la hora del cierre para poner el explosivo, qué sed, Dios mío, qué sed, tengo la garganta seca y esta sed es desesperante, ahora quisiera ver el mar, sentarme en el Malecón y dejar que las olas me empapen, cuando los niños eran chiquitos íbamos mucho al Malecón, cómo se divertían detrás de los cangrejitos que corrían por el muro, ¿dónde estará aquella foto?, la noticia de mi muerte le llegará a Erik primero que la carta que le mandé hace unos días, es curioso, todo lo que le digo será pasado cuando él la lea, hasta yo también seré pasado, pero tiene que haber una salida; cálmate, Lula, tú sabes que no; ÉL también sabía que no había salida y estará ahí entre la gente, mirando cómo la Tienda se destruye, sabiendo que yo estoy aquí, quemándome, a lo mejor anda huyendo, pero lo van a descubrir, coño, lo tienen que encontrar... Ahora sí vamos para la costa, siento el aire del mar, ya falta poco y ellos me van a estar esperando, tienen que estar esperándome, en cuanto haga la señal van a venir a recogerme, seguro, a esta hora por aquí no pasa nadie, cuando vea la lancha me tiro al mar, en el agua estoy a salvo, ¿por qué coño paró aquí?, bájate ya, camina hasta la costa, apúrate y no preguntes ...María del Carmen tenía razón, ella nunca lo tragó; cálmate, Lula, cálmate y piensa, que el tiempo se te acaba, en cualquier momento el techo se puede venir abajo y tú misma ya no resistes mucho más, tu cuerpo está tan caliente como las paredes y ya no hay sitio en donde puedas estar, todo arde, Lula, todo arde y no hay nada* que hacer, cuando las llamas terminen con las estanterías vendrán por ti, no podrás impedirlo, Lula, a tiempo debiste darte cuenta de que ÉL era el enemigo, ÉL, que trató de restarle importancia a las llamadas anónimas, ÉL, que primero se te rió en la cara cuando hablaste de la biblioteca pero después te dio, solícito, el dinero para la escuela de Mayarí...* Yo siempre cumplí contigo, todo lo que me pediste te lo di, que no se te olvide, que no se te olvide, ¿habré hecho bien las señales?, yo no veo ninguna lancha *...Estaba claro, Lula, pero en tu vorágine no te diste cuenta de que ÉL sabía que todo era inútil porque ÉL quemaría la Tienda, y a ti con ella, Lula, ahora debe estar riéndose, pensando que tú te achicharraste...* No, eso no es así, la Tienda sí tenía que quemarla, pero tú estás ahí porque tú quieres, a mí no me culpes *...riéndose no, lo que debe es estar cagado de miedo, ÉL sabe que si lo agarran nadie lo salva del paredón, y lo van a agarrar...* Yo no veo ninguna lancha, ¡me cago en mi madre, estos cabrones no pueden haberme embarcado, yo mato a Mario si no vienen!

...Erik, ven, que papá nos va a hacer una foto con Robin, aléjate un poco, Ravelo, para que no salga cortada, no te preocupes, Ada, cuando termine de revisar yo bajo a comer algo, recógeme a las once, ¿dónde están las pilas?, la linterna no enciende... ¿qué carajo le pasa a esta linterna? Yo no veo ninguna lancha, ¡me jodieron, coño!, ¡me jodieron! *...Isora, ¿tú me puedes cambiar las pilas? Corre, María Luisa, llévate la ropa de los niños, que la están esperando, acuérdate que mañana la reunión es a las tres, hasta pronto, Juan, nos vemos en estos días, Ravelo, ponte dos pares de medias para que las botas no te hagan ampollas, mamá, hoy vengo a almorzar más tarde, dile a Robin que estudie, que mañana tiene examen, si Ada viene que me espere, a las once, Ada, a las once nos vemos...*

El 13 de abril de 1961 fue destruida la mayor tienda del país con el empleo de dos petacas de explosivos incendiarios, introducidas desde Estados Unidos por terroristas de origen cubano al servicio de la CIA.

Leyenda

Primero fue el pájaro azul y concluyó el sueño y comenzó la vida.

Desde la mañana no hace más que llover. Es una lluvia a intervalos, una lluvia fina que se precipita sobre las ceibas y corre bonita sobre la tierra. Las ceibas bajo la lluvia parecen mujeres de otro lugar, comadres que regresan a la loma con sus compras en el llano.

Junto a las ceibas hay un árbol del que no sé el nombre, un árbol raro, grande y delgado a la vez, alto y con ramas de una selva oscura. Es un árbol no de aquí, de un punto entre Pernambuco y la Tierra del Fuego, un árbol de la selva fría o caliente, traído por el capricho. Árbol para la ilusión, espacio de luz y lluvia que miro por la inocencia.

La casa, distante mil metros, como algo intangible, parvulario donde yo recité versos, donde enseñé la cabalística de las letras, enredo sutil de los signos. Un bohío que parece la ruina de un palacio, una casa que pudo ser de la China, un bohío con ramas de palmares color cinabrio. Una casa que me habla, rememora la vida de Pedro, su mujer, los hijos, los antiguos inquilinos negados a ser fantasmas hasta la noche.

—Tengo deseos de verte y sólo te escucho, hablas y suspiras como si estuvieras en un cine —me dice la casa.

Verdad es, el mundo es una sala de cine, una sala colmada de flores carniceras que devoran las imágenes de la memoria. Por eso hay que andar rápido con los recuerdos. Un poquito más allá de la casa está el río, el arroyuelo argentado, aguas de manantial. Las hijas del vecino colindante me miran bañarme. María va a ser mi novia. Tiene ojos verdes que cambian cada vez que pasa una nube sobre el cielo, María Bonita hecha de trenzas y labios de romántica viajera. Yo aún no le he dicho que la quiero. En la eternidad hay que esperar para mostrar los sentimientos. Las hermanas me claman para que le hable.

—¡Dile amor! —dice la pequeña.

—¡Dile que es flor y te besará! —dice la otra.

Las tres se marchan riéndose y yo quedo en el río. Voy a la piedra grande al final de la corriente. Allí dice Pedro que viven los médicos invisibles. Le repito que nada de eso existe, que son supercherías. Él insiste que allí viven los médicos invisibles, que allí dictan sus cátedras y muestran el camino de las hierbas del monte que curan las carnes de los hombres.

Pongo mi oído en la piedra y escucho una música de címbalos, tamboriles, cornetas chinas, y una voz con la magia de las imágenes fluidas, una voz fértil que profetiza la noche que se acerca, la crueldad acuática que vendrá desde el sendero del río, único sendero para la muerte y la gratitud.

—No puedo creer en ti, soy el maestro —le digo.

—Por eso enseñarás la poesía, que es creer en mí —me responde la voz de los médicos invisibles.

La tarde sigue en su transcurrir, una tarde de bronce, de corazón de roble, una tarde que tiene algo de dársena marina, reverberar tenue sobre las copas de los árboles. Una tarde en que el zumbido del viento atrae los sonidos de los disparos de los hombres en sus combates, el trepidar de los trenes distantes en la llanada, el olor vegetal de la vida que se hace fragua con las preguntas infinitas: ¿Para dónde camino, tardecita hermosa, para dónde llevo los recuerdos de los míos en La Habana, acaso ese tren me podrá llevar a Pernambuco y saber de dónde nace el árbol de junto a las ceibas, parará esta lánguida lluvia por un instante y al fin habrá un sol sin chaparrones, un sol inclemente como en los desiertos? Qué lindo sería vivir a lo corto y lo intenso, y no ser eterno y ver repetidos los perfiles de los días con las luces de la compasión.

Vuelvo a la casa. La cadencia luminiscente se reconvierte a las sombras.

La noche deja de ser promesa. Un cerdo a la entrada del bohío presagia la misma letanía. Pedro, su mujer, sus hijos, se han hecho fantasmas. Mi lámpara de queroseno está prendida en la sala. Hay olor a plátanos fritos, olor a salazón, olor a arroz criollo sazonado con culantro.

—Se acallaron los tiros, están huyendo —dice Pedro.
—¿Y si vienen para acá? —dice la mujer.
—Los apalabraré.
—Nunca has sido bueno con la palabra.
—Hoy tengo que ser bueno —dice Pedro.

Comemos, a mí me separan lo mejor, tengo pena. Los hijos de Pedro no hablan, son imágenes inertes, no hablan, no comen, sólo me miran, como si yo estuviera muerto.

—En la otra vida ellos hablaban —dice la mujer.
—No pueden, tienen el miedo —dice Pedro.
—Cuando el café madure nos iremos de esta loma —dice la mujer.
—Nos iremos con el maestro para La Habana —dice con poca convicción Pedro.
—¿Cuánto puede durar el miedo? —pregunto mirando a los hijos de Pedro.
—Toda la vida, hay miedos que duran toda la vida —dice Pedro.
—¿De dónde viene el miedo? —dice la mujer.
—De cualquier lugar, pero ahora está ahí, agazapado en el monte —dice Pedro.
—A lo mejor hoy no vienen —digo para darme fuerza.
—No te ilusiones, vendrán. Cada noche lo mismo. Hoy los apalabraré, a lo mejor hoy puedo convencerlos.

Después de la comida iniciamos las clases. De tanto repetirlas, ya Pedro y la mujer saben leer de corrido. Pedro jamás se quita su sombrero alón, antiguo. La mujer lo contempla como un espejo. Yo apenas uso la cartilla, prefiero la poesía. He aprendido mucho de ella. Martí me ha abierto al diálogo con Emerson, con Whitman y el infeliz de Casal. A Casal lo he visto, errante. Sus huesos se los llevaron los perros de la lluvia, en su tumba no están, los huesos. Por eso el difunto anda de un lado a otro, se deja ver. Pero ahora la historia es otra, no la de Casal.

—Faltan unos segundos —dice el primer niño, sus únicas palabras.
—Ahí llega el ruido —dice el segundo niño, sus únicas palabras.

Cada noche el mismo bramido, el chillido del cerdo que matan frente al bohío. Luego entran, rompen mis libros, acuchillan mi lámpara de queroseno, obligan a los niños a huir al mismo rincón, la mujer de Pedro grita por un poco de compasión. Lo mismo, siempre. Pedro va a hablar y le silencian su boca. Me preguntan si soy el maestro. Yo no digo ni que sí ni que no. El jefe canta el estribillo de una décima. Su voz es dulce, mira que el destino tiene cosas, este hombre tiene voz dulce cuando canta.

Nos sacan a la noche, la luna está encantada, hay tres lunas en el cielo, redondas y fulgurantes lunas que nos miran. Al cerdo ya le han sacado las tripas y lo conducen. Pedro va delante, tropezando, arrastrando, al trote. Yo soy la presa, a mí nadie me toca, la apreciada presa que pertenece al jefe cantor.

Venimos al árbol de Pernambuco, que está por decir algo y no presiente la brisa. A Pedro ya lo han empezado a golpear. Escucho el crujir de su piel, golpes sobre un atabal. El jefe ya no canta. Habla de la culpa.

—¡Quién ha visto letras donde hay sólo montes! —dice y se ensaña conmigo. De tanto golpearme, durante tantos años, ya no siento dolor. Quizás eso los pone furiosos. Prueban todo, desde el metal sin caridad hasta arrastrarme con una cuerda atada a mi cuello. No se preocupan de mi carne, no la cuidan. Como no la van a comer, no les importa mi carne.

—¡Mira lo que me han hecho! —siento que Pedro dice como si sacudiera su sombrero contra el viento. Nadie lo escucha, sólo yo lo escucho. Pedro se balancea de una rama del árbol de Pernambuco.

—Ahora acaben —dice el jefe, porque matarme cada noche es castigo para ellos, y me arrastran por la hojarasca. Siento el olor de la carne de cerdo en las manos de los que me matan. Ya yo no estoy ahí, siento ese olor y no estoy. Veo como mi cuerpo se hace cumbre en el árbol de Pernambuco, junto a Pedro que finalmente ha perdido su sombrero.

El pájaro azul atraviesa la primera luna, se sumerge en la segunda luna, se disuelve en la tercera luna. Pronto encontraré a María Bonita en el río. Algo va a cambiar, de la casa de Pedro surge música. ¿Quién puede visitar esa casa y traer música de bailarinas inocentes? Llueve, miro todo a través de un cristal imantado por la candidez del viento de montaña. Quizás a la noche no me maten y viva eternamente bajo el influjo de la música de las bailarinas inocentes.

El 26 de noviembre de 1961 fue torturado y ahorcado el joven capitalino de 16 años Manuel Ascunce Domenech, por bandas al servicio de la CIA. Manuel se encontraba en las montañas del Escambray enseñando a leer y escribir. Junto a su cadáver se halló el del campesino Pedro Lantigua Ortega, su alumno.

aymara aymerich

> Mery tiene una ovejita
> blanquita como la nieve,
> dondequiera que va Mery
> siempre lleva su ovejita.
>
> Tonada infantil

Seguir siendo yo

Ni Pedro ni yo habíamos volado nunca, por eso estábamos nerviosos. Ni habíamos viajado fuera de Cuba, por eso estábamos alegres. Tampoco nos habíamos alejado de mamá y papá, y de veras volábamos tristones. Íbamos solitos a nuestra primera aventura de verdad y debíamos ser fuertes. *Vas solo a tu primera gran aventura por el mundo y serás valiente, como yo cuando vine a estudiar para La Habana, cuando me volví hombrecito.* Mamá, en cambio, lloraba y lloraba todo el tiempo abrazada a mi hermanita, que sólo me decía *Jugar, jugar, jugar*, como ella siempre dice. Mamá llevaba unas gafas oscuras que segurito estrenó ese día porque nunca se las vi puestas, ni en la playa. También otras mamás las usaban allá adentro, donde no había ningún sol, y ellas también lloraban. Incluso, hasta un hombre grande se exprimía las lágrimas delante de todo el mundo. *Los hombres no lloran, hijo. Tú no te angusties, prometo que nos reuniremos muy pronto. A esto no le queda nada.* Me abrazó como si yo fuera alguien importante, me dio un beso en la frente y un sacudón de pelo. Mamá se alteró un poco *¡No despeines al niño, Hernán!* Sacó un peine de la cartera y me hizo una raya por aquí y un no sé qué por allá, mientras no dejaba de mirarme con esos espejuelos negros que le quedaban comiquísimos. Ese día no se parecía a mi mamá de todos los días. Me acarició la cara suspirando y yo le dije *No llores, mamita, nos reuniremos pronto*. Verla llorar a ella me daba ganas de llorar a mí, aunque sabía que no estaríamos separados mucho tiempo. *Vete ahora*, me dijo papá, y aquello sonó fatal en mis oídos.

Entré a la pecera con Pedro y me sentí mejor. Afuera estaban mis padres y mi hermanita, es verdad, pero además había una multitud gritando y llorando, y era molesto. Allí sentadito no oía la bulla. Sí veía a la gente haciendo señas y empujándose contra los cristales, que no se rompieron de puro milagro. Parecían monos o payasos, y yo sentí lástima por ellos, por todos los demás niños que me rodeaban, por Pedro, y creo que por mí también, aunque me habían enseñado a no sentir lástima por ser un mal sentimiento. *Misericordia, piedad... lástima nunca*. Se me ocurrió un juego que después no jugué. Yo inventaría las conversaciones entre los niños, que serían los pececitos, y sus familias, los monitos, traduciendo aquellos gestos locos. Así me divertiría mucho seguramente, burlándome de todos. Quería entretenerme, pero este juego, por algo que no sé explicar, me pareció incorrecto. Ya se me ocurriría otro. Entonces, para no aburrirnos, Pedro y yo repasamos cada detalle aclarado por mis padres antes de salir.

Así subimos al cohete para irnos a la Luna y ver muchos marcianos bandidos. Pedro y yo planeábamos vencerlos pues habría una guerra mortal. Los marcianos eran feos y apestosos. Querían robarnos la Luna y llevarla a Marte para comérsela porque ellos comen lunas solamente. Estábamos obligados a ser muy inteligentes a partir de ese momento. Allí esperaban miles y miles de peligros y enemigos malvados que querían destruirnos... Por supuesto, nosotros éramos los héroes, y los buenos nunca están indefensos. Nos protegía el Gran Poder de Angélica, que nos hacía invencibles y *valientes*... como papi había dicho.

Claro, ya recuerdo, no estoy en una nave. *Te vas a otro país, mi niño, y esta negra va a rezar mucho por ti*. Angélica no había ido al aeropuerto, ni siquiera salió al porche a despedirme. Un ratico antes de marcharnos sacó unos collarines de colores y los restregó contra mi cuerpo como si fuera a bañarme por la próxima semana entera, y hablaba tan extraño que yo no podía comprenderla. Luego me besaba abrazándome durísimo y repitiendo bajito *Las negras viejas no lloran, las negras viejas no lloran*. Angélica también dijo *Mi niño, usted no se me irá sin pro-*

tección, se me lleva a Pedro, que le puse un buen resguardo y yo me sentí feliz porque Pedro era mi amigo favorito de todos mis juguetes. Entonces él y yo comenzamos a hacer los preparativos para vencer en el combate.

Pedro, lo primerito es que no podemos zafarnos el cinturón de seguridad hasta que aterricemos en la Luna. Hay que desconfiar... los marcianos han puesto espías en todas partes. Si explota nuestra nave... Bueno, papá dijo que el viaje es seguro, que me porte bien para que ellos tres puedan venir pronto. Dijo que ya soy un hombre, un hombre muy bravo a pesar de mi corta edad, y que estaba muy orgulloso porque yo seré la llave para abrirles las puertas a toda la familia... Tú ves, Pedro, yo soy el hombre aquí, soy el capitán, y tú me debes obediencia.

La orden número uno fue abandonar la nave junto a mí. ¿Qué nave? El avión. Pude leer mentalmente *Mi-a-mi, Miami, Inter-na-tio, International, Air-port. Miami International Airport. Ves, Pedro, llegamos a Mayami sin ningún tropiezo.* Los Estados Unidos no se parecían a la Luna ni vimos ningún bicho asqueroso por ahí. Más bien, las cosas se veían bastante nuevas y bonitas. Había un cura esperándonos. *¿Hernán Fraga Errasti?*, preguntó. Yo moví la cabeza para decir que sí pero no hablé nada. *Vamos.* La orden número dos fue seguirme. El cura nos llevó a una guagua chiquita en donde estaban sentados quince o veinte niños y dos monjitas. Después montaron una niña y un niñito más y la guagüita echó a andar. Estos últimos niños venían tomados de la mano. La niña ya era como una muchacha y el varoncito, bastante menor que yo. Él gemía llamando a su mamá, y la muchacha lo cargó en sus piernas para acurrucarlo. Además, le besaba el pelo. *Son hermanos, Pedro.* Yo también quería acomodarme sobre las piernas de alguien, que me acariciaran, y ella parecía buena. De todas formas, no tenía por qué preocuparme. *Allá vas a estar bien con la gente de la Iglesia, que son nuestra gente. No te faltarán atenciones*, me había asegurado mamá tan cariñosa como siempre. Pensé que el cura me iba a preguntar por la salud de mis padres y mi hermanita, y me regalaría una gaseosa helada, pero a lo mejor se le olvidó con el apuro. Ahora el niño dormía encima de su hermana, que miraba el camino a través del cristal de la ventana. Era el único dormido porque todos mirábamos el camino y callábamos. La orden número tres fue acurrucarnos.

Yo prestaba mucha atención a todo el paisaje. Los árboles, las casas, los comercios. *Hernancito, en dos semanas, a más tardar, estaremos los cuatro reunidos otra vez,* así es que pronto haría el mismo viaje, pero al revés, para recibir a mi familia. Me gustaba siempre mirar los viajes al derecho y al revés, todo lo observaba desde todos los ángulos posibles ya que sería arquitecto cuando grande, igual que papi. *Este país no está nada mal para nosotros, Pedro. Hay cantidad de terrenos en donde construir muchos rascacielos y palacios. En cuanto llegue la familia vamos a contarle nuestro plan, a ver si nos pueden comprar uno para irnos fabricando un castillo en lo que vamos creciendo. Un castillo para mí, que soy un hombre, y el jefe, y para ti también, que eres mi más fiel servidor. ¿De acuerdo? La orden número cuatro es ayudarme a convencerlos.*

Además de mis secretos con Pedro, tuve tiempo para pensar de nuevo en todas las recomendaciones de mis papás. *Sé educado, gentil y responsable... Estudia mucho... Ve a misa... Aliméntate apropiadamente... Escríbenos... Cuéntanos todo en las cartas.* La carretera aquella no acababa nunca. Me dio la impresión de que el vuelo había sido más rápido que este viaje y que regresábamos a La Habana. Pasamos por varios pueblos: Kendall, Princeton y otros que no recuerdo, pero me fijé más en uno que decía Naranja. Me entró hambre y seguí pensando y mirando. No tenía ganas de jugar. Finalmente entramos a la ciudad Florida City. La guagüita dobló a la derecha y a la izquierda, y a la izquierda y a la derecha, hasta que se detuvo frente a tres edificios rodeados por cercas altísimas. *Parece que llegamos. Sígueme, Pedro, ya el peligro de los marcianos pasó. Aquí estaremos bien con la gente de la Iglesia, ya verás. Confía en tu capitán, Pedro. Orden número cinco: confía en tu capitán.*

El hermanito de la niña grande parecía aún medio dormido y daba tumbos. Pedro y yo mantuvimos el silencio y la vigilancia, por si acaso. Aquello, en realidad, no lucía tan agradable como imaginé. Estaba en un sitio apartado y no se parecía a mi escuela en La Habana. Una de las dos monjitas nos habló y yo me asombré mucho porque ya me figuraba que eran mudas. *Mai neim is sor Belén, from de reliyos order Hermanas de San Felipe Neri. Dis is de Florida Citi camppment an...* Todos los niños nos miramos a la vez. Ni Pedro ni yo entendimos nada, creo que nadie entendió. Luego miramos a la otra monjita, que era más joven, pero ni siquiera nos miraba. Entonces la niña grande pidió que repitiera en español y la monja mayor le golpeó la cara. *¡Lisen tu mi! Yu mos spik inglich, ol of yu. Inglich languach onli. ¿Du yu onderstendit?* Ahora sólo comprendimos que la monja estaba realmente brava, a mi entender, sin motivos. La niña grande se aguantaba su cachete con una mano y con la otra abrazaba al hermanito, que empezó a llorar de nuevo. Yo agarré bien a Pedro, para que no lo lastimaran, y me planté frente a la monja. *Por favor, si no le es molestia, le agradeceríamos que nos hablara en español.* Traté de ser educado pero igual me dio un manotazo por la oreja. *¡Stiupid chail!* Me dolió bastante, más en el pecho y en la mente. Era la primera vez que me pegaban y quise llorar. *Los hombres no lloran, Hernán.* Se me calentaron las orejas y pensé que las monjas estaban mejor siendo mudas. Quizás los mudos eran los niños, que ni se oían respirar. Volví a mi puesto muy impresionado.

Son los marcianos, Pedro. Esto es la Luna y creo que la guerra va a empezar en cualquier momento. Te lo advertí, Pedro, son muy peligrosos, tienen espías y ya ves que se disfrazan. Esta monja es un marciano y a lo mejor la otra igual. Tenemos que andar con cuidado, amigo. Tú, sígueme siempre y no temas. El capitán te cuidará. Ya era hora de darle a Pedro la orden número seis pero no sabía qué ordenarle. Recogimos nuestros bultos y yo seguí la corriente de la fila, las niñas hacia un lado y los varones hacia otro. El hermanito de la muchacha gritaba a toda voz *¡Mi mamita, mi mamita, Paula, ven, mi mamita!* Tenía los ojos chinitos del llanto y la cara roja y mojada. Paula estaba inquieta y se salió de su hilera para cargar al niño. *No te preocupes, mi amor, no nos van a separar.* Por suerte los marcianos iban delante y no la descubrieron, pero cuando Paula entró a nuestro apartamento una señora quiso detenerla. Durante un rato discutieron algo apartadas de nosotros y luego todo estuvo mejor porque ella y su hermanito cogieron una litera a mi lado. *Soy Paula, gracias por ayudarme. ¿Ayudarla? Soy Hernanci... Hernán, no ha sido nada.* Hubiera querido contarle de los marcianos, de mi familia, presentarle a Pedro, pero me daba miedo hablar español. Nos mandaron a comer en nuestro turno. Ya no tenía hambre y tampoco me gustaba la comida que sirvieron, por lo que me quedé sentado sin tocar ni un cubierto. Sor Belén me obligó a comer en otro idioma otra comida que no era la de Angélica. Yo no quería, lo juro, pero ella me empujó el huevo a la fuerza. Sentí un asco muy grande y vomité enseguida. También sentí vergüenza pues todos en el comedor nos miraban. *Aliméntate apropiadamente.* Yo no podía, lo juro. Sor Belén volvió a obligarme, esta vez a que me comiera el vómito. Pensé que iba a desmayarme, que eso era cosa de gente sucia, de puercos, pero el vómito estaba en mi boca de nuevo y en toda mi cara y mis manos y se lo escupí a sor Belén arriba. Salí corriendo a bañarme, a buscar a Pedro, a escribir una carta, no sé. Salí corriendo.

En nuestro baño había cola para entrar y los demás se apartaban de mí. Yo tenía peste. Nadie más me iba a querer en el mundo porque yo tenía peste, porque ofendí a sor Belén, porque no me alimenté, no sé, *Nadie más me va a querer en el mundo*, le dije al agua, que me caía fría pero sabrosa. Hablé con Pedro y me acosté a su lado. *Hay que hacer algo, Pedro, no pueden ganarnos.* Así, limpio y tranquilito, estuve el resto del día hasta que oscureció. También hablé con Dios y de favor le pedí que trajera rápido a mis papás, a Laurita, y de paso a Angélica, o que me devolviera a Cuba, o que si no, yo no quería seguir siendo yo. Me interrumpieron dos niños. *Queremos reclutarte para nuestra pandilla de boi escaut.* Les respondí que se fueran. *No nos vamos. Te queremos para que luches contra...* Estaban medio furiosos y ya me veía metido en problemas otra vez, pero en eso llegó Paula con Fernandito y los mandó a dormir. *Nos vemos mañana, bocón.* ¿Bocón?

—¿Bocón?

—Sí, Hernán, ahora nos dicen "los bocones" a nosotros dos. Parece que nos destacamos demasiado el primer día.

—A lo mejor, pero hay cosas, no sé... Hoy me han pasado cada cosas. Creo que me van a matar por lo que hice. Cuando lo sepan en mi casa...

—No te va a pasar nada, ni lo sabrán en tu casa, pero cuídate —dijo mientras acostaba a Fernandito.

—Tendré que portarme excelente, Paula —ella me daba seguridad, como una mamá que no te regaña, o como una hermana mayor—. ¿Sabes? Este oso es mi mejor amigo y se llama Pedro... Tiene un Gran Poder.

—¿Un gran poder para qué?

—Bueno, ¿en realidad quieres que te lo explique?

—Por supuesto.

—Bien. Pedro tiene el Gran Poder de Angélica, para combatir a los marcianos.

—¡¿A los qué?!
—A los marcianos. No te rías.
—¿De quiénes tú hablas, Hernán?
—De todos, Paula. Las monjas, los curas, los demás... Están en todas partes, disfrazados, y son muy peligrosos.
—Peligrosos sí, pero no marcianos. Son de carne y hueso, como tú y yo.
—¿Eso crees?
—Estoy convencida.
—¿Y por qué nos maltratan?
—Pues porque somos un estorbo para ellos.
—No, Paula, disculpa, estás equivocada. Mis padres me dijeron que serían muy buenos conmigo y que fuera amable con ellos. *La gente de la Iglesia son nuestra gente.*
—¿Te parece, Hernán?
—Sí. Esto ha sido un mal entendido que mañana se aclarará en la escuela.
—¿Qué escuela, Hernán?
—Pues... la escuela en donde voy a estudiar. Para eso estoy aquí, para estudiar mucho.
—Hernán, discúlpame ahora tú a mí, cuando llegaste al aeropuerto ¿te pidieron el pasaporte?
—Sí.
—¿Te escribieron algo?
—Me pusieron un cuño.
—¿Te fijaste en lo que dice el cuño?
—No.
—¿Podrías mirarlo?

Conversábamos en susurros porque las luces ya estaban apagadas, además, yo no quería hablar español en voz alta. Busqué mi pasaporte y fui hasta la ventana persiguiendo la luz. Miré hacia afuera y vi la Luna. *Por lo menos hay algo cierto, la Luna está allá y yo estoy aquí.* Pasé las páginas despacio, me detuve en una y regresé a mi litera.

—El cuño dice "refugee".
—¿Sabes lo que significa?
—No.
—Refugiado, Hernán, eres un refugiado.
—¡¿Un qué?! Yo soy un estudiante.
—No, cariño, en Cuba tú eras un estudiante. Aquí, un refugiado.

Hicimos silencio porque alguien comenzó a llorar, una niña. Se escuchaba muy bien en nuestro cuarto llamando a sus papis. Al ratico le pregunté, aún con la voz más baja.

—¿Por qué todos lloran, Paula?

—Porque son refugiados también y extrañan.

—¿Qué significa refugiado?

—Bueno, que huyes de tu país y este país te recibe para protegerte.

—Es que yo no huí de Cuba. Mis padres me mandaron a estudiar en una escuela privada para que no me adoctrinen los revolucionarios, que son ateos y comunistas...

—Sí, sí, y que te van a mandar a Rusia donde lavan cerebros, comen niños... Ya me conozco esa historia, pero lo que he visto me ha desilusionado bastante. Mis padres no se imaginaban esto así, ni el resto de mi familia, ni siquiera yo... nadie. Ahora sólo me pregunto cómo se imaginaban Rusia. Dudo que el comunismo sea tan monstruoso como lo pintan, que los barbudos sean unos salvajes y que no crean ni en su madre. De algún santo serán devotos y seguro habrán rezado alguna vez... bajaron de las lomas llenos de collares.

—Tú que eres entendida, Paula, ¿nos protegerá este país?

—No sé, verdaderamente no sé. Pienso que lo más importante aquí es sobrevivir, hacer cualquier cosa para sobrevivir... y mantenerme con Fernandito.

—Te entiendo. Yo también tengo que cuidar a Pedro... y supón tú que mi hermana Laurita estuviera conmigo... Mejor ni suponerlo... Pero vas a ver que todo se arregla mañana.

—¿Cuántos años tienes, Hernán?

—Diez.

—Pues eres muy inteligente, y muy valiente además. Tú solo te irás dando cuenta de todo. Ahora duérmete.

—¿Crees de verdad que soy *valiente*?

—Sí, muy valiente.

—Que sueñes con los angelitos, Paula.

—Igualmente, Hernán.

Sólo me callé. Fernandito y Pedro descansaban, había sido un día muy agitado y ellos eran más pequeños. Los llantos y lamentos de otros niños que llegaban hasta el cuarto no lograban despertarlos pero a mí

me entristecían mucho. Di unas cuantas vueltas en la cama, que era estrechita y dura, y en mi cabeza sonaban voces sin parar. *Las negras viejas no lloran, las negras viejas no lloran.*
　—¿Paula? ¿Estás oyendo?
　—Sí.
　—¿Se callarán un rato?
　—No sé.
　—¿Me das la bendición, por favor?
　—Que Dios te bendiga, Hernán.
　—Dios te bendiga, Paula.
　Decididamente ella era muy buena, pero estaba equivocada en ciertas cosas. Rusia era el infierno, los revolucionarios impíos, el comunismo nos perjudicaba, y por todas esas cosas yo estudiaría mejor en los Estados Unidos. La familia también viviría mejor en los Estados Unidos, esto de hoy había sido un error. ¿Refugiado yo? ¿Refugiado? No, ni idea tenía Paula de lo que hablaba. Reconozco que, en lo personal, había exagerado con los marcianos. *Cosas de muchachos*, como decía Angélica para evitarme un regaño, pero ¡de ahí a creer que yo era un refugiado...! Bueno, es cierto, no podía explicar ese cuño en mi pasaporte, pero entonces ¿quién me había engañado? ¿La Iglesia? ¿Mi familia? ¡¿Mis padres?! ¿Por qué? ¿Ya no me querían? Pero si no me querían, por qué entonces dijeron... Mi cabeza era como un cajón de soldaditos de plomo que averiguaban peros, entonces, porqués... me pesaba, tropezaban cientos de piezas allá adentro. Los ojos también me pesaban, los párpados sobre todo, la vista me ardía...
　No sé cómo conseguí dormirme, lo que sí recuerdo es haberme despertado con susto. *¡Pedro, Pedro!, ¿dónde estamos?* De inmediato me di cuenta y salté bien ligerito de la cama. *Rápido, Pedro, es tarde*. Ni Fernandito ni Paula estaban ya en la habitación, luego los topé en el comedor. Tenía mucha hambre y me había levantado dispuesto a cooperar. *Hoy es el gran día, amigo, ¡estudiemos!* Me sentía muy entusiasmado pues esa mañana las cosas tomarían su lugar. No obstante, la agitación del campamento me resultaba algo confusa. Nadie indicaba nada, la mayor parte de los niños andaba sin carpetas escolares, no veía maestros por ahí, y empecé pronto a sospechar. Seguí con mucha discreción a unas niñas que llevaban sus libretas. Detrás de ellas entré al aula, que era un local grande con pupitres de todos tipos y colores, con alumnos de todos los tamaños

y los grados, y un solo maestro. Aquello me dio tremenda mala espina. Había un desorden y un bullicio extraordinarios, sin embargo, menos soportaba la idea de que Paula, finalmente, tuviera toda la razón. No podía aceptarlo. Las orejas me hirvieron otra vez y quise gritar hasta quedarme sin aliento, pero me quedé paralizado. No deseaba llamar de nuevo la atención ni tener más nunca aliento. Algo en mi interior iba a estallar, lo sentía fuerte, una angustia que nunca antes había estado, que yo desconocía. No pude contenerme. Corrí igual que el día anterior, buscando cualquier cosa familiar, corrí lejos. Nada en lo absoluto. Caí, volví a correr y a desplomarme y así una y otra y otra vez, y me hice daño y me lo hicieron.

Un daño irreversible, Pedro, tú lo sabes. Las órdenes menguaron a partir de ese momento hasta que se extinguieron por completo. Ya no eran necesarias, ni siquiera tú o el gran poder. Sólo yo era imprescindible, yo con todo mi dolor. Las escenas ahora se confunden entre sí y forman una sola escena que no logro seccionar. Así recuerdo el primer día en este suelo "dispuesto a protegerme", aunque tal vez esos mismos cuadros ocurrieron paulatinos a través de los once años subsiguientes. No te fíes, Pedro, de una memoria que reniega de sí misma. Dos semanas que tardaron once años, o un primer día dilatado de una década a la otra, puertas internas tapiadas, pasajes borrosos e imborrables de mi primera infancia, y todo aquel cariño trunco que no reboté ni percibí con candidez. Nadie puede retroceder el tiempo para latir como antaño con la misma intensidad, y luego de su curso nada nos obliga a conocernos. Ahora que te ubico en la cuna de mi hijo para que, de algún modo, veles su descanso como cierta vez velaste el mío, repaso el Hernán de sastrería que he sido desde entonces, repleto de cortes y pespuntes en sus emociones todas. Omití algunos detalles, Pedro, los remendé para que no te preocuparas, como igual hice con las cartas a mis padres "mejor imposible, mamá", "gracias, pipo", "vengan cuando puedan, yo soy muy feliz", "a Laurita le he comprado cientos de muñecas", "besos a mi Angélica"... Para que no se preocuparan, pero creo que fallé. El reencuentro, Pedro, no te lo narré exactamente. Mi camino de regreso al aeropuerto, como sabes, no era el mismo. Atrás habían quedado las parcelas, los castillos, la arquitectura, los cimientos, y yo iba muy excitado a reunirme, por fin, con la familia, con un proyecto de futuro armónico que sin duda merecía. Rememoro a mis padres y a mi hermana oteando los rincones, nerviosos, intentando situarme, detenidos justo frente a mí, el proletario... hasta que precisé nombrarlos de manera muy puntual. Rememoro, Pedro, la crudeza de una frase que un día como hoy cumple nueve años *"¡Tú no eres mi hijo, tú no eres mi hijo!"*, quizás mamá estaba acertada. Hernancito no existía desde Cuba, era ya irrecuperable. Sólo me había procurado éste en su lugar para, en medio de todo el desamparo, conservar aún mi propio nombre.

La CIA desarrolló un programa para crear un clima psicológico de confusión y pérdida de apoyo a la Revolución. Uno de ellos, denominado Peter Pan, consistió en hacerle creer a la población cubana que el gobierno los privaría de la Patria Potestad de sus hijos, los que pasarían a ser propiedad del Estado.

ΑΒΕΛΑΟΣ

alexis díaz-pimienta

A Teresita Fornaris
y Juan Carlos Rodríguez

batido de chocolate

1

El hombre que iba a ser envenenado se descubrió una cana ante el espejo, su primera cana, y estuvo casi cinco minutos acariciándola y dudando entre arrancársela o dejarla florecer en la maraña de su barba. Conocía el mito popular de que una cana que se arranca atrae más canas, y no creía muy oportuna su imagen de político joven y barbicanoso. El hombre que iba a ser envenenado jugueteó con la cana, la alisó, la estiró, la escondió entre los pelos negros que la rodeaban, y observó su rostro desde distintos ángulos. El espejo también lo observaba. Primero, con sus propios ojos mutuos, escudriñadores; después, con todo el vidrio, indiferente; más tarde, con el azogue, con el marco, con los pequeños focos que custodiaban sus biseles. El espejo y el hombre que iba a ser envenenado se conocían mucho; tal vez por eso el espejo supo, antes que él, el destino de su primera cana. Lo supo antes, incluso, que los pelos negros y ensortijados que la rodeaban. Cuando el hombre que iba a ser envenenado se caló la gorra, dio dos pasos hacia atrás, y sonrió seguro de la decisión tomada, ya el espejo sabía que aquella cana atraería a otras.

2

El vaso en el que iba a ser envenenado el hombre de la cana recién descubierta era un vaso común, de cristal transparente y cuerpo alto, uno de ésos que los camareros llaman vasos de catorce onzas. Si algo lo distinguía eran ciertas aristas que interrumpían su perfecta cilindrez, finos bordes para que el líquido fragmentara su circularidad o el bebedor creyera más seguro el agarre. Pero esto, pensándolo bien, no lo hacía exclusivo. Al menos once vasos más tenían esas mismas aristas, estaban hechos del mismo cristal y compartían las mismas estaciones, los mismos anaqueles, las mismas mesas, los mismos portavasos, el mismo mostrador, las mismas pilas de agua, las mismas manos del mismo camarero. Por lo tanto, once vasos más podían ser protagonistas del envenenamiento. Esto creaba cierta tensión en la cafetería. El hombre que iba a ser envenenado podía entrar en cualquier momento, de cualquier día, y sería una verdadera tómbola la selección del vaso. O no, ni siquiera habría selección. El azar decidiría qué vaso sería el depositario de la pócima letal, es decir, el protagonista de esta historia. Entonces, este vaso sólo podía hacer como los otros entes implicados en el envenenamiento: esperar. Si algo le daba confianza era pensar en que las últimas dos veces que el hombre que iba a ser envenenado había estado en la cafetería, había sido él, y no otro, el vaso en el que Santos había servido su bebida predilecta. Había sido él, y no otro, quien conociera antes que nadie cómo el hombre que iba a ser envenenado paladeaba la perfecta mezcla de cacao y leche, cómo la saboreaba, con la respiración agitada y la vista fija, por encima del borde superior untado de espuma. También había sido él, y no otro, quien descubriera la primera cana en la barba del hombre que iba a ser envenenado. Había sido él, y no otro. Así que esta vez, la próxima vez, la definitiva, también debería serlo.

3

El lugar donde iba a ser envenenado el hombre amante del batido de chocolate era la cafetería de un hotel habanero, pero no de un hotelucho de los tantos que iluminaban las míticas noches de La Habana en los años cincuenta; ni tampoco uno de sus vetustos hoteles coloniales; sino un hotel moderno, un imponente rascacielos inaugurado por Batista a finales del cincuenta y ocho, última adquisición de la cadena Hilton, esta vez en el mismo corazón de La Habana, que era entonces, no lo olvidemos, el corazón de Todo. El hotel donde iba a ser envenenado el hombre de la cana recién descubierta había transformado, con su sola presencia de hormigón y grandes ventanales, la visión tradicional de La Habana. Su altura e imponencia habían empequeñecido para siempre todo cuanto estaba en sus alrededores: diminutos se veían los árboles y muros del antiguo hospital Reina Mercedes, devenido Cabaret Nocturnal, devenido el célebre Coppelia; diminutas las viviendas de estilo colonial; diminutos los palacetes de la burguesía; diminutos los edificios de apartamentos; diminuto Radiocentro; minúsculas las guaguas que subían y bajaban por 23 y por L; ridículos los taxis; microscópicos los transeúntes de La Rampa: miles de hormigas bípedas pegadas a un radio portátil de tamaño variable, los hombres para seguir la Serie Nacional de Pelota, las mujeres para escuchar el último éxito de Tito Gómez con la Riverside, o de Meme Solís; algunos sin mayor distracción que contemplar precisamente ese nuevo edificio, y contar sus pisos, y admirar sus murales, muchos imaginándose allá adentro, en el Casino o en la cafetería, bebiendo Hatuey o Coca-Cola, o, por qué no, paladeando un batido de chocolate preparado por Santos, tal vez usando el mismo vaso que usaría el hombre que iba a ser envenenado, mezcla perfecta de cacao brasileño y leche embotellada.

4

La leche que iba a ser usada en el batido del envenenamiento había llegado esa misma mañana a la cafetería del hotel en un camión-cisterna refrigerado, y había sido almacenada en un tanque también refrigerado. Hay que ver cómo cambian las costumbres y cómo condicionan las relaciones del hombre con sus productos básicos. En La Habana de la primera década del siglo XX, por ejemplo, todavía las vacas se paseaban con sus cencerros y sus mugidos mañaneros por las principales calles de la ciudad, dejando sus cagadas entre charcos malolientes a queroseno y lluvia vieja, y sus patas marcadas en el fango y en el alquitrán, entre las marcas de las líneas de los tranvías y los tacones de los transeúntes. Pero más que las bostas mosqueadas y mosqueantes de las reses, los habaneros sabían que aquel mugido tempranero y el tintineo del cencerro anunciaban la llegada de la leche. Entonces, con sedienta puntualidad de padres de familia, todos abrían puertas y ventanas, cancelas y verjas, para poner bajo las ubres sus cantinas, disfrutando aquel sonido del chorro blanco sobre el fondo metálico, linda la espuma de la leche desbordándose. Pero claro, en las décadas siguientes La Habana cambió mucho, muy rápido, la ciudad creció hacia todas partes (especialmente hacia arriba) y se explayó de forma incontrolable. Ya a principios de los años cincuenta muy pocos tranvías atravesaban la ciudad, el alquitrán se había endurecido en las calles y apareció el macadam en las grandes avenidas. Ya para entonces las vacas no mugían en las puertas de las casas, ni las carretas cargadas de caña atravesaban el corazón de la gran urbe abasteciendo guaraperas en casi todas las esquinas; ya para entonces estaban terminados el Capitolio Nacional, la Plaza Cívica, el hotel Habana Hilton; ésta era otra Habana, una ciudad llena de gángsteres y proxenetas, de putas y soldados, de turistas norteamericanos y negros boxeadores, de jornaleros ataviados con guámparas afiladas y abolladas cantimploras, y magnates del juego y del azúcar, remanentes de la sacarocracia colonial, ahora agringados, con palacetes vedadenses y con hijos que estudiaban en las *high schools*, ingenuos aspirantes a ingresar en la Ruston Academy; sí, La Habana era otra, una ciudad marcada por las guerras electorales y las componendas, una ciudad donde las vacas se volvieron símbolos de la bonanza o la desgracia de la zafra azucarera. En los periódicos aparecían caricaturas de vacas famélicas entre los titulares más sensacionalistas, de modo que las ubres ya no traían leche, estaban secas, parecían sacadas de Mathausen. Los habaneros tuvieron que adaptarse al silencio de las seis de la mañana en sus estrechas calles. Ningún mugido, ninguna cencerrada, mucho menos las bostas en los trillos y las aceras ahuecadas; mucho menos el canto de la leche cayendo como un disparo continuo en el fondo de la cantina familiar. Ahora la leche venía embotellada. Era el progreso. Nadie veía la teta de la vaca, rebosante, vaciándose. Ahora los niños abrían los ojos y ya los padres le tenían le leche puesta sobre la mesa; y los padres abrían los ojos y ya el lechero les tenía los litros llenos de leche sobre los mostradores. Ahora las vacas no existían. La leche era un producto aparte, independiente. Daba lo mismo que fuera para la toma de un recién nacido, para la dieta de un enfermo, que para la clientela de un hotel de lujo. La leche llegaba a los hoteles en grandes cisternas refrigeradas y se vaciaba en grandes tanques también refrigerados. De ahí pasaba a servirse como desayuno, con café, o con cacao; o sola, como bebida refrescante; o en forma de batido, con distintos sabores, de frutas tropicales, de fresa, de vainilla, de mantecado, de chocolate..., aunque este último era, sin duda, el sabor estrella, el preferido por niños y adultos, mujeres y hombres, turistas y nativos, pobres y ricos, blancos y negros, políticos y peatones; la leche y el chocolate se independizaron de la vaca y de las plantaciones de cacao; la leche y el chocolate se mezclaron y solazaron, se confundieron hasta la perfección, mestizaje de texturas y sabores y olores, delicia incomparable. Santos lo sabía. Y el hombre que iba a ser envenenado también lo sabía. La Agencia Central de Inteligencia lo sabía. Y Polita Grau. Y Mongo Grau. Y Manolo Campanioni. Y cada uno de los doce vasos de catorce onzas y aristas casi imperceptibles. Sólo lo ignoraban los cubitos de hielo, porque el hielo que sería parte del batido fatídico aquella noche de marzo del sesenta y tres, aún no era hielo, sino agua, sólo agua (y el agua no piensa, como todos sabemos).

5

El chocolate que iba a ser usado para matar al hombre de la cana recién descubierta era uno de los pocos productos que seguían llegando por vía marítima al puerto de La Habana. Atrás había quedado aquella época de grandes flotas en las dársenas del norte, cuando miles de habaneros se recostaban al muro del Malecón para mirar el espectáculo de los atraques y los niños corrían detrás de los marinos —ingenua remanencia de una Habana asediada por corsarios y piratas holandeses e ingleses—, policroma hueste de navegantes griegos, españoles o norteamericanos que nada más desembarcar se perdían en el barrio de las putas, a cambiar su agrio sabor a arenque y aguardiente por el aroma del carmín barato y el sudor lascivo, dejando sobre las pieles de las criollas restos de rabia y de lujuria, toda la contención de meses de onanismo. Eran hombres recios, carne de lupanar, hombres que no entendían de política ni de revoluciones. No comprendieron nunca por qué, de pronto, se les privaba de andar por La Habana, de apostar en sus casinos y desfogar en sus burdeles. No entendían quiénes eran esos barbudos que asustaban tanto a los jefes de las grandes navieras, y mucho menos quiénes eran los gringos para decidir que al puerto de Veracruz sí, y al de Maracaibo sí, y al de Cartagena de Indias sí, como en la época colonial, pero que estaba terminantemente prohibido que sus proas traspasaran el Morro de La Habana, prohibido, requeteprohibido, que ni se les ocurra, dejándolos a muchos de ellos con las lenguas sarazas y las ingles tensas, incluyendo a aquellos *marines* que no habían podido despedirse de su última adquisición criolla. Nada, se acabó. Prohibido vaciar las mercancías en aquellas dársenas; prohibido pisar tierra. Cero mulatas, cero rumba, cero habanos, cero todo; porque La Habana sufre una epidemia de barbudos más peligrosa que el cólera y que las pestes europeas, una epidemia que afecta no sólo a las personas, sino a los edificios, a las compañías, a las industrias, a las emisoras radiales y televisivas, lo nunca visto, las peores epidemias que han azotado a la humanidad afectaban a los seres vivos, sólo a ellos, pero ésta no, ésta afecta paredes, papeles, ventanas, bolsas de dinero, matasellos, cables del tendido eléctrico, medios de transporte, todo está contaminado, se mueren los contratos, se mueren las jornadas laborales, se mueren los arrendamientos, las leyes, es un caos total, una catástrofe, y explicado así, tan clarito, los marineros se tranquilizan, asienten con desgano, que a ellos les gusta mucho la diversión, sí, pero no para tanto, son marinos, no mártires, así que si La Habana se halla en cuarentena lo mejor es que sigamos masturbándonos, que juguemos al póker y al dominó y al cubilete entre nosotros mismos, en cubierta o en los camarotes

>ya llegaremos a puertos más seguros

>sí, sí, esto pasará

si los americanos han tomado cartas en el asunto, con los avances que ha tenido la ciencia en los últimos años, no hay epidemia que sobreviva mucho tiempo; los marineros se regodeaban en sus recuerdos de años anteriores

>ah, el verano del cincuenta y seis

>ah, la primavera del cincuenta y siete

es verdad que ya entonces se oían rumores de esa epidemia de barbudos en las lomas de Oriente, sí, pero hasta los bayús del Barrio Chino no llegaban, y a los casinos del Habana Riviera y del Habana Hilton tampoco, y si llegaban se disimulaban muy bien, había un argumento sólido y tranquilizador

>>los climas tropicales son muy proclives a todo tipo de epidemias... no hay por qué preocuparse.

Pero claro, han pasado casi cinco años desde aquella Navidad del cincuenta y ocho en la que comenzó a extenderse la epidemia de barbudos por toda la Isla, y tres años desde que los gringos declararon cuarentena total, aislamiento absoluto de la islita enferma. Han sido cinco largos años, todo un lustro sin beber Hatuey ni Arechabala, sin fumar Partagás o H. Upman. Es mucho. Para un marino inglés acostumbrado a estas playas impensables en otros parajes, es mucho. Para un marino griego, descendiente de Ulises, es mucho. Para los bisnietos de Vasco de Gama es mucho. Incluso para un marino brasileño, aunque en su país tenga igualmente playas exuberantes, mujeres comestibles, velas a Ochún, bailes sensuales, también es mucho. Por eso hubo casi un motín a bordo del *O Samba*, y si no lo hubo físico, al menos lo hubo anímico, sobre todo en las bodegas, gran revuelta de marinos inconformes capitaneados por un tal Sebastiao de Oliveira, un negro enorme, fuerte, que no aceptaba que esta descarga de chocolate en la dársena cuatro del puerto de La Habana fuera la última, porque el *O Samba*, según el capitán, no volvería a atracar en ningún puerto cubano hasta que no pasara la epidemia. Sebastiao de Oliveira estaba descompuesto, se agarraba al güinche y gritaba que estaba a punto de encamarse con una guanabacoense indescriptible, esgrimiendo incluso argumentos como que el chocolate era rico en cafeína, fósforo, magnesio, hierro, potasio, calcio, vitamina E, tiamina, teobromina y taninos, que seguramente su consumo sería muy eficaz para acabar con la epidemia. Pobre Sebastiao de Oliveira, quien, además, como era gago, y pese a su corpulencia, despertaba en los demás una mezcla de lástima y burla que abortaba el motín desde el inicio. Pero eso sí, en algo tenía razón, aunque él no lo supo. Sebastiao se volvió, sin quererlo, un vaticinador del uso del chocolate en el complot para matar al hombre que iba a ser envenenado. No sabemos todavía cómo se filtró la reflexión del negro Sebastiao hasta los oídos de Polita Grau, hasta las mentes del mafioso John Roselli y los agentes de la CIA William Harvey y Robert Maheu, tal vez haya sido una simple coincidencia histórica, pero lo cierto es que la CIA, la mafia y los miembros de Rescate pensaron lo mismo que el enfadado marinero brasileño: que el chocolate podía acabar con la epidemia. Entre todos, a través de llamadas telefónicas y mensajes invisibles al estilo James Bond, añadieron a las propiedades de la cafeína y los taninos el efecto disimulador del veneno, su capacidad para imponerse sobre los demás sabores en cualquier mezcla. En un batido de chocolate, por ejemplo, sería muy difícil descubrirlo, sobre todo si los miligramos necesarios eran mezclados y batidos por las manos elegantes de Santos de la Caridad, el eficaz Santito, uno de los mejores camareros de la cafetería del antiguo Habana Hilton. Estaba claro, decidido: era perfecto. El chocolate era la solución contra aquella epidemia de barbudos.

6

El veneno que iba a ser utilizado para matar al hombre de la cana recién descubierta no era un veneno como otro cualquiera. La CIA no quería nada de literatura criminal, nada de estolideces cursis. Cuando Johnny Roselli y Robert Maheu se reunieron en el restaurante Brown Derby, de Beverly Hills, todavía no tenían claro cómo sería el envenenamiento. Ninguno de los dos conocía a Santito, ni sabía sobre su habilidad con los batidos; ninguno de los dos pensaba que Polita Grau podía ser la jefa in situ de aquella operación tan minuciosa. Sólo después de aquella cena en el Brown Derby fue cuando Johnny Roselli contactó con algunos cubanos de Miami, aunque eso sí, al estilo Roselli, haciéndose llamar John Rawiston y presentándose como un agente de hombres de negocios de Wall Street interesado en el níquel cubano. El tal John Rawiston hablaba claro, aunque con voz baja y seseante

    el trabajo hay que hacerlo bien y limpio.

Al principio la CIA apostaba por un asesinato al estilo Roselli, por el espectáculo de ver al hombre que iba a ser envenenado cayendo a balazos en medio de su gente, ante las cámaras, para luego difundir la noticia de que había sido tiroteado por su propio pueblo, harto ya de la epidemia comunista. Pero claro, Rawiston-Roselli, especialista en crímenes de ese tipo, no estaba de acuerdo

    será muy difícil reclutar a alguien para una operación tan peligrosa.

Rawiston-Roselli prefería un veneno que no dejara huellas, como había sugerido su jefe directo, Salvatore Giancana. Entonces, poco a poco, floreció y se hizo fuerte la idea del envenenamiento. En los laboratorios de la CIA verdaderos artistas del trabajo con tóxicos opinaron, pensaron, propusieron... Algunos venenos fueron rechazados porque no se disolvían en el agua; otros, como el cianuro, porque su efecto era en pocos minutos, y, por lo tanto, dejaba al descubierto al Cuarto Tipo... además (reflexión de Scheider)

    puede pasarnos como con Rasputín, que Yusúpov se lo echó en un vino muy dulce, y el carbono del cianuro se combinó con el azúcar del vino y se neutralizó el efecto

y el arsénico tampoco, a pesar de su aspecto favorable (polvo blanco e insípido, inodoro, parecido al azúcar y a la harina), no, sus síntomas eran demasiado conocidos. Había que seguir pensando. Entonces, una tarde de ventisca invernal y gabardinas cerradas hasta el cuello, apareció el químico Scheider con la propuesta ideal, definitiva, las cápsulas mágicas. Se acomodó en su asiento, se arregló el cuello de la camisa, y habló de la toxina de *botulinum*, o botulina, el único veneno que había cumplido las expectativas al ser probado en monos. Las palabras del químico Scheider sonaron como música celestial entre todos, que no se atrevían a interrumpirlo. Scheider trataba de ser claro, sin muchos tecnicismos

        la botulina es la toxina
       del botulismo, esa enfermedad
      que provocan las carnes en conserva

hablaba sin gesticular, sin mover ni siquiera los labios

        se utiliza como medicamento
       contra la espasticidad, inyectando
      pequeñas dosis espaciadas

los demás le prestaban una atención de colegiales, y Scheider hacía un único movimiento: el de sus pupilas desplazándose de un rostro a otro, mientras exponía

   es muy útil en medicina, pero resulta letal, fulminante con sólo
    ingerir 0,02 miligramos

a sus interlocutores la cifra en miligramos no les dijo nada, pero los adjetivos "letal" y "fulminante" sí, muchísimo. ¡Bingo! Gran euforia del triángulo. Ahora a los tres catetos se suman Santos Trafficante y Tony Varona y forman un pentágono feliz, cinco mentes y cuerpos y vasos con whisky, cinco hombres con una sola voz y un solo pensamiento

      it is perfect... your are the best,
     Mr. Scheider.

Meses después, mientras en Miami Beach todo el mundo estaba pendiente de la pelea entre Floyd Patterson e Ingemar Johansson, quienes se disputaban la corona de los pesos completos, mientras la fanaticada daba gritos de júbilo o de horror, según fuera su ídolo, a poca distancia del *ring* se reunía otra vez el triángulo Maheu-Roselli-Giancana, esta vez en una suite del hotel Fontainebleau. Aquel triángulo seguía siendo escaleno: Salvatore Giancana era la dura hipotenusa, el poderoso, el que tomaba decisiones, aunque las órdenes vinieran de la Agencia, institución con cara y voz de Robert Maheu. Cómodamente sentados, ajenos al conteo de protección que le hacían en ese instante a Patterson —ellos estaban comenzando su propio conteo, el definitivo, para el hombre que iba a ser envenenado— Johnny Roselli hablaba de discreción y profesionalidad, Robert Maheu esgrimía su frase preferida

ahora o nunca

y Salvatore Giancana miraba fijamente hacia la puerta de la habitación, en silencio. La suite tenía alfombras rojas, lámparas de canelones, ventanas enormes, grandes espejos en los que el triángulo se repetía una y mil veces. Estaban felices, sentados en su orden triangular, bebiendo whisky y barajando todas las posibilidades. De pronto, se abrió la puerta y entró el que esperaban, Santos Trafficante, acompañado por un ser misterioso, de pelo gris, con grandes gafas que ocultaban sus ojos. Al verlo, los tres supieron que ése era el Tipo. Es decir, el Primer Tipo, la punta de la madeja que llevaría finalmente al Tipo de Verdad, al camarero de la cafetería del Habana Libre. El triángulo Maheu-Roselli-Giancana se movió de forma que siguió siendo un escaleno, pero más pequeño, y uno a uno le estrecharon la mano al Primer Tipo. El Primer Tipo respondió a todos, serio, devolviendo el saludo

I am Tony Varona

de modo que perdió el seudónimo y adquirió nombre propio

I am Tony Varona

acomodándose en una butaca isabelina, cruzando las piernas y encendiendo un habano. Tony Varona conservaba el aire y la dureza de cuando tenía intereses financieros en Cuba, en la época de Prío, convertido en uno de los rivales de Meyer Lansky en el reparto de La Habana y la Florida. Todos estaban cómodos, pero tensos, el triángulo escaleno mirando al Primer Tipo, Santos Trafficante demostrando con parquedad su jerarquía en la Florida, y el Primer Tipo esperando a que le dieran detalles de la misteriosa Operación Veneno. De pronto, Maheu abrió un portafolios negro que estaba sobre una mesa, y sin mediar palabras colocó diez mil dólares sobre las rodillas del Tony Varona

es sólo un anticipo

dijo, mientras Tony Varona olía, más que mirar, el fajo de billetes. Era un acto instintivo desarrollado en los casinos de La Habana. Mientras los demás jugadores y los croupieres manoseaban el dinero, lo pesaban, o lo miraban con ansias, él olfateaba el fajo y calculaba así el número de dólares. Los pesos cubanos no olían igual, ni los francos, ni las libras

esterlinas. Ahora Tony Varona abría los cornetes nasales, entrecerraba los ojos con deleite y repetía para sí
all right, el anticipo.
Entonces, Maheu interrumpió su inspección olfativa, le tomó una mano, la mantuvo en el aire abierta y boca arriba, y colocó sobre ella, en el centro, tres cápsulas pequeñas, de aspecto inofensivo, más bien médico. Tony Varona esta vez no olfateó, sino que miró, pesó, tocó las cápsulas. El triángulo Maheu-Roselli-Giancana comenzó a explicarle, con calma, con profesionalidad, toda la Operación, todo menos que Polita Grau, Manolo Campanioni y Santos de la Caridad, Santito, serían el Segundo, el Tercero y el Cuarto Tipos, respectivamente. Esto no pudieron explicárselo porque aún no lo sabían. Sería precisamente el Primer Tipo, Tony Varona, quien seleccionaría a los Tipos sucesivos. Todo quedó claro, detalladísimo, porque Tony Varona tendría que explicárselo luego a los presuntos otros Tipos

          no te preocupes,
        esto no deja huellas, los
       síntomas aparecen después de
     seis horas, y pueden tardar hasta seis días

dijo Maheu repanchigado en su silla, y se dio un sorbo de Kardhú

         de todas formas,
       cuanto antes comiencen los
      síntomas, más segura es la muerte

argumentó Roselli sin dejar de mirar a Maheu, buscando apoyo. Tony Varona no preguntaba nada, se dejaba instruir

       al principio el hombre seguirá su vida
      normal, sus discursos, no tendrá ni fiebre,
     pero después tendrá la boca seca, visión doble,
   no verá bien de cerca, no podrá tragar bien ni pronunciar
  palabras

y ahora no pudieron contener la risa al imaginarse al hombre que iba a ser envenenado en silencio, tratando de hacer un discurso con mímicas. Santos Trafficante hizo dos o tres preguntas, guardando las distancias, como si interpretara las dudas de Tony Varona desde su altar de Gran Capo. Roselli contestaba a todo, unas veces como voz de Roselli, otras con voz y gesto de Rawiston, siempre con una risa floja entre los labios, como si el plan le hiciera mucha gracia, o como si intuyera lo felices que iban a ser sus jefes de la Agencia cuando supieran lo bien que iba saliendo todo. Ahora, con un gesto común que servía de pausa, los cinco levantaron sus vasos y bebieron, cinco bocas paladeando el Kardhú, refrescándose. El primero en romper el silencio fue Maheu

                        es necesario introducirlas en Cuba cuanto antes

pero Tony Varona estaba en otra cosa, curiosidad de capo, supongo

                                        ¿y de dónde salieron?

esta vez Rawiston no dejó contestar a Roselli, saltó con voz de experto

                                               eso qué importa

pero Maheu era más diplomático, era experto en operaciones de la Agencia

                                    las preparó el doctor Scheider,
                                        nuestro mejor químico

hablaba con tono persuasivo, sabía que no bastaba con tranquilizar al Primer Tipo afirmándole que el veneno tardaría varios días en actuar, que no daba síntomas ni dejaba huellas; sabía que el Primer Tipo tenía que convencer a mucha gente y que la base fundamental del éxito estaba en el anonimato y la sorpresa, pero también en la garantía de que el ejecutor saliera incólume. No ahondó en detalles, no le explicó que la botulina se deriva de una bacteria llamada ricina, que a su vez se extrae de una semilla vegetal, no habló de esporas, ni de célula vegetativa, ni de toxinas; no, ni él era Scheider ni Tony Varona era Santito, así que se limitó a confirmarle que la botulina era soluble en cualquier líquido y no dejaba indicios, ni sabor ni olor extraños. Hubo otra pausa y luego, sin saber por qué, todos comenzaron a reír y a hablar desordenadamente, como si ya estuviera todo listo, como si en sus cabezas visualizaran al hombre que iba a ser envenenado tomándose el batido, sufriendo contracciones musculares, progresiva parálisis, mutismo, las pupilas que no reaccionan a la luz, los párpados caídos, el tórax inmóvil, cayendo redondo. Hablaban los cinco al mismo tiempo. Todos tenían algún argumento más o menos de peso, para querer matar al hombre que iba a ser envenenado. Maheu, incluso, citó una sabia reflexión de Kissinger

                                          no veo por qué tenemos
                                    que quedarnos a un lado y ver
                           cómo un país se convierte en comunista
                   debido a la irresponsabilidad de su propio pueblo

y sólo les faltó aplaudir: en poco tiempo pasarían a la Historia de América: ellos, los cinco, serían recibidos en el Despacho Oval y cenarían en Camp David, sin olvidar los negociazos que abrirían en La Habana. Sí, *yes*, *all right*, *okey*, haciendo signos de victoria con los dedos pulgares. Se sirvieron otra vez Kardhú y brindaron por Cuba Libre, un brindis en el que sólo faltaban los vasos de Polita y de Santito, ella reunida a esa misma hora en Miramar, con sus compañeros de Rescate; él encendiendo la Osterizer para batir leche, hielo, azúcar, chocolate.

7

Un batido de chocolate es sólo eso: una bebida refrescante y muy agradable al paladar, inofensiva; nadie podía sospechar que fuera usada para un magnicidio, ni siquiera el hombre que iba a ser envenenado, ducho ya en esos lances, acostumbrado a desconfiar y a protegerse frente a la encarnizada voluntad del enemigo. Ni siquiera sus orishas, aunque todo el mundo aseguraba que estaba protegido por ellos, que era hijo legítimo de Changó, el orisha guerrero. Ni siquiera su guardia personal, hombres con muchos ojos, muchas manos, piernas y oídos. Nadie. La noche de marzo del sesenta y tres en la que el hombre que iba a ser envenenado llegó al Habana Libre, muerto de sed, con la barba revuelta y la visera de la gorra militar más levantada que otras veces, el batido de chocolate ya estaba listo para mezclarse con la botulina, sin que nadie sospechara nada. Era una época en la que el hombre que iba a ser envenenado comía donde quiera, donde lo sorprendía el hambre, con un mínimo de precauciones. Tenía incluso una suite en el piso 21 del propio Habana Libre, por si lo sorprendía la madrugada dormir dos o tres horas allí mismo. El enemigo lo sabía. Además, la inexperiencia de su Seguridad se comentaba en los pasillos de Langley y de la Casa Blanca
        no es tan difícil
repetía un emisario de la CIA en el hall de la casa de Polita Grau
                                aunque sus movimientos
                        son impredecibles, ese mismo
                   desorden nos favorece
aseguraba Polita en la terraza del chalet de Mongo Grau
                              por la boca muere el pez
sentenciaba Campanioni en la barrita de El Recodo, adonde le gustaba ir a beberse un ron Collins con Santito, Bartolomé y Saceiro, para hablar "de negocios y política". En esa misma barrita de El Recodo, una

semana antes del día del envenenamiento, Santito y Campanioni estuvieron a punto de cambiar los planes, desesperados porque el hombre que iba a ser envenenado no aparecía por el hotel; fue entonces cuando hablaron de matar al hermano del hombre que iba a ser envenenado, o al Che, o a Efigenio Ameijeiras, que visitaba El Recodo con tanta frecuencia como ellos. Cuando le dijeron a Polita lo del cambio de planes, Polita se lo comentó a Capdevila y Capdevila se lo dijo por teléfono a Tony Varona y Tony Varona se lo comunicó a Roselli y Roselli lo discutió con William Harvey y con Maheu, y este último fue quien dio el visto bueno y le envió la orden afirmativa a Polita a través de un mensaje cifrado a la Estación CIA de La Habana, y entonces Polita se lo dijo otra vez a Campanioni y éste otra vez a Santos, la mano ejecutora.

Es decir, cuando el hombre que iba a ser envenenado hizo su entrada en la cafetería, aquella noche de marzo del sesenta y tres, ya los conspiradores estaban listos para abortar el plan o, mejor dicho, para cambiarlo por el asesinato de otros. Pero así son las cosas. A las diez y veinte de la noche, demasiado temprano para sus costumbres, atravesó la puerta del hotel Habana Libre el hombre que iba a ser envenenado, muerto de sed, con la visera de la gorra más levantada que otras veces.

En realidad, el año sesenta y tres fue un año lleno de acontecimientos importantes, de hechos que con el paso de los años serían históricos, como para que alguien —particularmente, el hombre que iba a ser envenenado— se detuviera a pensar en la peligrosidad del chocolate. Habían pasado ya casi tres años desde la campaña por la Patria Potestad, pero todavía no se habían apagado en los hogares de la Isla los ecos de Radio Swan, las arengas de Pancho Gutiérrez intentando convencer a las madres de que mandaran a sus hijos a Estados Unidos, para salvarlos de la barbarie comunista. En nombre de Dios, de la Familia y de la Democracia, cada noche Pancho Gutiérrez tomaba los micrófonos de Radio Swan y se dirigía a los oyentes de tal forma que se le adivinaban en el aire las venas en el cuello y la frente sudada. A las ocho y treinta de la noche miles de cubanos estaban pegados a sus Zenith, como cuando los aldabonazos de Chibás; como cuando el detective Chang Li Po descubría crímenes a pesar de sus erres convertidas en eles; como cuando *El derecho de nacer* mantenía en vilo a todo el mundo, unas madres llorando, otras dudando, otras rabiando de impotencia

¡madre cubana, escucha esto!
La próxima ley del gobierno será
quitarte a tus hijos desde los cinco años
hasta los dieciocho, y cuando te los devuelvan
serán unos monstruos del materialismo... ¡Madre cubana,
no te dejes quitar a tu hijo!
se le notaba exasperado, con la voz ahuecada
¡madre cubana, el gobierno te quitará a
tu hijo y lo adoctrinará con normas comunistas!
recalcando las palabras "adoctrinará" y "comunistas" y engordando con ello la rusofobia reinante en la Isla. Desde finales del sesenta habían comenzado los rumores de que en Rusia a las embarazadas les abrían el vientre con las bayonetas, y les llevaban a los hijos para adoctrinarlos; de que en el puerto de La Habana había un barco soviético para llevarse a los niños a Moscú, de donde volverían hechos latas de carne; de que cincuenta madres bayamesas habían firmado un pacto para matar a sus hijos antes de entregárselos a Castro; rumores que repetían las instrucciones de monseñor Bryan O. Walsh y de Polita Grau Alsina, sí, la gran Polita, convertida de la noche a la mañana en la madre de la patria, una matrona preocupada por millones de inocentes candidatos a ser carne enlatada para engordar barbudos, la misma Polita que años después tomaría, escondería y repartiría las cápsulas de Scheider, Polita Grau dándole instrucciones telefónicas a Pancho Gutiérrez para que evitara la "desgracia rusa" a toda costa, para que dijera con su estilo de radionovela
¡a ti, madre cubana, te podrán quitar las
ropas, la comida y hasta matarte, pero el derecho
a criar a tu hijo no te lo puede quitar nadie, recuerda que
no hay peor fiera que la que defiende a su cachorro!
La noche en que iban a envenenar al hombre de la cana recién descubierta, ya habían pasado casi tres años de todo esto, es cierto, pero todavía se comentaban estas alocuciones en todas partes, a toda hora, en voz baja y en voz alta y el nombre de Polita Grau seguía ligado a su recuerdo. En casa de Polita se emitieron visas *waivers* para miles de niños que salieron por mar y por aire, rumbo al Norte; en casa de Polita se estudiaban las órdenes que llegaban de Tony Varona, se contestaban las dudas de Maheu y Roselli, todo. 1963 había sido nombrado "Año de la

Organización" pero, en verdad, La Habana tenía un gran desorden. La ciudad era una olla donde se cocían al mismo tiempo los llamados a la zafra con las canciones de Bob Dylan, las consignas revolucionarias con las melosas baladas de Clara y Mario, los disparos milicianos con los motores de los primeros Volgas, las explosiones de petardos en algunas tiendas, con las últimas procesiones de Semana Santa. Y el hombre que iba a ser envenenado estaba siempre en todo, en el centro de todo, en los costados, arriba, abajo, el hombre ubicuo, locuaz y escurridizo. En 1963 pasaba algo muy raro: era como si todo el mundo fuese joven, o como si en La Habana hubiera más jóvenes que nunca, más jóvenes que en ninguna otra parte. Hacia donde quiera que se mirase se veían adolescentes, o postadolescentes capitaneando sus propias ganas de hacer algo; los varones luciendo sus *guapitas* de fajín ajustado a la cintura y sus pantalones de patas anchas; las mujeres con blusas de lazos en el cuello, con grandes collares, chaquetas cruzadas y sayas que llegaban más allá de las rodillas; todas muy jóvenes, más jóvenes que nunca, con pelos cortos y blusones de estilo marinero, con las canas entintadas, las várices ocultas y el carmín encendido; hembras de andares saltarines y bustos resaltados por cuellos camiseros y frentes semiabiertos. Ah, las modas. Las habaneras estaban preparadas para combatir, para cortar caña, para rezar, pero siempre a la moda. Entraban a la iglesia, iban al campo, se manifestaban en medio de la calle, pero siempre a la moda. Porque en el año sesenta y tres todo era nuevo, distinto, progresista. Todos se olvidaban de algo, o de alguien, por estar en La Habana, cerca de los barbudos y el bullicio. Ese año, por ejemplo, el cosmonauta Pável Popovich se olvidó del cosmos y compartió el salitre y el sopor habaneros con Ann Lisa Tiesko, quien olvidó por unos días los sindicatos de Finlandia y compartió pancartas y consignas con el antifranquista Marcos Ana, quien olvidó por unos días sus bregares en Cataluña y Madrid para mirar de cerca cómo estos jóvenes barbudos ponían orden en una isla que era el desorden por antonomasia. Y entre unos y otros, sobre todos ellos, flotaba la voz inigualable de Benny Moré, quien en febrero de ese año olvidaba la falta que le hacía a todo el mundo y empezaba a agonizar hasta morirse (malacrianzas de genio), dejando los bares y los clubes nocturnos de toda La Habana inundados de lágrimas y de silencio. Y entre el féretro del Benny y la cafetería del hotel Habana Libre donde ocurriría el envenenamiento, pasaban ruidosos los taxis ANCHAR, con los pa-

rabrisas llenos de calcomanías revolucionarias y de estampitas de la virgen de la Caridad del Cobre; y entre la virgen de la Caridad y los barcos mercantes que no podían atracar en el puerto de La Habana, pasaban Polita Grau y Santos de la Caridad, quienes seguían esperando, ansiosos, que apareciera el hombre que iba a ser envenenado. Pero nada. El hombre ubicuo, locuaz y escurridizo no llegaba a la cafetería del Habana Libre. Ya todo estaba listo. El chocolate, la leche, el hielo, la cápsula, las manos de Santito, pero el hombre que iba a ser envenenado aparecía sólo en las pantallas de los televisores, era un ente catódico, daba largos discursos, gesticulaba, firmaba leyes. Santito se desesperaba, hablaba con él desde los grandes ventanales del hotel que daban hacia Radiocentro
         pero si estás ahí mismo,
      cruza la calle, ven a refrescarte
siempre en voz baja, para que nadie lo escuchara
         debes de tener sed, porque ya
        llevas muchas horas hablando
ahora Santito abandona la ventana, mira el televisor, ve cómo el hombre que iba a ser envenenado suda, gesticula, se revuelve en su asiento. Santito piensa
   un batido de chocolate, helado y espumoso... vamos, hombre, te
   estamos esperando
pero qué va: hoy tampoco. El hombre que iba a ser envenenado bebe agua frente a las cámaras, se despide, y antes de abandonar el edificio, tras las cortinas del estudio, lee algunos cables internacionales
       Adlai Stevenson anuncia otra
      campaña de agresiones contra Cuba...
    Francia anuncia la explosión de su primera
   bomba de hidrógeno en las Islas Mangareve, al sur
 de Tahití...
En Alemania sabotean la muralla que protege Berlín Oriental...
lo lee todo, lo devora todo, como si el enemigo no existiese.

8

El hotel donde iba a ser envenenado el hombre amante del batido de chocolate tenía poca historia, a pesar de su pomposa inauguración en el cincuenta y ocho. En poco más de un año había cambiado de dueños y, lo peor, de nombre

                    pero libre de qué
se quejaba Polita, que no entendía cómo aquel jovenzuelo alborotoso a quien su tío Ramón Grau, ex presidente del país, conociera en la década del cuarenta, cuando no era más que un impulsivo leguleyo de los ortodoxos, se atrevía a jugar con la política. Los sobrinos del viejo Grau, Mongo y Polita, estaban muy enfadados con todo esto. Y muy unidos. Por culpa del "barbudo mayor", Mongo Grau había dejado de ser un hombre relevante, algo que ofende mucho; pero el caso de Polita era más grave. Polita había regresado de Estados Unidos a la caída de Batista, feliz con las posibilidades que se le abrían a su tío (y por supuesto, a ella), pero de pronto descubrió el descalabro, todos sus bienes confiscados, años y años de trabajo en la Lotería Nacional idos a la bartola
                    qué locura, Dios mío
ya no podría pasearse como Primera Dama de la República, ya no sería nunca más una señora con boato y poderío, capaz de solventar la soltería de su tío, el doctor Grau, una mujer de armas tomar, los barbudos la habían emprendido también contra ella
                    esto es intolerable.
Mongo y Polita, ahora, se podría decir que hasta pensaban al unísono, rememoraban viejos tiempos y estaban decididos a recuperarlos. Gracias a ella "el viejo", como llamaban popularmente al ex presidente Grau, había construido carreteras, barrios, hospitales, y había rentabilizado las cuentas públicas de un país saqueado por varios tiburones. Menos él, por supuesto: durante su gobierno la única tiburona había sido ella, su Polita. El doctor Grau era un médico decente, veterano de la revolución contra Machado, un hombre mal acompañado y mal aconsejado cuando fue gobernante, traicionado por Prío Socarrás y por Chibás y por Batista y por el ministro Sánchez Arango y por el hombre que iba a ser envenenado, según los planes de Polita, siempre eficaz Polita, siempre en la última, extraña y vieja luchadora por la democracia, una mujer enorme, con peso específico, con los huevos bien puestos, aunque el vulgo sólo pensara en ella como una mandamás, como la tiburona artífice del popular "bidé de Paulina", esa gigantesca fuente que todavía refresca la mirada cuando uno pasa frente a la Ciudad Deportiva, yendo o viniendo de Boyeros. Pero bueno, qué sabe el vulgo, qué van a saber tantos analfabetos y radionoveleros: nada. Polita es mucha hembra para un país como éste. Ella puede con todo,

sabe de todo, de fuentes de agua y de caudales públicos, de Lotería Nacional y de compraventa de terrenos, de falsas revoluciones y de órdenes dadas por la Comisión Church, de chalets en Miramar y de hoteles lujosos en medio del Vedado. Por eso ahora Polita no entiende que al hotel Habana Hilton lo hayan dejado huérfano

                        eso es como quitarle el apellido a un hombre
se quejaba dando paseítos nerviosos alrededor de Mongo

                                      libre de qué, Dios mío
y en su cabeza intentaba imaginarse al gran Habana Hilton atado de pies y de manos, tras unas rejas enormes, un hotel en cautiverio al que los barbudos querían liberar y darle nuevo dueño

                        qué ridículo
Polita y Mongo Grau estaban claros: el hombre que iba a ser envenenado había enloquecido, o se tomaba demasiado en serio su mesianismo histórico. Muchas veces subían y bajaban en sus carros por la calle 23, sólo por ver de cerca el gran hotel y pensar con nostalgia en las jornadas que habían pasado allí, con sus amigos, entre brandy, cerveza, habanos y partidas de póker. Sobre todo Polita. Casi todos los días le decía a su chofer que no tenía apuro, enfilaban la calle 23 y esquivando el paso ruidoso de la 64, la 10, la 22, la 32 o la 9, paseaba lentamente. No miraba ni al paisaje, ni a los peatones, ni al ambiente. Polita sólo tenía ojos para la mole del hotel, para su enorme letrero luminoso, adulterado, con apellido nuevo, y se repetía hasta la saciedad

           pero libre de qué, Dios mío.

    Era, cuando menos, curioso aquel paseo. Desde que pasaba el túnel de 5ta Avenida y subía por Zapata hasta Avenida de los Presidentes ("su Avenida"), Polita comenzaba a rezumar adrenalina, le sudaban las manos, hasta que atravesaba 23, doblaba un poco más arriba y se incorporaba a la arteria principal de La Rampa, siempre con un pañuelito perfumado entre las manos y las gafas oscuras ocultando sus ojos

                            por favor, más despacio
le decía a su chofer y comenzaba a contemplar los pisos superiores del hotel, la añorada terraza en la que Mongo y ella y sus incondicionales habían pasado tantos buenos ratos. Aquel paseo era como una terapia, después tenía nuevas fuerzas para trabajar en su misión histórica: derrocar al hombre de la cana recién descubierta. Mongo no. Mongo

quería derrocar también al hombre que iba a ser envenenado, pero no era proclive a esa nostalgia automotriz por La Rampa. A Mongo le gustaba mucho más andar a pie, caminar por los alrededores del hotel mezclado con la gente, confundido
        astucia de político (decía Polita)
        deformación profesional (decía el propio Mongo)
    ganas de andar a pie (simplificaban sus amigos)
pero la verdad era que Mongo Grau, al mediodía, dos o tres veces por semana se tomaba una medianoche y una Hatuey en el Carmelo de 23, y bajaba por La Rampa, observando a la gente. No entendía cómo un país podía enloquecer de esa manera. El llamado Gobierno revolucionario estaba cogiendo a las parejas *ajuntadas* y casándolas; estaba mandando a los niños y a las niñas (¡solos!) para el campo; estaba hospedando a los guajiros en La Habana, qué locura, hasta el Habana Hilton lo habían llenado de guajiros. Esto era el colmo, puro efectismo, demagogia, esquizofrenia política del hombre que iba a ser envenenado. Mongo Grau se ajustaba los espejuelos y silbaba bajito, como distraído, pero sus pensamientos iban muy lejos, volaban muy alto. Sabía que su hermana Polita estaba en algo grande, que había contactado con los americanos y se había reunido en la Embajada de España con algunas personas dispuestas a la lucha. Su recorrido casi siempre era el mismo. Salía del Carmelo de 23, bajaba en dirección al Malecón, doblaba a la derecha en M rumbo a 25, después en 25 subía hasta doblar en L rumbo a Radiocentro, y luego remontaba por 23, que se había convertido en el corazón de aquella juventud enloquecida. Hacía este recorrido dos, tres veces, observando el hotel desde distintos ángulos, la entrada, los costados, los almacenes... Pocas veces entraba y se sentaba en la cafetería a leer *Revolución*, *Hoy*, o *Bohemia*, prensa llena de párrafos un tanto agoreros, porque empezaban a hablar de la vida habanera en pasado, a conjugar los verbos con una sospechosa acentuación, como si todo fuera irreversible. No obstante, los leía a diario, sentía una imperiosa necesidad de estar al tanto de los cambios. La mayoría de las veces salía del Carmelo y caminaba, silbaba, llevando el periódico o la revista bajo el brazo, para leerlos luego. Observado desde la terraza del propio hotel, o incluso desde la cafetería, Mongo Grau era irreconocible. Un transeúnte más. Por eso Santos de la Caridad, mientras cuidaba con gran celo la cápsula de botulina que le diera Polita, aunque de cuando en cuan-

do se asomaba a las ventanas, no podía imaginar que aquel hombre que con elegancia y lentitud le daba vueltas al hotel tantas veces, era Mongo. Además, para un hombre como Santito era impensable que un sobrino de quien había sido presidente del gobierno, y él, un simple camarero del antiguo Habana Hilton —tanto a Santito como a Bartolomé y a Saceiro, les costaba decir que eran trabajadores del Habana Libre; se llamaban entre ellos "trabajadores del antiguo Habana Hilton"—, estuvieran implicados en un mismo plan, que, en un mismo instante y a pocos metros uno del otro, estuvieran preguntándose lo mismo

> ¿cuándo coño volverá al hotel el hombre que va ser envenenado?

Un hombre como Santito sólo aspiraba a batir bien la leche y el cacao, y a disimular perfectamente la presencia de la botulina, para ganar algunos puntos ante los ojos de los antiguos dueños del hotel, para que cuando regresaran le dieran un ascenso, le mejoraran el salario, o lo hicieran, por ejemplo, capitán de alguno de los restaurantes.

Pero claro, Santito sabía que Bartolomé García y José Saceiro, los capitanes de los dos restaurantes del hotel, tenían también sus respectivas cápsulas de botulina, y aguardaban también a que llegara el momento del envenenamiento. Polita lo había repetido hasta la saciedad

> el Hombre come y bebe
> donde quiera, donde lo sorprende
> el hambre, sólo habrá que esperar y estar
> atentos.

Cada uno de ellos sabía cómo actuar, y estaban convencidos de que era muy fácil. Pero Santito tenía una sutil ventaja: el hombre que iba a ser envenenado era muy aficionado a sus batidos. Polita lo tenía claro, lo dijo claro al salir de la embajada, evocando palabras históricas y remedando el tono y el estilo de sus enemigos

> compañeros, la suerte está echada.

Ahora a esperar, a no inquietarse: ésa era la estrategia. Las cápsulas había que guardarlas en lugares seguros y tenerlas a mano para cuando el hombre apareciera. Santito intuía que sería él, algo se lo decía, era una oportunidad única, y esta vez no se le escaparía. El día de la inauguración del Habana Hilton, Batista había saludado a todos los trabajadores en el mismísimo instante en que él había entrado al almacén. Y dos veces seguidas los mismísimos Meyer Lansky y Santos Trafficante habían estado en el Casino y en el Salón Caribe, pero no era su turno. Mala suerte, porque con estos "hombres de negocio" norteamericanos uno nunca sabía, Santito conocía a muchos que terminaron trabajando para ellos y se habían forrado en dólares. Bueno, ésta era su oportunidad. Nadie mejor que él para llevar a cabo aquel trabajo. Bartolomé y Saceiro no decían nada, pero seguramente rezaban para que el hombre que iba a ser envenenado viniera con hambre y no con sed, llegado el día. Pero qué va, ellos no han sido listos, o tienen miedo, han escondido demasiado sus cápsulas. Santito sabe que en una situación como ésta

                    en una operación como ésta (había sido la frase exacta de Polita)

lo fundamental era la presteza y la serenidad, y que para ello lo ideal era tener siempre la cápsula al alcance de la mano. Pero claro, no iba a andar todo el día con ella en el bolsillo, no iba a ponerla sobre el mostrador, no usaría un anillo de sello jerárquico como en el Tercer Reich, como en los crímenes contra los papas o los césares. No. En este caso su estrategia sería mejor. Su cápsula estaría siempre en el lugar de los acontecimientos, cerca del chocolate, de la leche, del hielo, como un ingrediente más del cóctel refrescante. Su cápsula estaría bajo el congelador de la cafetería, bien conservada y al alcance de su mano sin levantar sospechas. Llegado el día, sólo tendría que agarrarla, una acción única y coherente: abriría el frigorífico y extraería de una sola vez hielo, leche, chocolate y cápsula. Perfecto. Esta vez sería él. No había duda. Además, sabía que él, Santito, le caía simpático al hombre que iba a ser envenenado. Era rara la vez que tomara batido de chocolate y no le hiciera un comentario. O le diera las gracias. Una vez incluso, le dio la mano. Es decir, que el hombre que iba a ser envenenado, al menos una vez, había estrechado la mano que, llegado el momento, cogería la cápsula, mezclaría los ingredientes, serviría el batido.

9

Cuando el hombre que iba a ser envenenado tomó en su mano el vaso de batido, en el preciso instante en que sintió la frialdad del vidrio, los vecinos del edificio de viviendas que está frente al hotel, por L (todos menos un niño del segundo piso, que había entrado al baño), estaban viendo *San Nicolás del Peladero*, muertos de risa por un diálogo entre Agamenón y la Alcaldesa; y los vecinos del edificio de 23 y M, igual, excepto en tres apartamentos: en el 3º B, donde había un viejo solo, viudo, que escuchaba a Daniel Santos en la radio; en el 2º A, donde un matrimonio preparaba un congrí para la cena; y en el 1º C, donde tres parejas de amigos bebían ron y debatían a viva voz sus preferencias televisivas, ebrios, en vez de ver *San Nicolás del Peladero* alababan a Enrique Santiesteban y comparaban el programa con *El Show del Mediodía*, o parodiaban *Casos y Cosas de Casa*, o repetían chistes de Enrique Arredondo, unos con tono docto, otros largando chismes de farándula, como si el ser vecinos de Radiocentro les diera potestades para hablar de sus artistas preferidos; para ellos eran tan familiares Germán Pinelli, Rosita Fornés y Armando Bianchi, que de cada anécdota se sentían coprotagonistas. En el año sesenta y tres, en Cuba, todo el mundo se sentía coprotagonista de algo, legitimados porque salían por la televisión. Antes, en la televisión sólo salían artistas, pero ahora no, ahora miles de cubanos aparecían en pantalla cada vez que había una manifestación, como extras de una gran producción cinematográfica. No olvidemos que La Habana había sido la primera capital de América en disfrutar de la señal catódica, incluso antes que Washington, y entre esta "precocidad" mediática y el coprotagonismo colectivo se había engendrado en todos una verdadera fiebre televisiva. Por eso, entre otras cosas, el hombre que iba a ser envenenado había convertido la pequeña pantalla en plataforma de su lucha política, con largos discursos, con la firma de leyes en vivo, con juicios en directo... Pero la televisión en el sesenta y tres no era en colores, ni usaba tantas cámaras, ni tenía las técnicas actuales de simultaneidad vía satélite. Por eso la secuencia del envenenamiento todo el mundo la recuerda en blanco y negro, y lo peor, en línea recta, como si en aquellos minutos sólo hubieran sucedido estos hechos, no otros, y exactamente así, no de otra forma. Apreciación errónea, por supuesto.

 Cuando el hombre que iba a ser envenenado tomó el vaso de batido de chocolate y lo acercó a sus labios, sonriéndole a Santos como tantas veces, no se detuvo el mundo, no se concentró la mirada de todos en aquel gesto inocuo. Los taxistas habaneros continuaron bajando y subiendo por las calles 23 y L, en sus Chevrolets, sus Plymouths, sus Fords, sin darse cuenta del nerviosismo de Santito; en la parada de la Universidad,

donde años antes paraba un tranvía, los pasajeros se desesperaban por la tardanza de las guaguas, sin sospechar aquel suceso simultáneo; los viajeros de las rutas 64, 9, 32, miraron desde las ventanillas de sus respectivas guaguas hacia el hotel, exactamente hacia la cafetería, pero no percibieron el peligro; en el mismo hotel, en el Salón Caribe, Norma Reyes rendía homenaje a la vihuela, tensaba todos sus músculos y arremolinaba todas sus curvas al ritmo de las cuerdas, para halagar el instrumento; dentro del Cinerama, frente al hotel, varias parejas de novios se besaban tomados de la mano, mirando *El esqueleto de la señora Morales*, otra historia de envenenamiento, sin sospechar que a pocos metros de la pantalla cóncava y las tres cámaras que reproducían el efecto de las tres dimensiones, la vida real estaba consumando un hecho idéntico, sólo que aquí no se trataba de Arturo de Córdova, no se inyectaba el veneno en un huevo, no intentarían ocultar el cadáver; aquí se trataba del hombre de la cana recién descubierta, y la cápsula de veneno había dormido durante semanas en un frigorífico, y el presunto cadáver sería exhibido, una vez consumado el magnicidio, como un trofeo en los Capitolios de La Habana y de Washington. Todo esto sucedía, eso sí, en blanco y negro. O mejor dicho, en tono sepia. En tono sepia llegó el hombre que iba a ser envenenado al hotel Habana Libre, y atravesó el vestíbulo seguido por su guardia personal y otros políticos "envenenables"; en tono sepia saludó a todo el mundo; en tono sepia se dirigió a la cafetería; en tono sepia Santos de la Caridad, el ansioso Santito, lo vio acercarse al mostrador y tragó en seco; en tono sepia el hombre que iba a ser envenenado se acodó en la barra, e hizo comentarios inaudibles para el resto de los personajes en sepia; en tono sepia Santito dio las buenas noches y el hombre que iba a ser envenenado dijo
>   póngame un batido bien frío,
>   por favor

en tono sepia Santito contestó
>   con mucho gusto

sí, todo fue en tono sepia, y con movimientos demasiado rápidos si los comparamos con los que reproduce la televisión ahora; sí, todo fue en tono sepia, que es el verdadero color de la memoria.

10

Santos de la Caridad era un camarero con mucha experiencia, pero en realidad sabía muy poco de conspiraciones. Había sido seleccionado para esta operación por Manolo Campanioni, quien a su vez fue instruido por los hermanos Grau, quienes a su vez recibían instrucciones de William Harvey y Robert Maheu, pero Santos lo desconocía casi todo. Ignoraba, por ejemplo, quién era John Roselli, una de las puntas de esta urdimbre para matar al hombre que iba a ser envenenado. John Roselli era un reconocido miembro de la *Cosa Nostra*, hombre de *colts* en los sobacos, de sombrero ladeado y corbatas oscuras, de esos hombres a los que luego el cine ha dejado sin rostro y los ha reducido a una parte del folklore urbano de Chicago y Las Vegas, gangsterismo de atrezzo. Pero aquí y ahora, Roselli es un mafioso de verdad, de carne y hueso. Casi un año antes de que el hombre que iba a ser envenenado entrara en la cafetería del Habana Libre a beberse el batido preparado por Santito, John Roselli se había reunido en Nueva York con William Harvey, quien dirigía entonces el Proyecto Rifle, uno de los tantos proyectos urdidos para matar al hombre que iba a ser envenenado. El enlace entre Roselli y Harvey era un tal James O'Connell, quien también había participado en la reunión de Nueva York, donde comenzó todo. En aquella *meeting* conversaron durante horas y fumaron y bebieron y anotaron en sus respectivas agendas distintas instrucciones; fue allí donde aparecieron, por primera vez, las tres cápsulas, pequeñas armas con destino a La Habana: una de ellas Santito tendría que echarla en el batido. Días después Harvey y Roselli volvieron a reunirse, esta vez en Miami, y Roselli declaró que estaba en contacto directo con Tony Varona, un tipo duro de verdad, un tipo que además de "pastillitas" pedía armas y equipos de radio, como en Bahía de Cochinos. Harvey le explicó a Roselli que sí, que habría armas y todo lo demás, pero que en realidad no hacían falta, que aquellas cápsulas funcionaban de maravilla

en cualquier parte y con cualquier cosa, *man*.

Por supuesto, ni Harvey ni Maheu ni Roselli, ni siquiera Tony Varona, sabían todavía quién era Santito. Ni Santito sabía que su cápsula venía de tan lejos, de los Laboratorios de Joseph Scheider. Entre Scheider y Harvey había todo un mundo; entre Harvey y Roselli otro; entre Roselli y Santito se movía mucha gente: Tony Varona, Jaime Capdevila (el agregado de la Embajada de España), Polita Grau, Mongo Grau, Alberto Cruz, Manolo Campanioni..., incluso los otros candidatos a ejecutar el envenenamiento: Bartolomé Pérez García y José Saceiro. Bartolomé había sido dueño de los bares Bulnes y El Gato Tuerto, y ahora trabajaba como capitán de restaurante en el Habana Libre, negociante dolido porque el hombre que iba a ser envenenado había clausurado sus prostíbulos. Bartolomé se quejaba de que primero había perdido a la clientela de los marineros (con el consiguiente llanto de algunas meretrices, con el suicidio de una mulata guanabacoense que iba a casarse, según ella, con un marino brasileño), y de que después la mayoría de sus putas se había puesto a estudiar corte y costura

dónde se ha visto eso, qué ridículo

de modo que ni en el Barrio Chino Bartolomé encontraba ahora el maná de los pesos. El caso de Saceiro era distinto, más parecido al de Santito: Saceiro extrañaba a los dueños del Habana Hilton y esperaba con aquel envenenamiento ganar méritos. Ellos tampoco sabían de la existencia de Johnny Roselli. Bueno, de la *Cosa Nostra* sí, de la *Cosa Nostra* y de sus planes para repartirse la ciudad de La Habana sí, habían coincidido más de una vez con Santos Trafficante y Meyer Lansky en el Casino Sans Souci y en el Habana Hilton; pero pensaban que esto de las cápsulas era cosa de los Grau (ambiciones políticas) y de los norteamericanos (ambiciones históricas). Se les enredaban los hilos de la urdimbre. El triángulo Santos-Bartolomé-Saceiro estaba claro. Pero el triángulo Polita-Capdevila-Campanioni se superponía sobre el triángulo Roselli-Harvey-Varona, y ya aquí se confundían todos los vértices y todos los ángulos, se encogían las hipotenusas, se alargaban los catetos, de modo que al final no quedaba otra cosa que una gran telaraña geométrica, y en el centro de esta telaraña dos lados en ángulo obtuso, el lado "batido de chocolate" y el lado "cápsula de botulina", ambos esperando la llegada de un tercer lado para cerrar el triángulo: el lado "hombre que va a ser envenenado".

11

El hombre que va a ser envenenado ha sobrevivido en los últimos años a muchos y disímiles intentos de asesinato, todos descubiertos y desmantelados con bastante antelación por quienes tienen una única misión, trabajo, responsabilidad: protegerlo. Pero algo falla en este caso. Ha llegado el momento esperado durante semanas por Santito. El hombre que va a ser envenenado está entrando en el lugar previsto, donde está todo preparado, el chocolate, la leche, el hielo, la cápsula letal, las manos de Santito... sin embargo, esta vez su equipo de Seguridad no ha descubierto nada. Tres hombres de su guardia personal lo acompañan hasta la cafetería, pero lo ignoran todo. Ríen con él, conversan, llegan con él hasta la barra. Nunca antes había pasado esto. No pasó en ninguno de los planes con fusiles de miras telescópicas; no pasó con las bazookas emplazadas bajo un falso techo, en el octavo piso de Misiones 29, frente al Palacio Presidencial; ni con el explosivo plástico C-4 que pondrían bajo el alcantarillado de la tribuna donde haría un discurso; ni con el plan de dispararle mientras metía un hit en el Estadio del Cerro; ni con los bolígrafos envenenados, los explosivos subacuáticos, los hombres-rana, los polvos para que se le aflautara la voz en los discursos, las cremas depilatorias para que perdiera toda la barba en público; no pasó así nunca antes; siempre su guardia personal había descubierto las conspiraciones. Pero esta vez el plan está llegando al fin sin que descubran nada; es más: llegó el momento. Ahí está el hombre. Es 18 de marzo de 1963. La noche es calurosa y en los alrededores del hotel la vida sigue viva, en tono sepia, pero viva: varios novios, tomados de la mano dentro del Cinerama Radiocentro, observan cómo Arturo de Córdova esconde con astucia las huellas del envenenamiento de su esposa, la señora Morales; unos vecinos ríen en sus casas con los personajes de *San Nicolás del Peladero*; otros oyen la radio; otros ponen la mesa y se sientan a cenar (congrí con pollo); otros discuten sobre *Casino de la Alegría* y el horror de las películas soviéticas; los transeúntes y los pasajeros de las guaguas bajan y suben por 23, por L, por M, por 25, bordeando y contemplando el edificio del hotel, pero ignorando que el hombre que va a ser envenenado está avanzando hacia el batido, lentamente. Todo está listo, preparado. El hombre que va a ser envenenado trae la gorra militar menos calada que otras veces. Santos lo ve venir y traga en seco

            póngame un batido bien frío, por favor

y en tono sepia Santito contesta

      con mucho gusto

y con sus manos de camarero hábil se acerca al frigorífico, con sus manos de neófito conspirador, de envenenador primerizo. Son gestos mecánicos, rápidos y seguros, los mismos gestos de todos los días de todos los meses de por lo menos los últimos seis años. La leche está fresca, en litros de cristal. El chocolate es el mejor, proveniente del último cargamento de Minas Gerais. El azúcar criolla. El hielo recién hecho. Santito escoge entonces un vaso alto, de aristas casi imperceptibles, pensando que así al hombre que va a ser envenenado le parecerá más seguro el agarre. Ahora, la batidora. Y una pizca de sal, esa pizca exactísima que le da un punto de sabor inigualable a los batidos de Santito. Y ahora la cápsula. Ahí está; Santito y la cápsula llevan días, semanas, esperando este momento; ahí está la cápsula traída de los Laboratorios de Joseph Scheider; ahí está, junto al serpentín, aguardando a que Santito la tome entre sus dedos y la confunda con la sabrosa mezcla. Ahora Santito piensa que hubiera sido preferible que esta ocasión le tocara a sus colegas Bartolomé o Saceiro. Pero ya no hay tiempo. Desliza la mano por debajo del congelador, hasta el serpentín, y toca la cápsula. A sus espaldas siente la voz inconfundible del hombre que va a ser envenenado, y la risa de algunos de sus compañeros. Con el dedo índice intenta acercarla, pero no puede. La cápsula se ha quedado pegada al serpentín con el hielo. Por supuesto, esto no estaba en los cálculos de nadie. Con el pulgar y el índice vuelve a intentarlo, la remueve un poco, pero nada. Entonces aprieta, tira de ella, y sucede algo que tampoco habían calculado ninguno de los lados de todos los triángulos: la cápsula se parte. Porque Santito sabrá mucho de química, de mezclas y combinaciones de aromas y sabores, pero poco de física. Al apretar la superficie de la cápsula semicongelada, ésta se parte al medio, y el veneno se derrama entre sus dedos y las paredes del frigorífico. Es increíble. Santito tiembla de estupor, de rabia, miedo, desengaño, impotencia, pero nadie se da cuenta. Mira hacia todas partes. Piensa en Saceiro, en Bartolomé, en Polita Grau, en Campanioni... Piensa en su mala estrella, mientras un nudo le atenaza el estómago y otro le tapona la garganta. Pero Santito es un profesional, no lo olvidemos. Así que a los pocos segundos se escucha en toda la cafetería del Habana Libre el ruido familiar de la Osterizer, y se ve dentro del vaso cómo sube y baja, cómo gira en todas direcciones la mezcla de chocolate, leche, azúcar, hielo, y esa pizca de sal que es su secreto. Y un minuto después, en uno de los familiares vasos de catorce onzas de la cafetería, el hombre que iba a ser envenenado paladea su batido, ofrece por educación a sus acompañantes, y saborea hasta la última gota

muchas gracias, estaba sabroso como siempre, y además, fresquísimo

pone el vaso sobre el mostrador, se cala la gorra militar, da la espalda y se marcha seguido por su gente. Pero antes de abandonar el hotel se detiene en uno de los grandes espejos del lobby. Sí, la cana sigue ahí, solitaria. Entonces se despeina la barba, para esconderla un poco, y se aleja con zancadas de sobreviviente.

Aguadulce, Almería, España, 1 de julio de 2002

La CIA utilizó a la mafia norteamericana para introducir en Cuba cápsulas de botulina sintética, con la finalidad de asesinar al comandante Fidel Castro. Este plan fue investigado y reconocido por el Senado norteamericano, además de otros siete, en 1975.

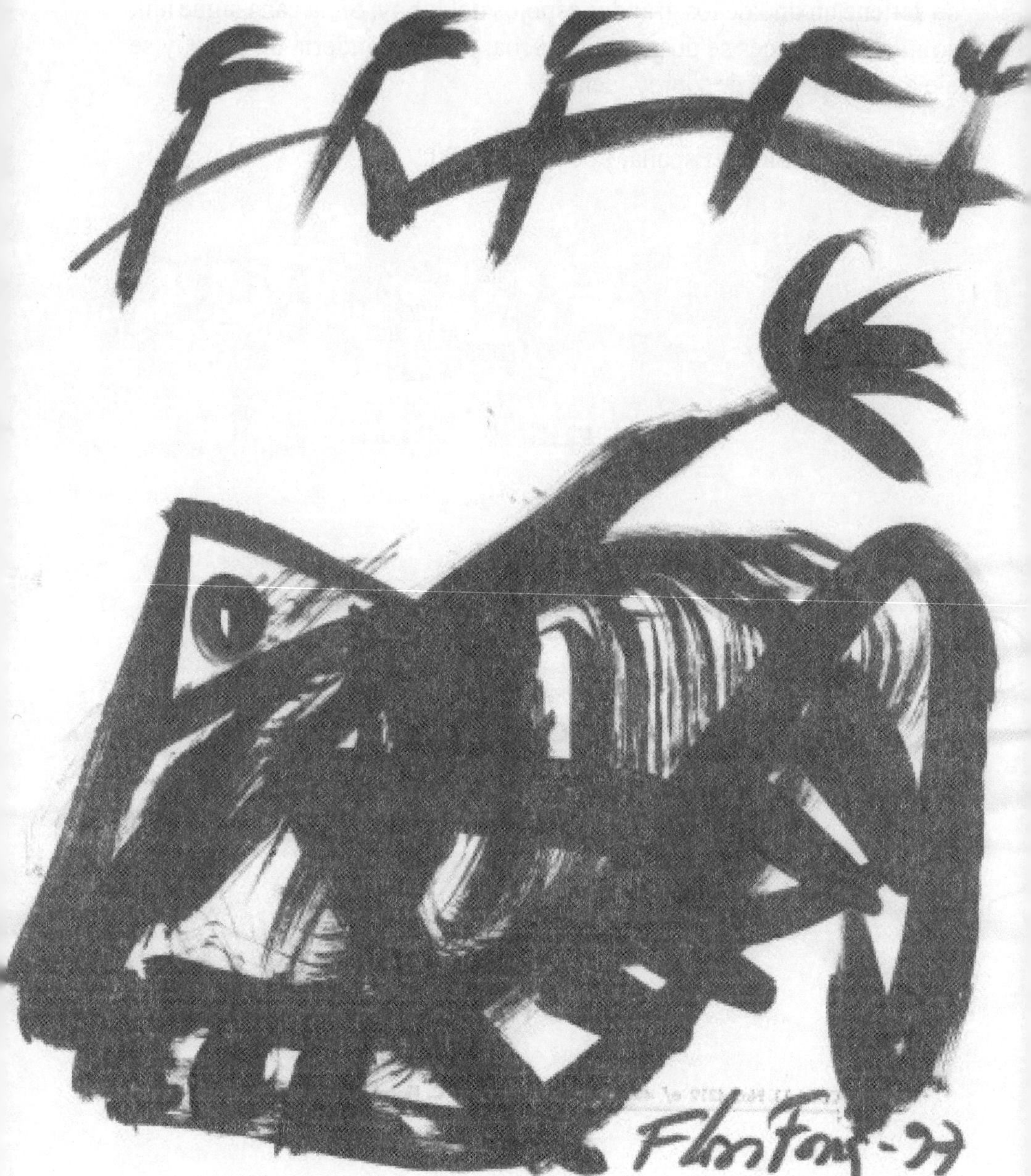
FlorFong-97

emilio comas

Soy yo misma, María

Si algún día yo fuera famosa y pudiera hablar por televisión, me gustaría decirle a la gente que la vida no es ni buena ni mala, que tiene sus momentos buenos y malos y eso es la felicidad, que también puede ser las ganas de seguir viviendo, o la tristeza, que son los deseos de dejarla de vivir; pero que aunque uno haya perdido poco a poco los buenos momentos que fue ganando con los años, todavía vale la pena seguir viviendo, porque todavía se puede ser feliz, y porque hay muchas maneras de ser feliz.

Pero la verdad es que la vida a veces es muy injusta y absurda.

Y para que lo vea, oiga lo que le tengo que contar.

Empezaba el año setenta y, para nosotros los más pobres, la vida estaba derechita y tranquila como la picúa cuando hay calma chicha. Es verdad que había problemas pero uno casi no lo sentía de tantas cosas que teníamos que hacer.

Los barcos estaban pescando en aguas internacionales. Ahora sí se podía ir con tranquilidad al alto y pescar todo lo que se quisiera, porque los barcos tenían todas las condiciones y comodidades.

Y el 2 de mayo por la mañana salieron dos de los barcos, el *Plataforma 1* y el *Plataforma 4*, iban al canto del veril en el banco de Bahamas a pescar biajaibas, que estaban corriendo con la luna. Era a cuarenta o cincuenta millas de Faro Caimán y debían pasarse seis o siete días.

Y el día 10, ya a punto de virar para puerto con las neveras llenas, fue el secuestro.

Nosotros nos enteramos el lunes once después que alguien oyó por Radio Swan, en el programa de la novela, los nombres de los pescadores presos.

Aquello fue tremendo.

De la familia de los Torna iban padre e hijo y un primo, de los Del Río dos hermanos y un primo y cinco vecinos más del barrio.

Decía la gente de Miami que los querían cambiar por un tal Vicente Méndez, que había desembarcado en Oriente para hacer sabotajes y alzarse en las lomas y que al final cayó preso.

Y esto nunca había sucedido, ni antes ni después de la Revolución. Nadie entendía por qué cogían a simples trabajadores y los secuestraban y los maltrataban. Todas las leyes estaban en contra de esto y sin embargo se hacía. Estaba sucediendo y nos estaba sucediendo a nosotros.

Y fue que sobre la una de la tarde, estando al pairo y después de almorzar un buen plato de arroz, chícharos y revoltillo con jamón, los muchachos se habían recostado a descansar y buscar la poca sombra que había, huyéndole a un sol que a esa hora es como un horno de carbón.

Dicen que sintieron de buenas a primeras ruido de motores que se acercaban, y que miraron y eran dos lanchas rápidas. Cuando llegaron a la altura de los barcos empezaron a dar vueltas mientras sus tripulantes desenfundaron todo tipo de armas. Entonces uno de ellos gritó: "¡Fondeen ahí si no quieren irse a pique...!" Primero soltó el ancla el *Plataforma 4* y un poco más a barlovento fondeó el *Plataforma 1*. Ordenaron que los patrones de los barcos fueran a proa y los demás tripulantes se quedaran en popa. Después mandaron a arriar uno de los botes del *Plataforma 1*, subir todos a bordo, y abordar el *Plataforma 4*. Entonces se acercó una de las lanchas y el que parecía jefe dijo: "Nosotros vamos a hundir ese barco, ustedes son gente de Castro, son comunistas. Si complican las cosas los echamos a pique junto con la embarcación. Ese barco lo volamos ahora mismo".

Imagínate qué estupidez, los muchachos se quedaron bobos, sin saber qué hacer. Aquello parecía cosa de películas.

En eso un tipo de aquellos subió al *Plataforma 1*, tiró una ráfaga de ametralladora por la boca de la recámara, entró y salió con un saco de arroz que lanzó por la borda sin decir palabra. Alguno quiso protestar, pero fue callado por los demás ante el peligro que podía surgir de una protesta. Después subió otro tipo con un paquete de dinamita y una mecha larga. Eran como diez cartuchos rojos, amarrados con teipe.

Mientras, el otro barco se alejaba lentamente.

Cuando estaba a unos treinta metros y ya colocada la carga explosiva, los dos tipos salieron del barco y abordaron la lancha rápida y se alejaron. Como a cien metros comenzaron a dispararle rafagazos por debajo de la línea de flotación, tratando de que explotara, pero sin lograrlo. Entonces le tiraron con una bazuca y tampoco explotó. Cuando el *Plataforma 4* estaba como a una milla fue que se sintió la explosión del *Plataforma 1*.

Entonces continuaron navegando como unas dos horas. Las lanchas rápidas a sotavento y a barlovento vigilando siempre. Al poco rato, el que era jefe ordenó que pararan el motor y que pasaran dos pescadores a las lanchas. Aquello no le gustó a nadie. Nardo y Tavito deciden ir y cuando empiezan a bajar por la borda los obligan a quitarse la camisa y bajar con las manos en alto, cosa que era imposible hacer. Nadie puede cambiarse de un barco a otro sin apoyarse. Así era de grande el miedo de esta gente. En cuanto abordaron las lanchas les engancharon esposas en las muñecas. Después le indicaron al resto de la tripulación que tenían que desarbolar el barco para que no pareciera un pesquero cubano. Hubo que picar el palo, botar la nevera auxiliar, botar las nasas y picar las jarcias.

Cuando Nardo y Tavito regresaron, dijeron que la cosa era que querían cambiarlos por el grupo de Vicente Méndez, que nadie a ciencia cierta sabía quién era. Después supieron que el tal Méndez había pretendido infiltrarse por la costa oriental con un grupo y estaban presos. Por supuesto que los muchachos no entendían nada, eso era cosa de la justicia, de las leyes y ellos eran simples pescadores en su faena.

Luego siguieron navegando con el barco desarbolado. Un tiempo después mandaron a fondear de nuevo. Se veía que no tenían muy claro qué iban a hacer. Alguien les dijo que iban a volar el barco con ellos a bordo y por supuesto que eso no fue nada simpático.

Después del susto ordenaron levar anclas y poner rumbo a un barco langostero que se veía en el horizonte, como a una milla. Ya cerca del pesquero volvieron a cambiar el rumbo y navegar sobre los cincuenta y cinco grados hacia Bahamas. Así se navegó hasta las doce de la noche. No se había comido nada ni tampoco se veían intenciones. Entonces ordenaron fondear y que durmieran.

Sobre las siete de la mañana y todavía en ayunas, volvieron a ordenar que arrancaran el motor y levaran el ancla. Entonces uno de ellos preguntó si conocían a Orange. Mandaron poner rumbo norte y se navegó hasta la una de la tarde en que divisaron un farito. Ya a esta altura se acercó una lancha rápida, que al principio pensaron fuera de ellos, pero por el rollo que se formó en las lanchas de los secuestradores, les pareció que había algo raro. Entonces los muchachos se metieron debajo del sollado no fuera a haber tiroteo.

Cuando la lancha acodera, miran y ven que es Ñiquito, el hijo de Ñico el Puto, que estaba viviendo en Miami y reconoció el barco y vino a visitarlo. Los secuestradores estuvieron hablando aparte con ellos, parece que los asustaron un poco y luego los dejaron ir. Ñiquito es quien dice en Miami que han secuestrado a los pescadores y por él la noticia llega a Cuba.

Luego de esto, volvieron a navegar por la misma ruta y como a milla y media del faro se ordenó poner rumbo al sur, según ellos rumbo a Orange.

Como a las cuatro de la tarde se llegó a un cayo. Ya a esa hora los muchachos habían hecho un poco de leche condensada con agua y el hambre era menos.

Fondeados cerca del cayo se pasó la noche, ya más tranquilos porque ya se estaba en tierra. Comieron algunas latas de carne con galletas.

Cuando llegó la mañana, una de las lanchas arrancó motores y se fue.

Como a las dos de la tarde se aparece un barco langostero de bandera inglesa y se forma un gran alboroto en la lancha pirata. Acoderaron al *Plataforma 4* y subieron dos armados con fusiles y diciendo que si venían a rescatarlos los mataban. Mire usted, otro susto. La cosa era que si los abordaban había que decir que eran pescadores submarinos de Miami. Y eso no lo creía ni el bobo de la yuca. Uno de los tipos se tiró al agua y le puso una mina magnética al barco, para que si lo detenían, volara en el trayecto al puerto. Otra locura hija del acobardamiento que aquella gente tenía. Es como decía mi abuela: compraron cabeza y le cogieron miedo a los ojos.

De entrada se vio que el barco era un pesquero y no una lancha artillada, ni un guardacostas ni nada de eso, incluso traía a remolque cinco chapines, y así fue, se pusieron a pescar tranquilamente como a una milla y estuvieron todo el día en eso y los hombres de las lanchas todo asustados.

Luego de irse los ingleses, como a la hora, llegó una nueva lancha y otra vez se llevan a Nardo. Están como una hora hablando y al regreso venían con la orden de que había que desembarcar en el cayo. Era evidente que querían deshacerse del barco. Decían que eran del Alpha 66 y que debían recoger todas las pertenencias y la comida y bajarlas a tierra. No dejarse ver por los aviones y no hacer bulla. Decían que estaban en Cayo Williams, Orange.

Ya en tierra vieron cómo de la lancha pasaban unos paquetes de dinamita para el barco. Querían que volara y se fuera al fondo rápido.

Dos hombres levaron el ancla y comenzaron a navegar buscando el sur del cayo, después fondearon y los dos tipos pasaron a la lancha rápida.

Entonces hicieron explotar las cargas. El barco se levantó del agua pero no se fue a pique. Pusieron más dinamita y explotó, pero tampoco se hundió. Optaron luego por cortar la bosa del ancla y lo dejaron al garete, que la corriente lo llevara mar afuera.

Aquello tuvo que haber sido muy triste para los muchachos. Como quiera que sea, eran sus barcos, con los que alimentaban a sus hijos y trabajaban con muy buenas condiciones, buena comida, comodidades. Y era que se destruía por gusto, desaparecía, y ya nunca más se contaría con él. Podría aparecer otro barco pero ya no sería el mismo. Quien anda a bordo sabe que los barcos son para los hombres como la familia, como un padre fuerte y bondadoso a quien hay que cuidar. Y lo que más dolía era que se eliminaba por razones totalmente fuera de lógica, de la decencia, del respeto.

Como que ya era tarde, se pusieron a chapear la manigua con una mocha vieja y con poco filo. Con las capas de agua se hizo como una carpa y allí se guardaron las cosas.

Cerca de la costa la lancha seguía vigilándolos y con malas intenciones.

La noche fue difícil, bajó el mosquito y el jején y luego empezó un frío con el que no se contaba. Los muchachos pusieron dos chapines arrimados a un farallón y le echaron yerba por alrededor. Allí se acostaron y durmieron algo.

Cuando amaneció hicieron un camino entre las tunas para llegar a la costa sin ser vistos desde arriba. A media mañana armaron un fuego y calentaron otras latas de carne que comieron también con galletas.

Así pasaron tres días y tres noches, comiendo de las latas de carne y combinando con alguna otra cosa sacada del barco, hasta que se acabó la comida y el agua.

Los hombres de la lancha bajaban a tierra cada cierto tiempo y por ellos supieron que también estaban sin comida y agua. Hay un momento en que les proponen a los muchachos asaltar algún barco que pasara cerca para quitarle el agua y la comida, pero no pasó ninguno. Ellos estaban convencidos de que los habían engañado.

Al fin, al cuarto día por la mañana se apareció la lancha que se había ido primero. En ella venía Nazario Sargen, Oscar Angulo y otros hombres con la intención de entrevistarlos para la radio. Venía también Guayo el fotógrafo.

Los entrevistaron uno por uno y a todos les preguntaron lo mismo. Que cómo los habían tratado y que si querían que los canjearan por el tal Vicente Méndez. Todos dijeron lo mismo: que no los habían maltratado y que querían regresar a Cuba, no importa si por el canje o no, que no eran políticos y sí simples trabajadores. Eso luego lo pasaron por Radio Nueva York en el programa Radio Periódico Dominical, el mismo programa que dio la noticia de que "unidades navales del Alpha habían hundido dos embarcaciones espías de Cuba y habían hecho prisioneros a once comunistas".

Y éstas son las cosas que uno no entiende de los americanos, ¿cómo la radio se va a prestar a divulgar cosas de simples delincuentes? Porque realmente lo que estaba detrás de todo no sólo era el problema político. Cierto que se quería provocar una bronca con los ingleses y hasta echarle la culpa del secuestro y por eso se usa Cayo Williams y Orange, pero el otro asunto es que ellos trataban de que los cubanos no siguieran pescando más en Bahamas para pescar ellos, era la intención de meter miedo para ocupar su lugar en la pesca. Y lo que se estaba haciendo olía a mafia.

Entonces, después de la entrevista dijeron que no podían seguir allí, que los iban a llevar a una base de operaciones de ellos donde estarían mejor resguardados y cuidados.

Como a la una de la tarde los montaron en sus lanchas con un gran alarde y los sacaron de Cayo Williams, donde estaban los mosquitos más grandes del mundo.

Fueron a la costa de Andros y fondearon como a las seis de la tarde a la vista de la isla. Allí durmieron como pudieron a bordo de las lanchitas, sin comida ni nada.

Al otro día por la mañana atracaron a la orilla y mandaron bajar las cosas rápidamente. Temían que un avión los pudiera ver.

Cuando Tavito estaba llenando el barril con agua, Guayo le dijo: "oye, aquí se mantienen unos hombres del Alpha con órdenes muy severas, si no se portan bien les meten mano".

Y fue verdad, se quedaron cinco hombres y una lancha como a veinticinco metros de distancia, con órdenes de disparar por la noche contra cualquier cosa que se moviera. No podían salir ni a orinar, y para dar del cuerpo había que hacerlo a la vista de ellos, por el día, y después taparlo con arena para que no quedara rastro.

Así pasaron varios días, ahorrando la poca comida y el agua y esperando, hasta que todo se acabó. Les pidieron a la gente de la lancha y les dijeron que ni agua, ni comida. Así de lindo. Que ellos no se responsabilizaban. Era de nuevo la misma tensión porque no había nada que hacer, sólo estar tranquilos, tratar de moverse lo menos posible y esperar. El hambre y la sed provoca en los hombres un sopor y a veces delirios y sueños raros, y no se sabe qué cosa pasa en realidad y qué en los sueños.

Un día después de muchos, nunca supieron cuántos, se apareció una nueva lancha. Atracaron en la costa después de dar un par de vueltas. Bajaron tres hombres y uno de ellos les dijo que les traía noticias. Para noticias estaban los muchachos. Agua y comida era lo que necesitaban.

Después de saciar la sed, primero con buchitos cortos para hacer estómago y luego a borbotones, y después de comer algo, se enteraron que iban a dar parte a la Cruz Roja Internacional para que los recogieran, que no era por cobardía, que actuaban así por conciencia.

Le zumba que se aparecieran ahora con este sermón, después que llevaban varios días casi en el límite de la muerte de sed y de hambre.

Dijeron que iban a dejar comida para un mes y que después que se fueran no le hicieran seña a ningún avión hasta el otro día.

Ya cuando arrancaban el que era jefe dijo: "muchachos, sentimos mucho lo ocurrido, pero ustedes ayudan al comunismo; que Dios los ayude". Y con la misma se fueron.

Enseguida agarraron algunas latas, otros alimentos y el agua y empezaron a caminar tratando de alejarse de la zona por temor a una vuelta de los secuestradores. Se fueron rompiendo monte, porque no quisieron coger la arena para no dejar huellas.

Serían las tres de la tarde cuando comenzaron a caminar. Algunos querían quedarse en el lugar. Era muy lastimoso caminar descalzos por entre las tunas, las espinas y el diente de perro.

A las siete de la noche, más o menos, se hizo un alto. Todos se echaron a dormir y alguien se quedó velando. Como a las cinco de la mañana se pusieron en marcha otra vez. La idea era moverse continuamente para evitar ser apresados de nuevo, siempre rompiendo monte y ciénaga.

Como a las nueve se hizo un alto y se coló café. Descansaron como una hora y luego se abrieron algunas latas de comida.

Alguien se subió en un pino alto pero no pudo ver nada. Acordaron entonces volver a la playa para dejarse ver por un avión.

Caminando por la playa, ahora por la arena, les cruzó por encima una avioneta y al parecer el piloto no los vio.

Serían las doce cuando se detuvieron a descansar y comer alguna cosa. Tavito fue al monte y trajo dos varas de patabán bien largas, se quitó la camisa y después de abrirla al medio hizo dos banderas, las amarró a las varas y éstas las encajó en la arena.

Al rato sintieron otro avión volando rasante y le hicieron señas. Parece que vio las banderas porque dio una vuelta y regresó muy bajito, enseñando la cruz roja en la barriga.

Tres vueltas más y soltó un paracaídas con un paquete de comida concentrada, que eran barras de chocolate y pastillas. Traía además un mensaje: "No se muevan del lugar. Están rescatados. Cruz Roja Internacional".

Llegó la noche sin que llegara el rescate y volvieron al monte por miedo a ser descubiertos por la gente de Miami.

Al otro día como a las siete, ya en la playa, sintieron un ruido enorme y era un helicóptero con flotadores que se tiró en la orilla. Enseguida preguntaron por la salud del grupo y que si había algún herido. Realmente los hombres estaban cansados, pero no había heridos, sólo arañazos de las espinas del monte.

Los fueron llevando de cinco en cinco. Llegaron a un aeropuerto y los esperaba un representante inglés y un médico. Los entrevistaron por separado, los revisó el médico y después fueron a comer. No fue una comida con todas las de la ley, fue el clásico sandwich de los europeos que a nosotros no nos gusta porque tiene muy poca carne y muchos vegetales y cosas extrañas. Pero les supo a gloria.

Luego les dijeron que habían comunicado con La Habana y que mandarían un avión a buscarlos.

Después del almuerzo viajaron hasta Nassau porque el avión no podía tirarse en Andros. Luego tomar el avión de Cubana, ponerse ropa limpia y encontrarse con Fidel y un mitin grandísimo en La Habana.

En el puerto fue muy grande el rollo que se armó cuando se supo la noticia. La gente tocaba de casa en casa y todos se botaron a la calle gritando y con mucha alegría y enfilaban hacia la Cooperativa. A las mujeres de los pescadores las llevaron a La Habana a esperarlos. Yo misma tuve que prestar unas sandalias a la mujer de Vergel y una saya y una blusa. Porque no tenía qué ponerse y andaba descalza por el barrio. Como si estuviera en los cayos. Y me quedé también con los cuatro muchachos que eran chiquitos. Cuando volvió venía con una bolsa con polvos y perfumes que le habían regalado en La Habana, de todas maneras quiso compartirla conmigo, pero yo de ninguna manera, eso era como quitarle un juguete nuevo a un niño. Por fin es que ya yo sabía qué era usar esas cosas. Y para ella era la primera vez, no estaba acostumbrada y venía como que eso era una cosa muy grande.

Y a Aida, la esposa de Orosmán que no pudo ir porque estaba preñada de muchos meses, le mandaron una maleta con toda la canastilla para la criatura.

Unos meses después el patrón del *Arigua* se encontró con el *Plataforma 1* hundido, pero en buen estado. Y lograron ponerlo a flote y que volviera a navegar.

Así terminó aquel asunto del secuestro. Les salió el tiro por la culata, porque el mundo entero vio la injusticia que habían cometido. Y quienes más sufrieron, como siempre pasa, fueron las familias, las madres, las mujeres y los hijos chiquitos. Me duele el corazón de tanto llorar, me decía la hijita de Orosmán con sólo cinco años, y yo pensaba para mis adentros: ¿por qué una niña que tiene que estar jugando a las muñecas y a los cocinaditos, que está viviendo la parte más feliz de su vida, que es la inocencia, tiene que estar sufriendo y llorando tan temprano? No es justo, la vida ya le traerá sus momentos de llantos y tristezas, pero nadie tiene derecho de adelantárselos.

Durante años, terroristas cubanos radicados en la Florida, utilizando lanchas artilladas, han atacado a embarcaciones en labores de pesca y secuestrado a sus tripulantes.

AVIDAR

aida bahr

SECUELAS

No es el dolor, que muerde como un perro. El dolor se aguanta, el dolor pasa. Es esa desesperación que te queda por dentro; y tienes que aprender a vivir con eso. Hay días en que parece que se puede olvidar: tienes la mente ocupada y te sientes un ser normal, como los demás; pero entonces alguien llega y te mira, o te acuestas a dormir y vuelve la vieja pesadilla, o ves una foto en el periódico, y ahí están otra vez la angustia, y la rabia y el odio apretándote el pecho. A veces es peor. Pasan cosas que lo revuelven todo. No hace ni dos meses... Por las tardes me siento ahí a la ventana, con mi bordado, la gente que pasa me saluda, a veces se detienen y compran algo, o preguntan. Yo estoy detrás de la ventana y soy una mujer como tantas ganándome la vida honradamente. Es de los buenos momentos del día. Los muchachos juegan en la calle, cualquier vecino se para a hacer un comentario; uno se siente seguro, tranquilo, feliz, porque eso es para mí la felicidad, sentir que perteneces al lugar y a la gente que te rodea, dar afecto y recibirlo, una rutina que se interrumpa sólo con sorpresas agradables. Eso mismo pensaba, o no lo pensaba así con ese detalle, pero estaba tranquila y feliz, una tarde como todas, no hace ni dos meses, cuando se soltó el perro. Un Stanford. Los entrenan para pelearlos, no sé bien cómo lo hacen, el dueño vive en la otra esquina y aquí sólo se oyen los ladridos, pero se sabe que el perro es una fiera, como se sabe que ese hombre gana mucho dinero con las peleas, que están prohibidas, pero igual las hacen. Se acostumbran a ver la sangre, el sufrimiento, y en su mente lo que hay es el dinero que van a ganar, la vida que se van a dar con ese dinero. El resto del mundo no significa nada para ellos. El caso es que el animal se soltó, dicen que rompió la cerca, y le voló arriba a los niños. ¿Se imagina? Agarró al más lento, o al que más se asustó, un niño que estaba jugando en la calle con sus amigos, tan inocente como si estuviese dormido en su cama, lo mordió primero en el brazo, y luego le mordió la pierna. Yo lo vi. Vi los colmillos hundiéndose en la carne y sentí el frío, porque eso es lo primero que se siente, un frío que es como el susto y se vuelve enseguida una candela, un ardor y un dolor tan grandes que no te dejan ni gritar. Una mordida de perro enfurecido. Lo hubiera destrozado, pero la gente corrió, golpearon al perro con un palo, tuvieron que dejarlo inconsciente para que soltara. Cargaron al niño y corrieron a parar un carro. Pasaron por aquí, vi las heridas, la carne negra, los goterones de sangre, oí los gritos, los de ellos, los míos me estaban reventando por dentro, me estallaban en la cabeza, las manos se me hincharon de tanto apretar los barrotes de la ventana, porque no podía correr, no podía cargar al niño, no podía hacer nada sino mirar y morirme de angustia. Me tocó ver al dueño del perro recoger su animal y llevárselo bajo los gritos y las amenazas de la gente. Esperé hasta que regresaron los que llevaron al niño. Lo habían dejado en observación y ya estaban allí los padres. Todo se fue calmando poco a poco, pero día a día me ha consumido la desesperación, la misma que sentí entonces. Porque sencillamente no puedo aceptarlo. Ya el niño está jugando de nuevo en la calle, tiene las marcas, pero irán desapareciendo, tuvo suerte. El dueño del perro fue a juicio, pagó la multa y tiene ahora al animal amarrado y con bozal. Pero en cuanto lo considere en condiciones volverá a pelearlo. Tiene que cuidar las formas en el barrio, dicen que le regaló al niño una caja de malta. Hay hasta quien lo justifica. Y yo me pregunto: ¿quién entrenó al perro? ¿Quién lo convirtió en un asesino? ¿Quién lo premiaba cada vez que destrozaba algo a mordidas? Yo viro la cara cada vez que pasa por la acera. Otros pueden perdonar, decir: ha pasado tanto tiempo. De lo mío han pasado años y no fueron perros atacando ciegamente, pero igual habían sido entrenados para matar y esperaban su premio. En el hospital alguien le dijo a mi madre con ánimo de consolarla: "Dios no ha querido que tu hija muera". Y mamá, desesperada, le gritó: "¿Y quiso que perdiera el pie?" Quien había hablado le dijo: "Piensa que pudo haber muerto y resígnate". Mi madre no contestó, y yo ni siquiera sabía con quién estaba hablando, pero las palabras se quedaron por siempre en mi cabeza porque muchas veces después me dijeron lo mismo de distintas formas. Y yo no quiero pensar que pude haber muerto, al contrario, pude haber vivido como una niña normal, correr, saltar la suiza, ponerme zapatos de tacón y bailar en mis quince... pude hacer todo eso, debía haberlo hecho y no me dejaron. A mí no me dio la polio, no me atropelló un carro, esas cosas en las que a veces no se sabe a quién culpar. Yo sé bien claro quiénes son los culpables. Por eso no hay olvido posible, apenas alejar los recuerdos por un tiempo. Por supuesto que tampoco vas a amargarte y arruinarles la vida a los demás. Te conformas, te inventas que también hubieras querido ser cantante y no tienes voz para eso, te refugias en bordar y en sentarte a la ventana, pero, aunque no lo digas, tienes siempre como una marca interior, más profunda que la cicatriz del muñón que ya no me hace daño mirar. Porque lo peor no es el dolor, es la desesperación que te queda por dentro.

El 12 de octubre de 1971, en horas de la noche, un grupo de terroristas que tripulaban dos lanchas artilladas, procedentes de la Florida, atacaron el caserío de Boca de Samá en Banes, provincia de Oriente. Resultaron muertas dos personas y varias heridas, entre ellas las menores Nancy y Ángela Pavón de 15 y 13 años de edad respectivamente. Una bala de grueso calibre destrozó un pie de Ángela, el que fue necesario amputar.

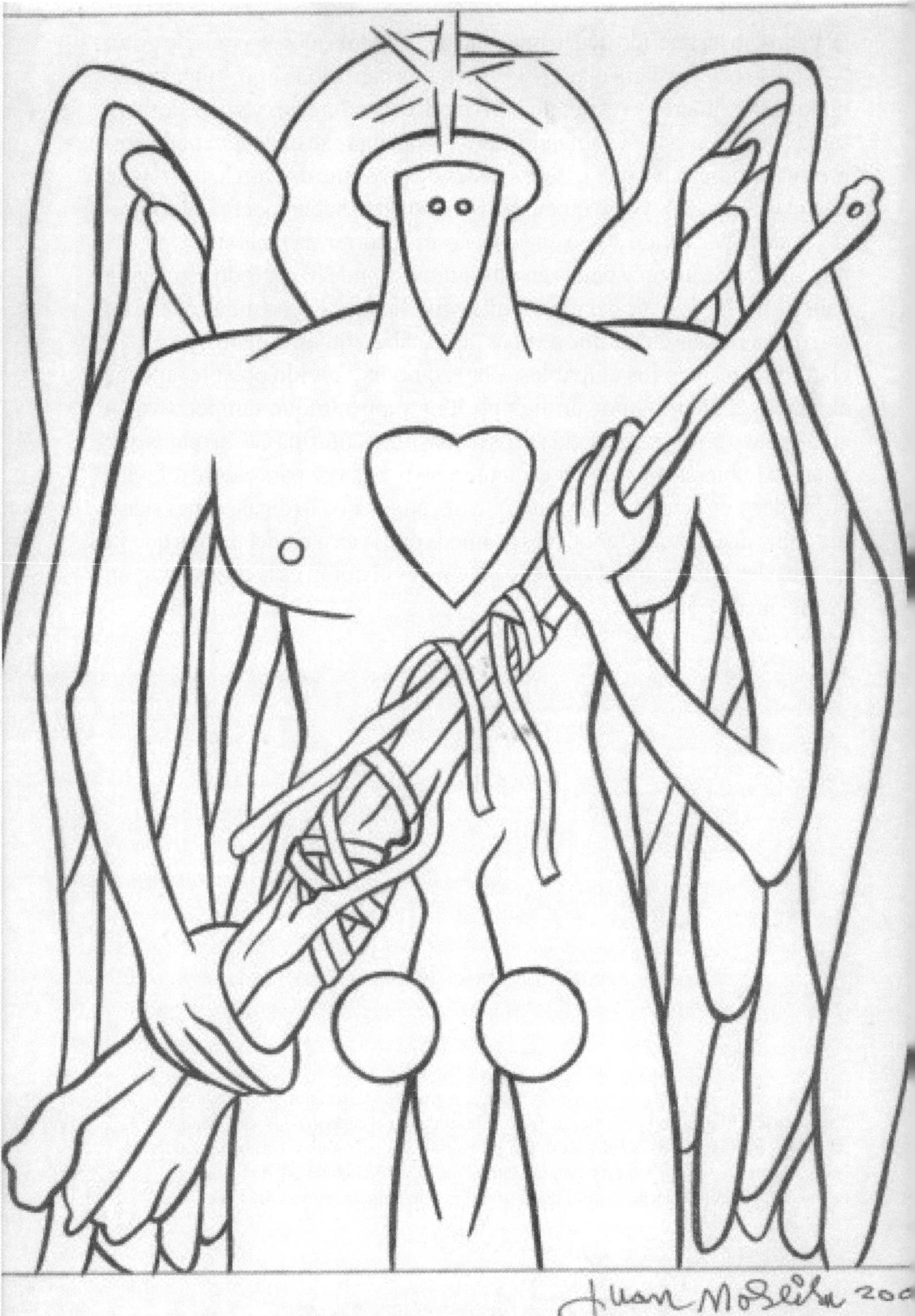

david mitrani

Tiro de Cámara

Antes igual bebía, pero a ratos, sin marcado interés, sin esfuerzo por borrar los alrededores de mi existencia. Avistaba el límite, eso sí, difícil cosa en cualquier variante del vicio. Bebía hasta la irrealidad, hasta eximirme de misiones desagradables, hasta, sin pesadumbre, perseguir por las calles oscuras a los revoltosos, que jodían mucho, demasiado. Después del trago nada era punible, órdenes eran órdenes, en definitiva había que preservar la tranquilidad y cualquier cosa que se hiciese estaba bien. El alcohol escindía, daba un corte entre el yo físico y el espiritual. El yo espiritual no asumía consecuencias ni cargos en su contra y así, muchas veces, alcanzaba total sosiego. Pero la persecución deprime si se tiene un fusil, hombres entrenados, y, el perseguido, en cambio, no es un ser odioso, sino una mujer de pechos puntiagudos y cara de Sofía Loren; o un joven, piernas de futbolista, pelo selvático; o un niño, sí, un mocoso todavía, que atenta contra el orden, contra el poder, que conspira junto con la mujer y el futbolista, que tira proclamas, escribe en las paredes, participa en revueltas. Perseguir en tales condiciones es favorable para el insomnio porque las caras empiezan a parecerse a las de tus sobrinos, a las de tus hijos, a la tuya cuando tenías esa edad. Para tales culpas es útil el trago filoso de whisky, tequila, ron, que al cabo de media botella empieza a diseccionarte. Otros no lo necesitan, pueden contemplar un montículo de cadáveres y dormir luego angelicalmente como si hubiesen presenciado un indoloro montaje cinematográfico.

Todavía necesito empañar imágenes con whisky, empañar al mí mismo que regresa desde treinta años atrás, vestido de uniforme, sobrio el muy cabrón, aunque de verdad, verdad, ya carga la tímida caneca de Johnny Walker que asoma cuando nadie mira y llega a sus labios con prontitud, qué delicioso. Todavía necesario empañar al joven apuesto por el que tantas mujeres suspiraron putamente abiertas, necesario empañar la envidia de otros carabineros porque las putamente abiertas se dan por racimos, y el mí mismo no perdona, las deja húmedas, pervertidas, que muerdan su guerrera, que traicionen a sus esposos, locas, temerarias, las deja fieles a él, a su pecho velludo, a sus ojos negros y a su brío inagotable. Necesario empañarlo, pero el mí mismo aquel es obstinado. Sus hombres lo ven venir y sonríen. Lo respetan, no es para menos. Aquel mí mismo es oficial vigoroso que, a su vez, respeta a coroneles y generales, y hoy, precisamente, se dio un trago en el baño para relajar, porque tiene una misión secretísima, histórica. Yo quisiera eludir esta imagen, alejarme del pasado nuevamente, pero el General llama por teléfono, resuena en mi memoria su voz, habla con el mí mismo. "Todos están aquí, mi General", respondo. "Sí, mi General, mis hombres están advertidos. Claro, mi General". Y salgo a la sala. Está llena. Los intelectuales conversan animadamente entre ellos. Mis hombres disciplinados, alertas. Entre los intelectuales adivino quiénes serán los autores del atentado secretísimo, histórico. Nadie me los había descrito. Nadie siquiera me había dado una puñetera pista de cómo hallarlos, dónde estarían apostados. El General sólo informó escueto y con gafas oscuras: "Dos tipos matarán al barbudo, tienes que impedir que caigan en otras manos". Y yo dije: "Descuide, mi General". Y ahora me causa gracia descubrir a los farsantes, qué ridículos, fingiendo ser lo que no son, qué ridículos, históricos y secretísimos. A diferencia de otros corresponsales, ni preguntan ni toman notas ni se interesan por lo que se discute; parecen niños jugando a ser camarógrafos, chiquillos que recibieron lecciones elementales para comportarse cual adultos. Uno es alto, canoso, usa lentes; el otro, mestizo, pelo rizado, de mediana estatura. Se trasladan de un lugar a otro, intranquilos. Muchos cambios de ángulo, demasiados para un sencillo programa de televisión. Cualquiera los habría descubierto, bastaría con estar advertido de lo que iba a pasar. Ahora, si uno está en las nubes, por supuesto, no sabe distinguir entre un ranger americano y una vieja con bastón. El mí mismo, sin embargo, está al tanto, porque no sólo es apuesto y respetable, sino además, astuto, y puede saber quién es lo que parece, y quién no.

Aplauso unánime cuando el objetivo hace entrada al salón. Los futuros autores del atentado se acercan a él, a distancia infalible. Claro, hay una barrera, un stop, una franja roja. El objetivo está custodiado por los dioses. Allá, en la propia África, ciertos chamanes le han preparado un resguardo más fuerte que el que pudiera tener mortal alguno. Tetis sumergió al pequeño Aquiles en el río sujetándolo por los talones. A éste, los negros brujos le han protegido hasta el último pelo de la barba, y sus compatriotas, caribeños al fin, quedan hipnotizados, aplauden con delirio cada frase, cada pausa, cada gesto. La paloma que cierta vez, sin que nadie la obligara, se posó en su hombro, fue un santo africano convertido en ave que apareció para proclamar su alianza con él. Aquel discurso fue un mero pretexto para demostrarlo. Después nadie ha podido quebrar el mito. Cosas de negros, diría cualquiera, pero hasta sus enemigos se dejan impresionar. Este mismo canoso, ahora me doy cuenta, lo ha seguido a todas partes sin atreverse a abrir fuego. ¿Qué lo detiene? Lo mismo en la embajada, que cinco días antes en la Comuna de San Miguel, estaba con su cámara comiendo mierda como si en realidad fuera corresponsal de Vene-Visión y no un hombre contratado para eliminar a un presidente. ¿Pensaría el canoso en el desenlace, en la importancia de su vida, en la posibilidad de que nosotros, los carabineros chilenos, lo dejásemos a la buena de Dios una vez comenzada la balacera? En esta situación se es un soldado y, aun pensar en la gloria póstuma, es un lujo; y se debe estar dispuesto a matar o morir por la causa que se defiende. Sin embargo, un soldado bien remunerado, nunca es un buen soldado. Aunque todos, en un momento u otro, estamos dispuestos a morir por algo o por alguien —yo mismo, soy capaz de hacerlo por mis hijos— no cualquiera arriesga el pellejo fuera de ciertos límites. Aquel que tiene vocación de asesino, que acepta eliminar a un ser humano por, digamos, medio millón de dólares, y así, de paso —si la víctima es relevante— ganar fama, se diferencia del soldado auténtico. Ambos portan armas, ambos están dispuestos a usarlas, ambos cumplen una orden. El soldado auténtico, sin embargo, actúa por una fe tan firme como la que convenció a Abraham de sacrificar a su hijo. El asesino necesita sobrevivir a la misión para disfrutar la paga. ¿Pensaría el canoso en su propia suerte, en qué habría de suceder después de eliminar al hombre que tantos creen invulnerable? Es un error estratégico pensar en el porvenir, porque lejos de ser un filósofo, el canoso es un sujeto que lucha por la democracia, un sujeto que dio su palabra, que dijo sí, yo disparo, yo tengo cojones, yo soy, y nadie más, en nombre de todos los que luchan, quien va a matar al villano; pero al parecer, ya se ha visto prematuramente cubierto de gloria, y pienso, que debe dejarse de tanta ensoñación mariconeril y apretar el gatillo y permitir que las balas de la sub-ametralladora rompan el lente y penetren en el tórax de la víctima.

El tiempo está a su favor, cierto. El objetivo, de pie, dedo índice en alto, habla del imperialismo yanqui, alarga sus respuestas, habla de Chile, del camino luminoso que va a emprender. El canoso encuadra con parsimonia de viejo pescador. Entonces, por primera vez, descubro la sombra, se escurre entre el público con rapidez de gacela hasta terminar derramándose sobre el canoso. Por un momento éste baja la cámara y la sombra se desvanece. Nadie más se inquieta. Todos se mantienen atentos a las respuestas del objetivo, ajenos al canoso, a sus intenciones, a mí, con deseos de darme un trago. Entonces decido pasar por alto el hecho, creer la aparición fruto del nerviosismo que he vivido durante estos días, y me concentro en chequear a mis hombres, en observarlos, hasta que el canoso vuelve a levantar la cámara a menos de diez metros del objetivo.

Quienes han preparado este golpe no tienen igual coraje, ni la misma sangre fría para desafiar a los guardaespaldas. Uno de los organizadores —el tal Veciana, creo— exhibió buena labia, ímpetu quizás, pero en posición cómoda, ahí, protegido por los americanos, con su cargo diplomático en Bolivia, ganando buena plata a costa de otros que sí se mojan las posaderas. Soñar, claro, seguro sueña con asesinar a su enemigo, llenarlo de plomo y luego llevarse la ovación pública, pero del sueño al hecho la distancia exacta está en los cojones del canoso. El otro, el mestizo, no cuenta. Con todo su aval de haber puesto bombas en un buque polaco, se nota dependiente, cagado en toda la extensión de la palabra. La iniciativa depende de su cómplice. En realidad ambos tienen mínimas opciones de salir ilesos. Los guardaespaldas son hábiles, cuelan el plomo por el hueco de una aguja y esto obviamente ofrece ventaja porque le taladran el intestino al primero que haga un ademán sospechoso, porque defienden con sus voluminosos pechos la vida de su jefe, y no dejarán que lo ultimen ni, mucho menos, que salgan vivos quienes lo intenten.

El canoso simula un paneo de cámara a los que están en las filas delanteras. Algunos posan. Mientras, el objetivo continúa dando respuestas a los periodistas y siempre, haciendo un giro milagroso, acusa a los americanos de sabotajes, difamación, bloqueo económico. Asombra al público. Entre párrafo y párrafo, lanza algún chiste. Se escuchan risas. Hay una atmósfera de bienestar desfavorable para un atentado. El canoso igualmente esboza una mueca alegre que no le queda nada bien, lameculística, diría yo. El objetivo parece un predicador; y el resto, imbéciles dejándose enjuagar la testa en la pileta marxista. Cuando empiece el tiroteo, mis hombres se mantendrán indiferentes, el pecho pegado al suelo hasta que cesen los disparos. El General ha sido explícito:

—Después que despachen al barbudo, los tipos se van a rendir.

De un momento a otro debe empezar la acción, es peligroso seguir retrasándola. Los carabineros pueden creer que esta vez tampoco ocurrirá nada y, entonces, estarán desprevenidos. Sinceramente, temo que el mestizo, sin poder contener su apendejamiento, cierre los ojos, ametralle al bulto, y despache a todos menos al que tiene que ser. El canoso por segunda vez baja la cámara, conversa con su cómplice. El desenlace, en realidad, me importa un bledo. Si salen vivos los agentes, bien, entonces los capturo y después les permito fugarse. Si mueren, mejor. Al parecer conviene que perezcan, que caigan en combate. Probablemente ya habrá algún falso expediente listo, fotos, identificaciones, cartas, que los relacionen con espías rusos y de la propia Seguridad cubana. Los americanos saben para eso. De cualquier forma, insisto, me importa un bledo lo que pase. Me importa un bledo el canoso, el mestizo, las brujerías.

A la tercera vez que el canoso vuelve a enfocar, no tengo duda de que abrirá fuego. El mestizo sostiene su cámara al nivel de la cintura, listo para el apoyo. El canoso tiene determinación de soldado auténtico, de ya se acabó el paño tibio, allá va el plomo inflamado, allá el héroe, allá mañana en la prensa el reportaje, allá Miami celebrando, champán, allá torsión de porvenires mancomunados, allá, tierra mía, allá, nada igual a partir de hoy, allá, vaya carajo, un escalofrío, allá, así no se puede, así no, noooo. Ha resurgido la sombra y cubre el cuerpo del canoso, algo grave pasa, ya sé, ya sabía, siempre supe. Nadie se inmuta por la aparición, nadie la mira. Permanezco tranquilo. La sombra ondea encima del hombre y éste hace un último esfuerzo, alcanza a separar los pies, a sobreponerse del temblor sorpresivo, allá va, cámara homicida, allá va, ratatatá, despachará a un hato de marxistas, a su caudillo, ratatatá, Miami gozando, amplio reportaje, champán. Busco el cuerpo que proyecta a la silueta ondulante. Debe obviamente venir de arriba, pienso. Allí sólo hay luces, allí sólo la blancura del cielo raso. El objetivo lanza otro chiste. Los periodistas otra vez carcajadas. El objetivo sigue de pie, ofreciendo todo su físico para el disparo. Vuelvo mi vista hacia el canoso. La sombra ahora, increíble, se ha transformado en algo agudo, un sable quizás. Me froto los ojos, rasco mi cuero cabelludo pero mi vista insiste en ofrecer aquella singular nube gris. La considero ilusión óptica, antojo de luz, engendro del secretísimo, histórico encargo. Listo para lanzarme al suelo, llevo la mano a la cartuchera, aprieto la dentadura, tenso los músculos, allá va, allá va, debe estallar la ráfaga, herir el pecho del objetivo, y entonces estertor chirridos sillas vasos despedazados corre corre gritería horrorizada coge hijueputa cabrón ratatatá aaaah cojonéee. Pero nada sucede, persiste la risa del objetivo, de los periodistas, y la sombra se encaja con fuerza en el vientre del canoso, aplausos, desaparece dentro de él, aplausos, vuelve a salir vuelve a hundirse vuelve a salir, aplausos, así hasta que el canoso se dobla, hace una mueca, cierra los ojos adolorido, aplausos.

    El objetivo en algún momento mira hacia el mestizo y éste, como regido por extraña fuerza, apunta con su cámara hacia mí que, por puro instinto, me oculto tras uno de mis hombres. El canoso se palpa el abdomen. Se nota débil, aterrado. Conversa con su cómplice. Éste no dice nada. Al canoso, sin duda, tampoco le importaría si lo ofendiera, quiere marcharse, huir. Ambos se alejan del público. Finalmente salen del local por una de las puertas laterales. Nunca más los volveré a ver, sólo los recordaré cada cierto tiempo, sobre todo cuando me detenga, como ahora, a contemplar las sombras de las nubes reptando por las llanuras.

    Ya soy un mí mismo diferente, viejo militar disfrutando su retiro en la poltrona de su casa de campo, un tipo ocioso que la semana pasada, por puro azar tuvo en sus manos un libro en el que pudo leer:

    [...] en 1971, Fidel Castro visitó Chile. Allí, el 3 de Diciembre, planearon asesinarlo durante una conferencia de prensa. Por pura casualidad salió con vida.

Este párrafo, a mi entender, está escrito con exagerada candidez. Sobre todo porque después de abandonar la sala, el canoso fue operado con urgencia, supuestamente de apendicitis, y muchos creyeron que había enloquecido cuando se arrancó los puntos de la herida y se la abrió con sus propias manos y con el pijama ensangrentado pidió permanecer en el hospital. Sí, exagerada candidez, porque el propio libro narra otros atentados fallidos "por pura casualidad". Tantas evidencias, aun en contra de la fe que profeso, en contra del sentido común que debe caracterizar a un oficial de carrera, me han hecho considerar que aquella sombra apuñalando al canoso, no fue una ilusión forjada por mi agotamiento, ni por el whisky, ni por un mero juego de luces. Parecerá inverosímil, lo sé, sobre todo porque soy el único testigo de aquel suceso. Sin embargo, por qué dudar de que existen otros que, temiendo a la burla pública, permanecen callados igual que yo hasta hoy.

Santiago de Chile, junio de 2002

Durante la visita del Presidente cubano a Chile en 1971, terroristas de origen cubano, residentes en Estados Unidos, intentaron asesinarlo.

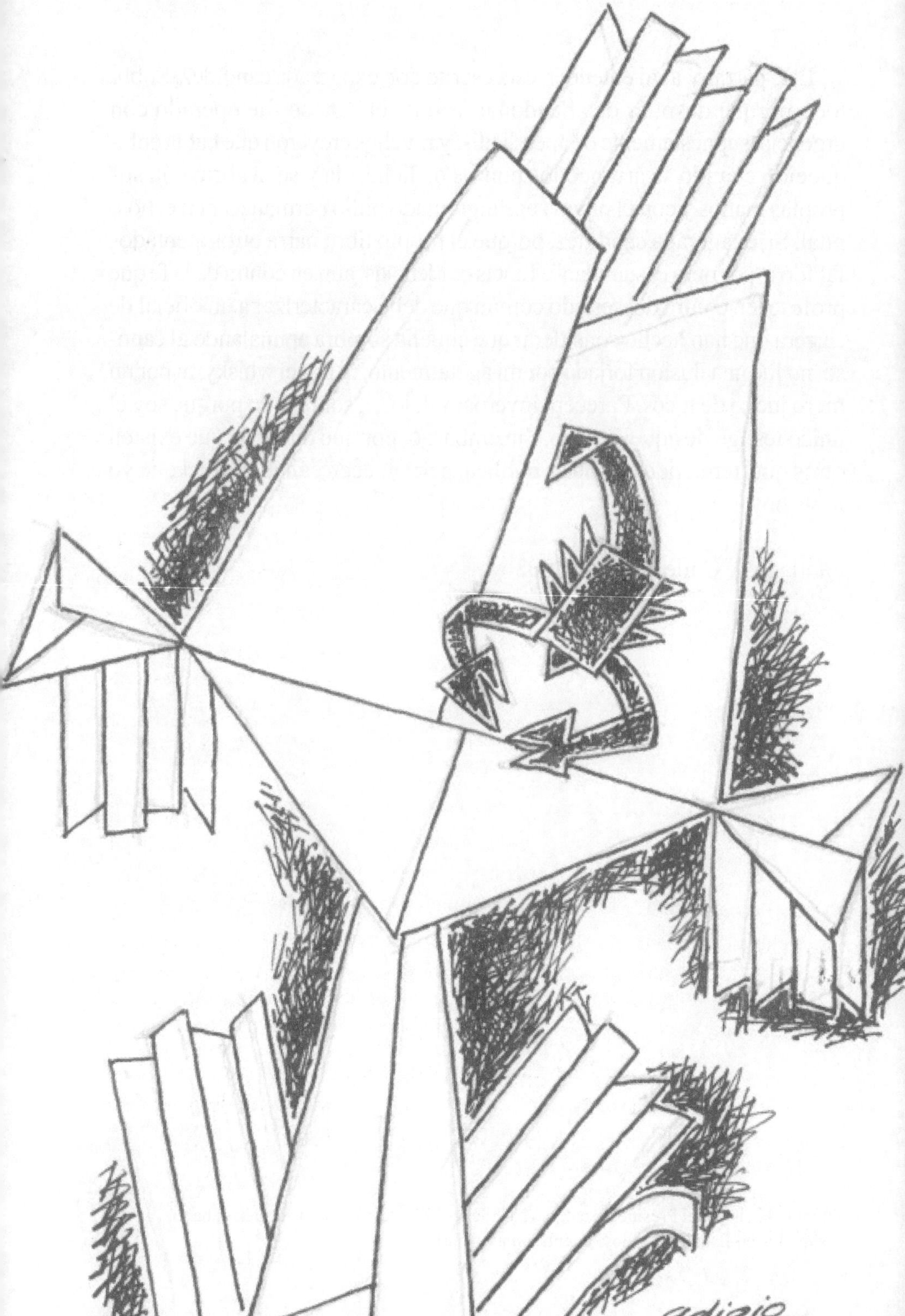
adigio
2002

mylene fernández

LOS dUENdES

—Los papás de Carolina dicen que somos unos cubanos de mierda —y en medio de lo desconcertante de la frase, se balancea la victoria traviesa de pronunciar la palabra mierda como si fuera una adulta, escudada en el hecho de ser sólo una mensajera de cinco años.

Estamos en el lugar de las confesiones, la cuarta columna de derecha a izquierda si te paras de frente a una especie de templo griego que alberga una mesa de ping-pong sobre la que, cuando no nos empeñamos en aprender el juego, se acumulan las hojas secas que tejen y penden del techo, hojas de parra, de esas uvas que ya —tantos meses después de haberlas probado por primera vez, maravilladas de que existieran de verdad y no sólo en las postales y los muñequitos de La Habana— hemos asumido como una fruta entretenida y aun un poquito de revistas.

El lugar de las confesiones está en el patio que está en nuestra casa, que está en un barrio que está en Santiago de Chile. En este barrio de casitas de canción de Víctor Jara, están todos muy disgustados con las escaseces, el mercado negro, las revueltas, las huelgas y el giro que han tomado las cosas desde hace un tiempo, un tiempo que se extiende hasta este inicio de invierno de 1973.

—Aquí también hablamos de los papás de Carolina —le digo para que no sienta que somos los únicos enjuiciados.

—Sí, Bertha dice que son unos *momios* y que no nos quieren en este barrio porque somos comunistas como los rusos de la esquina.

No conocíamos a los rusos de la esquina más que de vista. Habitaban una casa blanca y anodina, eran todos muy rubios como los personajes de las películas que veíamos en el cine Riviera los domingos. Sólo los atisbábamos al entrar y salir de la casa y del carro. Estaban siempre serios. Los papás y un niño más pequeño que nosotras. No hablaban con nadie, nadie les hablaba. Como a nosotras si no hubiésemos conocido a Carolina en este mismo sitio.

Una mañana soleada de finales del invierno anterior —ese que nos hacía siempre pensar con asombro casi malicioso que en agosto en Cuba estaban todos en la playa mientras nosotros echábamos leños a la estufa del salón y nos contábamos historias de horror animadas por la fantasmagórica visión de las llamas— hastiadas ya de dar vueltas dentro de la casa y dibujar, leer, ver telenovelas mexicanas, jugar con los juguetes, con los peluches, con los adornos, con los caramelos, con la nada, con los recuerdos, nos colgamos de ese primer rayito de sol y salimos al patio. El astro ensayaba tímidamente, como pidiendo permiso para no molestar, una luz clara, limpia y sutil. Felicísimas, nos forramos hasta las orejas con esos ajuares que al principio nos hacían morirnos de la risa al vernos una a la otra y luego las dos en el espejo. Parecíamos dos gordas, dos *push and back* redondos y torpes, pero ya nos habíamos acostumbrado e incluso éramos capaces de zambullirnos en todo esto con rapidez y habíamos cambiado la risa del asombro por la de la complicidad.

Salimos y miramos al cielo y al sol para que nos entrara bien en los ojos —*Padre Sol* era la canción de Tormenta que estaba de moda y su *deja que venga el sol otra vez y después nos iremos corriendo tras él*, la plegaria *chic* que nos venía siempre a la mente— para recordarlo cuando media hora después se hubiera marchado, urgido por el invierno, el aire frío y las nubes que ejercían su derecho de calendario a enseñorearse de la ciudad y nuestro patio.

Y nos fuimos a esconder detrás de esta cuarta columna del templo para escapar de la vista de Bertha, desoír un poco su voz mandona que siempre nos recordaba que estaban las camas sin hacer o los juguetes regados o, en el peor de los casos, su llamado era premonitorio del almuerzo y nuestro temible e inexorable enemigo: Los espárragos. No lográbamos conjurarlos ni con montañas de mayonesa o pan con mantequilla. También eran inoperantes las cascadas de refrescos que tenían la misión de ahogarlos en nuestras gargantas y hacerlos perder el sabor. Nada, Bertha decía que eran buenos, alimenticios y esto era sentencia inapelable que los convertía en menú de muchos almuerzos y cenas.

Nos acurrucamos bien cubiertas por la columna y las hojas, y sentirnos tan escondidas, casi invisibles, nos provocó esa risa nerviosa que crece cada vez que comprendes que no puedes reírte y esto te provoca un nuevo ataque de risa y así *in crescendo* hasta la cabeza de Carolina por encima del muro y sus ojos, su boca y su pelo que reían con nosotras. Nos hizo un gesto cómplice y respondió a nuestra invitación saltando el muro.

Así, en voz baja, saboreando el placer de los conspiradores, supimos que tenía ocho años, su padre era dentista con una consulta en la Avenida de los Leones y su mamá tenía una *boutique* en casa, provista siempre desde París. Que ahora las cosas no iban bien con este gobierno y que si continuaban así perderían todo y serían muy pobres.

Nos había visto mudarnos a la casa, conocía a los anteriores habitantes —dos niñas como nosotras que ahora vivían en Estados Unidos, donde su padre pasaba un curso de Medicina— sabía que éramos cubanas y que íbamos a una escuela sólo de cubanos y teníamos las tres tantas preguntas y respuestas para construir la amistad.

—Pero Carolina es nuestra amiga —vuelve a la carga Lili, que la enarbola como su gran tesoro, apoyada por el hecho a estas alturas irrebatible de que ella la vio primero.

—Sí lo es y muy buena, a mí me recuerda a Niurka, la que siempre comía mandarinas...

—¿Y por qué su madre suena las cazuelas?

—Porque su madre no es nuestra amiga. Por lo menos no lo hace frente a nuestra casa como las demás que seguro piensan que por culpa de nosotros se van a morir de hambre.

La derecha tiene dos ollitas, una chiquitita y otra grandecita. La grandecita la tiene muy llenita, con pollo sin papitas asado en cazuelita. La chiquitita se la acaba de comprar, ésa la usa tan sólo pa'golpear...

Esta canción de la Unidad Popular llegó a ser nuestro exorcismo contra el incesante golpeo metálico, el gran concierto que se orquestaba frente a nuestra casa, gran sinfonía de metales, coro femenino sin voces, que veíamos desde nuestro cuarto. El primer día, Bertha y nuestra madre nos sacaron de la habitación y nos llevaron a la salita del televisor a ver *Sombras tenebrosas,* a ver si un miedo espantaba al otro. Otras veces venía Bertha, resuelta y como sin darle importancia y cerraba de golpe las persianas de la puerta que daba a la terraza, al jardín y a la verja de entrada en la cual nacía el sonido. Entonces jugaba con nosotras, nos hacía cosquillas y nos decía *bambinas,* porque la telenovela de turno se llamaba *Muchacha italiana viene a casarse* y la muchacha italiana que venía a casarse a veces decía palabras en su idioma. Otras, nos contaba cosas de su pueblo: Temuco, una región agrícola al sur de Santiago donde los campesinos mapuches intentaban recuperar sus tierras. Un día comenzó a enseñarnos la canción. Y ya no tuvimos más miedo. Cuando comenzaba la descarga de aluminios, cerrábamos las persianas y nos acurrucábamos las dos en mi cama, nos tomábamos las manos y cantábamos bajito, como un salmo, una oración a San Juan Bosco, un deseo al hada de Pinocho o un pensamiento maravilloso para ir a Nunca Jamás.

Cuando Bertha supo de nuestra amistad con Carolina se enfadó muchísimo. Vivíamos con la convicción de que todo era riesgoso y sobre todo las personas, aunque tuvieran ocho años. Pero detrás de su rostro severo de india silenciosa, había espacio para mucha risa, y Carolina encontró en nuestra casa, en sus modos mandones y su manera inflexible de hacerle comer los espárragos, una amiga divertida, una especie de médium entre dos infancias, dos formas de hablar el español y dos fórmulas para tomar el té.

—¿Y si te digo que hice una cosa me retarás?

El español de Lili se había quedado un poco perdido en medio de la andanada de nuevas palabras para hablar una misma lengua, su acento era absolutamente "del Mapocho", y a veces confundía muchas cosas. No sabía realmente qué estaba pasando, por qué nuestro padre regresaba tan tarde, nuestra madre no reía como en La Habana, por qué no podíamos salir a jugar a la calle y por qué el autobús del colegio esperaba frente a casa hasta que Bertha abría la puerta y hacía un saludo al chofer. Yo era la "hermana mayor" y la encargada de darle ciertas explicaciones.

—¿Qué has hecho esta vez?

La última fue en una tienda donde comprábamos unas botas de nieve para ir a Portillo el fin de semana. La dependienta preguntó de dónde éramos y mi padre dijo, venezolanos. Lili abrió la boca para rectificar, sin conseguirlo porque le oprimí los labios con las manos como le hacían al pato Donald y le dije, es un juego, en el carro te cuento.

La historia era simple y abarcaba a todos, como las cosas verdaderamente importantes. Habíamos apostado si podíamos imitar los otros acentos de América, ella no debía hablar porque lo hacía como una chilena auténtica. Un poco tristona por quedar fuera del juego, prometió quedarse callada en lo adelante.

—Le he contado lo de los duendes. Pero me juró que no lo dirá a nadie.

Habitaban la casa hacía mucho, pero al inicio no lo sabíamos porque sus hechizos estaban siempre dirigidos hacia otras partes. Les fascinaba particularmente la habitación de mis padres y hacían de las suyas a menudo sin que nos enterásemos nosotras. Más tarde decidieron poblar con sus magias nuestro cuarto y así los duendes pasaron a ser patrimonio familiar, comentario cotidiano, encantamiento y sorpresa de todos los días.

Como todos los duendes, eran caprichosos. A veces resultaban seres hacendosos como en algunos de los cuentos de los hermanos Grimm, y casi podía imaginarlos dispersos por la casa haciendo sus buenas obras a nuestro favor. Al regresar de la calle, veíamos maravilladas cómo las camas estaban tendidas, la ropa y los zapatos recogidos y los juguetes en su sitio. A veces dejaban flores a mi madre con pequeñas tarjetas, pero ella no los amaba. La ponían muy nerviosa, miraba todo con una ojeada rápida, como quien hace un primer y superficial inventario de daños luego de un accidente, y nos abrazaba sin dejar fisuras entre nuestros cuerpos, ni una pequeña por donde pudiera colarse un minúsculo duende.

Cuando comenzaron a actuar en nuestros predios, eran realmente tiernos, como niños buenos y ordenados que hacían las cosas que habrían complacido a nuestra madre y a Bertha, si las hiciéramos nosotras. Anudaban lazos alrededor del cuello de los peluches, arreglaban nuestras camas sabiendo que sobre la de Lili descansaba un oso marrón claro y que el mío era rojo oscuro, guardaban la ropa en los armarios y amontonaban la sucia en la cesta de lavado, ordenaban los libros, botaban los papeles de caramelos y chucherías que atesorábamos en la gaveta de la mesa de noche, y escribían en el espejo con letra de adulto que quiere ser amable con los pequeños: "Hola, niñas".

Pero otras veces estaban rabiosos. Volcaban edredones, tiraban las almohadas al piso, vaciaban los cajones en las alfombras y arrojaban los muñecos a una montaña anodina de orejas, patas, piernas, cabezas y colas. Expliqué a Lili que ellos no siempre estaban de acuerdo entre todos, a veces tenían pequeñas batallas y usaban nuestro cuarto para zanjar sus disputas, nuestras cosas les servían de parapetos y barricadas. No era "con" ni "contra" nosotros, eran sólo "sus asuntos". Ella lloraba por la maldad de los duendes, mi madre y Bertha recogían la habitación sin hacer comentarios y yo sentí que había peligro, que el azar no se detenía en los sonidos de cazuelas mas allá de la verja.

—Vivimos en una casa embrujada, como la de Barnabas Collins —le dije el día que desapareció la foto en la que nos mostrábamos orgullosas fabricantes de nuestro primer muñeco de nieve—, necesitan nuestras fotos para ver bien nuestras caras, como en el cuadro de casa de Barnabas —y cité de nuevo la serie norteamericana que tenía a todos temblorosos y expectantes, atemorizados y fascinados delante del televisor cada día a las nueve de la noche.

Un día mi padre comentó como en broma, como de pasada, como si eso no tuviese importancia, que al parecer nunca tendríamos fotos en las montañas porque desaparecían las cámaras fotográficas los lunes siguientes a los domingos de excursión. Otro, se hablaba de que "ellos" tenían buen gusto para la música, porque dejaban a Dylan cantando a las paredes y los muebles hasta nuestro regreso, siempre después de su partida. Fumaban los tabacos, bebían el ron y cuando llegábamos a casa el hielo se derretía en los vasos con bebidas a medio degustar, los puros humeaban en los ceniceros y Sinatra cantaba a los extraños en la noche. Sólo faltaban los duendes.

Días de vino y rosas en los que la casa nos recibía como nueva, en la mesa flores y vinos carísimos y en nuestro cuarto estuches con diseños paradisíacos de bombones tentadores sobre los que mi madre y Bertha se abalanzaron mientras expliqué a Lili que si los comíamos nos convertiríamos en duendes y no veríamos más a nuestros padres, no podríamos regresar a La Habana ni veríamos a los abuelos, los amigos ni podríamos jugar con Carolina, seríamos siempre pequeñas y tendríamos que vivir escondidas y haciendo diabluras en las casas de otros. Miraba desconsolada los chocolates y se ganaba la promesa de Bertha, que tenía particular debilidad con *la piccolina*, de comprarle esas chucherías estúpidas que no alimentaban y quitaban el hambre a la hora de comer las cosas verdaderamente importantes, la próxima vez que fuera al mercado.

—No te retaré por decir a Carolina lo de los duendes si de verdad ella no lo dice a nadie, pero, ¿cómo sabes que se callará?
—Porque dice que en el colegio le han preguntado por nosotros y ha dicho que no nos conoce.

—¿Están ahí? —pregunté a mi madre una noche en la que, sin poder dormir, me asomé a la ventana y vi el carro azul, parqueado a pocos metros de la entrada como tantas otras noches, tantos otros carros que pernoctaban frente a nosotros provocando con su vigilia, la nuestra.
Mi madre asintió sin hablar. Sentada en la cama miraba la pared y quizás a través de ella, del tiempo en esta ciudad revuelta, donde los minutos cuentan y no se sabe a favor de quién, donde cada día empieza con mayúsculas diferentes, y la ignorancia de algunos, las certezas de otros y la incertidumbre de todos se adueñan de los relojes de los habitantes y la esperanza del país.
Regresé al cuarto y pensé que quizás sería mejor que los duendes no supieran de Carolina, me metí en la cama de Lili y la besé, tengo frío, le dije para justificar el hecho de que sólo su absoluta inocencia de todo lo que vivíamos, me parecía suficientemente protectora.

Es mañana de lunes de invierno. Santiago se repite en la cotidianidad anómala de estas últimas semanas. Huelga de camioneros, de comerciantes, de médicos, vandalismos de mediodía, esos que ya se han vuelto un espectáculo casi ordinario en el que los "lolos"* rompen cristales, encienden hogueras, paran el tráfico y gritan que Chile seguirá siendo un país libre. Los carabineros responden con gases lacrimógenos y manguerazos de agua. Los estudiantes desfilan por las calles y corean: "Evitemos la guerra civil".

---

* Localismo con que se nombra a los jóvenes entre catorce y veintiún años. *(Nota del Editor.)*

Hemos sido testigos de un tiroteo con los de Patria y Libertad hace una semana. Nos hemos protegido de los gases regresando a toda prisa al cine de donde habíamos salido cinco minutos antes, la última tarde que fuimos con Bertha y Carolina a ver *Fantasía*.

Un día como otro cualquiera. Así son ahora las calles de esta ciudad. Pero hoy no tengo miedo, quizás porque soy pequeña, porque es de día y pienso que nada puede pasarnos entre tanta gente. Porque está mi padre al volante y hemos cerrado las ventanillas para evitar el agua, los gases, los gritos. Porque siento que nuestras cabezas están protegidas bajo el techo metálico del carro, ahora golpeado por las monedas que se lanzan desde los edificios de esta avenida llena de oficinas y comercios en respuesta a las consignas de izquierda. Porque existen los carabineros, la embajada, mis abuelos en La Habana y el libro de Dickens en la mesa de noche, con el marcador que me recuerda que David Copperfield ha conseguido escapar del internado y va en busca de su tía.

El carabinero nos detiene. Las calles cambian sentidos e itinerarios de manera instantánea, deberemos tomar otra vía.

Pero no es eso lo que dice este señor. Habla de la matrícula del carro, el nombre de mi padre y la dirección de nuestra casa. Pronuncia la palabra atentado y bomba y se ofrece para escoltarnos hacia ese lugar.

Ese lugar del que salimos hace tan poco y que ya no es. La entrada a la calle está acordonada, la policía intenta alejar a los curiosos. Los vecinos se aglomeran, hablan, mueven la cabeza, se alejan. El muro del jardín está intacto. Aún soporta la verja y la puerta y las plantas de la entrada sostienen la nota falsa de vergel de una casa.

No alcanzo a ver mucho. Gentío, voces, cielo gris. Creo que aún puedo sentir olor a humo pero no sé si es real y si estoy viviendo esos minutos relámpagos en los que suceden ciertas cosas que luego, toda una vida de reflexión y recuerdos no alcanza a poner en orden.

No sé si llegué a ver la casa en ruinas, si me invento que vi los balcones de los cuartos derramados sobre el césped que bordeaba la pequeña escalera que conducía a la puerta de entrada que ahora desfallece sobre la escalera de maderos rechinantes que, ubicada al final del pasillo, ascendía al otro piso. Si existió sobre la hierba una montaña de objetos que contorneaban y habitaban nuestra vida. Si era Carolina la que me hacía señas y gritaba algo que no podía oír y que eran sus últimas palabras.

Nos alejaron de la calle y nos llevaron hasta una de las máquinas de la embajada. Yo sólo tenía la idea fija de aferrar la mano de Lili, de que tenía que cuidarla, que le debía una frase. Ella no lloraba y su mano, que no temblaba, me dio ánimos o una cierta seguridad, esa que inexplicablemente logra arribar a nosotros en medio del caos y el terror.

Santiago revuelto, como si la explosión de nuestra casa hubiera conmovido a la ciudad, que aun en tiempos de paz se removía inquieta, turbada por los temblores de tierra. Nos alejamos de allí, de nuestros padres y del escenario de estos dos últimos años de vida. Miro por la ventanilla a través de la que se suceden, como fotogramas nerviosos, las esquinas, árboles y transeúntes.

Radio Pudahuel da la noticia, esa que somos nosotros y se compone de nuestra dirección ya inexistente y de la frase "atentado terrorista". Y que Lili escucha con los ojos abiertos, como si en vez de palabras, la voz que emana de la radio construyera imágenes, sucesión de viñetas que se tridimensionan. Escucha con sus cinco años que ahora parecen alzarse de puntillas, estirarse y alcanzar primero la extrañeza, luego el asombro y finalmente el convencimiento de que una cosa así no la harían los duendes.

En agosto de 1973, días antes del golpe de Estado contra el presidente Salvador Allende, estalló una bomba en la residencia del agregado comercial de la Embajada de Cuba en Santiago de Chile, donde vivían también su esposa e hijas. La mayor de las hermanas, que entonces tenía 10 años, es la autora del relato.

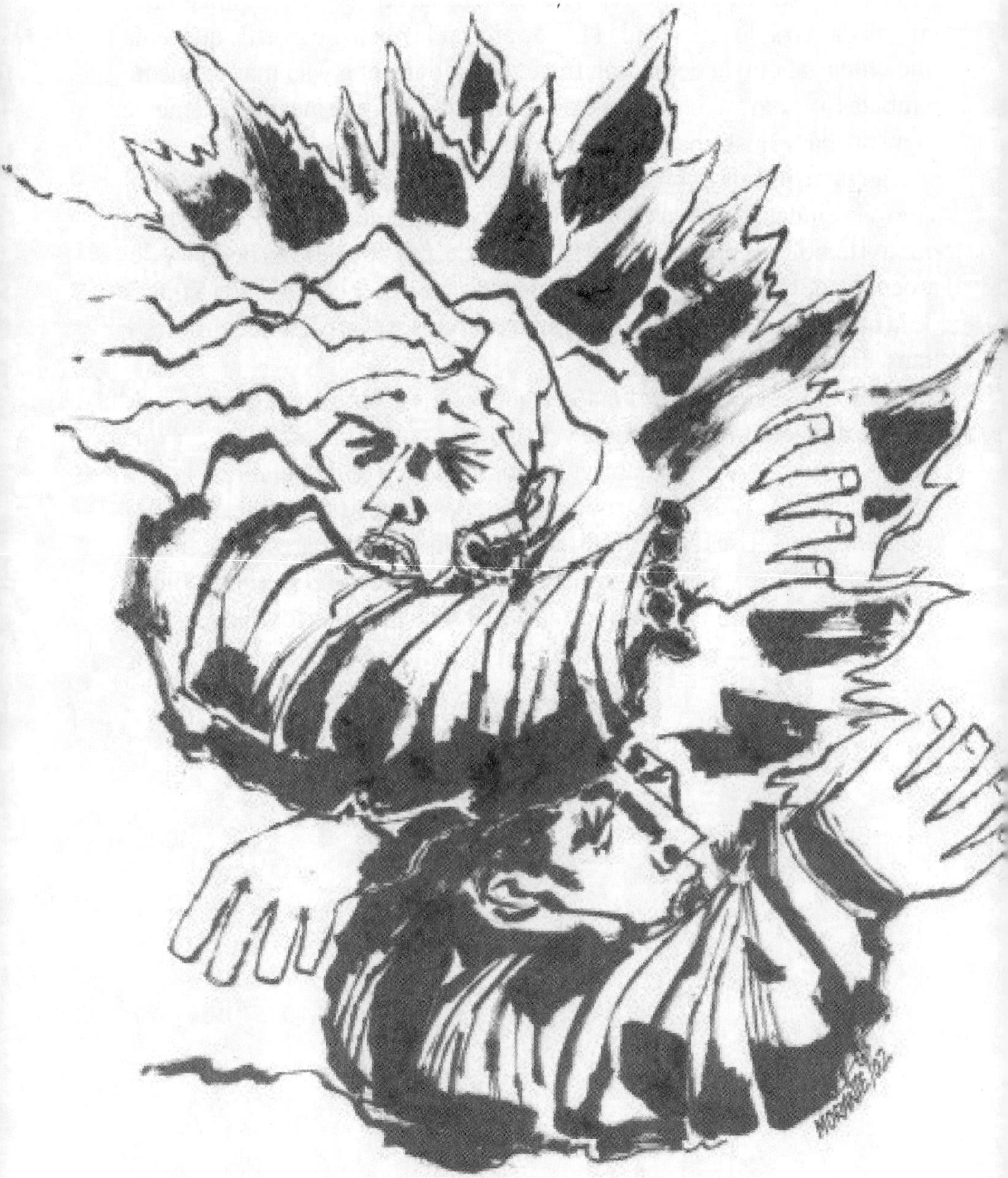

marilyn bobes

*A Betina Palenzuela Corcho,
su padre y sus hermanos*

monólogo de Betina

Siempre he pensado[1] que pudiera haber sido distinta de lo que soy, tal vez más alegre, menos responsable. Y no es que no me guste ser responsable. Mi madre me enseñó, durante los pocos años que compartimos, a serlo. Yo era demasiado joven cuando ocurrió aquello, ¿cómo después de semejante monstruosidad sentirme despreocupada o hasta feliz, como el resto de mis compañeras de estudio? Una adolescente que pierde a su madre a los doce años, destrozada por una bomba, en un país desconocido, al que sólo conoce por referencias y tarjetas postales, no puede ser nunca más una muchacha como las otras. Sí, siempre he pensado que soy una persona diferente a la que podría haber sido.

Abril fue y siempre será para mí, el mes más cruel, como decía aquel poeta: el mes en el que una mano asesina colocó aquella maleta Samsonite en la puerta de entrada de uno de los apartamentos que ocupaba la embajada cubana en Lisboa. Esa bomba mató a mi madre y a Efrén Monteagudo y pudo haber acabado también con la vida de mi padre y de mis dos hermanos, que acostumbraban a llegar a esa hora del colegio. Creo que si no

---
[1] A partir del testimonio de Betina Palenzuela.

los perdí a ellos también fue de pura casualidad, por esos azares de la vida que te salvan.

En aquel año, 1976, yo estaba becada en la escuela secundaria José Martí, de Artemisa. Cursaba el séptimo grado y recién había regresado de España donde mis padres eran diplomáticos. En España vivíamos en un estado de terror permanente, entre amenazas y atentados, pero al menos estábamos todos juntos. Cuando un año después de concluir su misión en España, mi padre fue designado nuevamente como diplomático en Portugal, yo tuve que quedarme en Cuba para comenzar mis estudios de enseñanza media. Mis hermanos Jorge y Carlos se fueron con mis padres a Lisboa y yo me quedé becada, a cargo de mis abuelos con los que pasaba los fines de semana. Ese período de separación fue muy duro. Adaptarme a la beca, hacer nuevas amistades, saber que sólo me tenía a mí misma frente a las complejidades de la adolescencia en la que me adentraba. Estaban, sin embargo, las cartas, las llamadas telefónicas, la satisfacción de saber a mi familia lejana pero en algún pequeño pedacito de mi país que era nuestra embajada, como lo había sido en España.

Nunca olvidaré aquel día de enero de 1976 cuando me avisaron al albergue que tenía una visita. Era un viernes por la noche. Bajé las escaleras un poco incrédula. ¿Quién podía venir a visitarme a mí? Atravesé el largo pasillo que separa los dormitorios de las aulas y hacia el final del mismo distinguí las siluetas de mis abuelos. Luego, detrás de una columna, estaba ella, mi madre, con su sonrisa afable y su blusa azul pastel. De paso por La Habana, lo primero que había querido hacer era ir a verme, aun cuando su sentido de la disciplina la hizo dejarme allí aquella noche, hasta el día siguiente en que me tocaba salir de pase. Todavía no podía saber que era la última vez que la vería. Pero esa imagen la tengo grabada en la memoria como uno de mis recuerdos más imborrables.

Tres meses después recibí otra visita en la beca. Era un jueves, sobre las tres o las cuatro de la tarde. Había llovido y por eso habíamos regresado del campo muy temprano. No recuerdo por qué yo había llorado mucho ese día. Por aquellos años yo lloraba mucho, lo mismo que lloro ahora cuando rememoro todos estos momentos que se repiten en la memoria, me torturan como si los estuviera viviendo de nuevo, como si ante mí pasara una película de terror de la que no me puedo librar.

Una profesora me avisó que habían venido unos compañeros a buscarme, que recogiera mis cosas, que me iba. Una de las personas que me esperaba era una amiga de mi madre. Ella sólo me apretó el brazo antes de meterme dentro de un automóvil. Yo no preguntaba nada. Sabía que algo grave estaba sucediendo pero era como si mi subconsciente se negara a recibir alguna noticia terrible. Creo que pensé en mi abuela. En el automóvil íbamos todos muy callados. Casi al llegar a la casa de mis abuelos me informaron que había habido un atentado en la embajada de Portugal y que mi madre había muerto allí. Me quedé sin habla. Sólo atiné a preguntar por mis hermanos de diez y once años cada uno. Me dijeron que ellos estaban bien. Yo no podía asimilar la posibilidad de que mi madre no estuviera viva. Sencillamente no lo creí. Ni siquiera cuando, al día siguiente, vi la noticia y las fotos en el periódico y hablé con mi padre por teléfono. ¿Y cómo tú estás vivo?, le preguntaba. Todo aquello era demasiado terrible para que fuera cierto. Sólo él, mi padre, podía darme la respuesta que yo no quería oír. Y tuve que escuchar de sus labios la temida verdad: ya no vería nunca más a la persona que me había dado la vida y a quien más necesitaba en el mundo.

Ese día, cuando llegué de la beca, la casa de mis abuelos estaba llena de gente. Amigos, vecinos, sillas por todas partes. Mi mamá siempre se llevó muy bien con los vecinos. Era una persona muy querida en el barrio por su sencillez, por su nobleza. Nunca olvidó traer algún pequeño recuerdo de sus viajes para cada una de las personas que nos rodeaban. El barrio estaba indignado por la monstruosidad de aquel asesinato. Después que se conocieron los detalles, toda esa gente la admiró y la quiso más, porque supieron que fue a ella a quien le tocó perder la vida por aquel gesto tan humano: advertir a todos del peligro, alertar a sus compañeros de embajada, uno por uno, de lo que había visto en el pasillo, aquella maleta con la bomba que terminó destrozándola.

El domingo al amanecer llegó el cadáver de mi madre junto al de Efrén Monteagudo. El velorio tuvo que ser rápido porque se temía que el piso de la funeraria se derrumbara de tantas personas que acudieron. Yo me sentía el centro de las miradas. Preferí irme a mi casa, con mis hermanos. No asistir al entierro. Durante muchísimos años viví con la fantasía de que mi madre estaba todavía en Portugal. Me negaba a darla por muerta.

Creo que los años más felices de mi vida son los que pasé en España cuando todavía éramos una familia completa, unida, sin traumas ni dolores insuperables. Por eso, en diciembre de 2001, cuando tuve la oportunidad de volver a ese país, caminé veinte cuadras bajo la nieve para visitar el lugar donde había tenido una familia hacía veintiséis años.

Hay un hecho que me enorgullece mucho, sin embargo. El día en que mi madre murió nació una niña portuguesa, hija de un dirigente sindical llamado Manuel Candeillas que lleva por nombre Adriana. En homenaje a ella. Porque Adriana era el nombre de mi madre. A esa niña, mi hermano la visitó en Portugal un día de aniversario del atentado. Ella, la muchacha portuguesa, viajó a Cuba a los diecisiete años, y luego regresó para participar en el Festival Mundial de la Juventud y los Estudiantes. Después ha estado aquí de nuevo, en nuestra casa. Nos comunicamos con frecuencia por medio del correo electrónico, mantenemos una relación muy cercana. La Adriana portuguesa es como un símbolo, un testimonio de humanidad y solidaridad.

Más que la persona que ejecutó aquel acto, lo que me impresiona y me causa un mayor dolor es la barbaridad del hecho: que existan seres en el mundo capaces de atentar contra inocentes con tal de derrocar a un gobierno. Nosotros, mis hermanos y yo, no pudimos compartir los momentos más importantes de nuestra vida con una madre. Si no hubo más dolor y más muertos fue por su actuación valiente. Eso es lo único que me reconforta.

Sé que mi caso no es único. Conocí a una persona que también perdió a un familiar muy querido en la voladura del avión de Barbados. Ese otro crimen ocurrió el mismo año del asesinato de mi madre. Su familia, como la mía, vive unida por una gran ausencia. A veces las palabras no alcanzan para trasmitir el dolor que uno lleva metido dentro para siempre. Yo he vivido más años que los que alcanzó a vivir mi madre y mis hermanos también y todavía no conseguimos reponernos de todo.

Sí, siempre he pensado que soy una persona diferente a la que pudiera haber sido. Pero estoy orgullosa de mi madre. Y las virtudes que pueda tener relacionadas con su ejemplo las guardo bien dentro de mí, como si realmente ella siguiera viva por mi intermedio, mirándome desde Portugal con un clavel rojo entre sus manos.

La Habana, julio de 2002

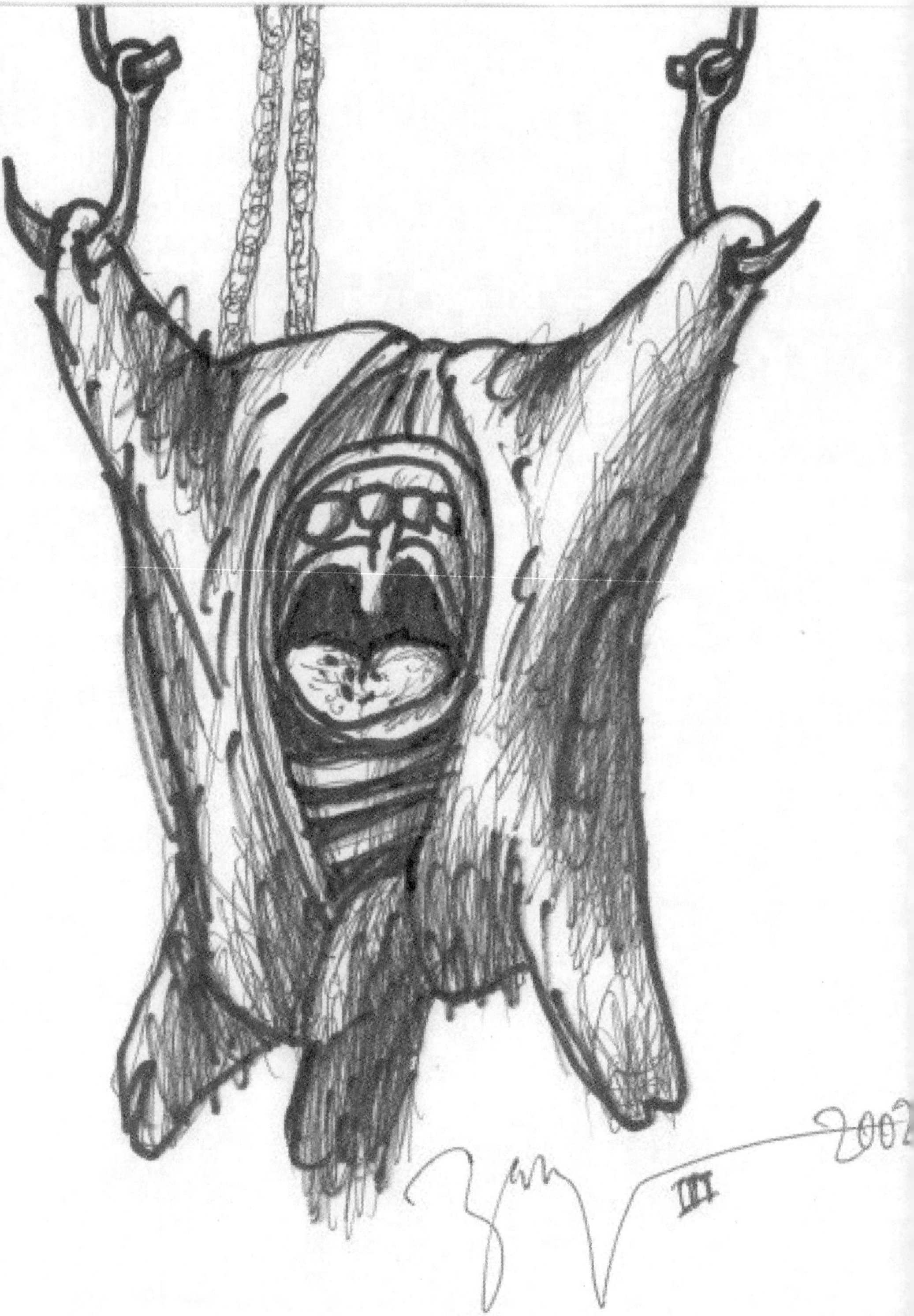

enrique núñez rodríguez

METAMORFOSIS DE UN NOMBRE

El significado de un nombre puede cambiar a lo largo de una vida.* La primera Adriana que recuerdo fue una maestra de primaria de la escuela pública para hembras en mi pueblo. Ella, Ana María y Carolina Lasarte eran de aquellas sacrificadas mujeres que dedicaron su existencia a la educación de los más pobres de mi municipio. Se decía escuela pública y era, en realidad, la más privada de todas: privada de libros, privada de libretas, privada de lápices, privada hasta de pupitres.

Otra mujer sacrificada, Adriana del Castillo, se introdujo en mis lecturas cuando escribía un serial de televisión que recogía episodios de la guerra, en épocas de Carlos Manuel de Céspedes y Francisco Vicente Aguilera.

Recluida en su casa de Bayamo, víctima de la tuberculosis, el gobernador Udaeta le asignó, para su atención, a un médico cubano que servía en el ejército español. Al salir de su inconsciencia, Adriana rechazó la presencia del médico alegando: "con ese uniforme usted no puede curarme, yo no le

* Como homenaje a Enrique Nuñez Rodríguez, en esta edición publicamos el texto que redactó especialmente para el libro y que es, además, uno de sus últimos escritos. *(N. del E.)*

permito que me atienda". Y volvió a quedar sin conocimiento. Pocas horas después Adriana abría los ojos. Allí estaba el médico cubano al servicio del ejército español. Adriana se incorporó con dolor en la cama y comenzó a cantar: *Al combate corred bayameses, que la Patria os contempla orgullosa, no temáis una muerte gloriosa, que morir por la Patria es vivir,* y se desplomó definitivamente.

Digna hija de Luz Vázquez, a la que Céspedes, Fornaris y del Castillo le dedicaron la famosa "Bayamesa", Adriana rubricó su vida con uno de los más emocionantes momentos de la historia patria.

Otra Adriana que iba a ganarse su puesto en la historia fue sencillamente Adriana, la compañera de mi hija que prestaba servicios en la Embajada de Cuba en España. Sólo la conocía entonces como la compañera que nos alegraba, de cuando en cuando, con noticias frescas acabadas de llegar de Madrid.

Su nombre volvió junto a un mensaje tranquilizador: mi hija, primeriza y muy joven, estaba próxima a dar a luz. Adriana, ya para entonces madre de tres simpáticos niños, había decidido, con el consentimiento de su esposo Palenzuela, mudarse por unos días al apartamento de mi hija para estar junto a ella cuando llegara el difícil trance de su primer parto. Después llegó la foto de Adriana sosteniendo en brazos a mi primer nieto.

El nieto, al que empezamos a llamarle "el Galleguito", se reveló apenas cumplidos los cinco años cuando afirmó: "Yo nací en Madrid, pero al servicio de la embajada cubana, así que no soy gallego, yo soy cubano".

Luego Adriana era portadora de amables mensajes cuando venía de vacaciones a Cuba y, algún tiempo después, llegó la noticia entre otras informaciones familiares: Adriana se trasladaba a la embajada en Portugal. Allí iba a sellar su destino con la historia.

Narraré sencillamente los hechos como me llegaron entonces. No he querido realizar una investigación histórica. Me limito a narrarlos aquí como los conocí entre los asuntos familiares más entrañables de aquellos momentos.

Eran días duros en que terroristas de origen cubano realizaban atentados contra nuestras representaciones en el exterior. Un día se supo en nuestra embajada en Portugal que habían colocado una bomba en el edificio. Se dio la orden de que todos los funcionarios y empleados se retiraran hacia una habitación que resultaba la más protegida contra la fuerza expansiva del artefacto. Todo el mundo cumplió la orden. Adriana con ellos. Entonces se notó la ausencia del clavista que trabajaba en uno de los lugares más vulnerables. Sin consultarlo con nadie Adriana fue a avisarle a su compañero Efrén Monteagudo y, en ese momento, estalló la bomba.

Desde entonces, para nosotros, y para toda Cuba, Adriana dejó de ser la compañera de mi hija, la funcionaria de la embajada cubana en España, la esposa de Palenzuela, y se convirtió para siempre en un nombre que nos acompañará toda la vida: Adriana Corcho, mártir.

El 22 de abril de 1976 en la Embajada de Cuba en Portugal estalló una bomba colocada por terroristas.

LADRON
DE
ALMAS

montes de Oca

juan carlos rodríguez

VUELO 455

Dos días después, sobrecogido aún por la tragedia, Rotman, oficial a cargo en la torre de control del aeropuerto Seawell, de Barbados, declararía a la prensa: "Pero, ¿quién odiaba a esos muchachos? Casi todos en ese avión eran jóvenes. No, no señor, no solamente los deportistas, digo que casi todos. Los deportistas, los tripulantes, los guyaneses. Ocho guyaneses eran estudiantes y otros tres eran abuela, hija y nieta. La niña, de sólo nueve años. Sí señor, eran gente muy joven. Los tripulantes también. Todos inocentes y tan sanos. Y si una cosa así ha podido suceder, precisamente a ellos, ¿quién puede estar tranquilo en este mundo?"

Liberó la ceniza de su pipa, que cayó en el cenicero de forma cilíndrica. Entonces regresó a su puesto. Sobre la mesa descansaba el emparedado y el jugo que había solicitado para almorzar. Decidió tomarlo después que pusiera en el aire el vuelo 455.

—Seawell rampa, CU-455 listo para arranque.

Rotman escuchó la voz del piloto del Cubana, tomó el micrófono en su mano y oprimió el *carrier*:

—CU-455, recibido, autorizado para arranque. Temperatura 30, presión altimétrica 29,94.

—CU-455 recibido.

Observó el avión a través de los cristales de la torre. Esperó la solicitud de autorización para la próxima maniobra. Unos minutos después escuchó.

—CU-455, autorización para retroceder.

—CU-455, autorizado a empuje.

—Recibido.

Vio la nave retroceder lentamente. Entonces comunicó:

—CU-455, autorizado para taxeo derecho al frente, vía *taxiway*. Alpha punto de espera, use segunda intersección hora 11.

El gigante metálico comenzó a moverse lentamente hasta el final de la pista. Efectuó un giro de 180 grados y se detuvo.

—CU-455, autorizado para Norman Manley, vía roja 11, mantenemos 350 giro derecho.

Rotman oprimió de nuevo el *carrier* del micrófono.

—CU-455 autorizado a despegar, viento de superficie 09508.

Wilfredo aceleró y después de imprimir potencia de despegue a los cuatro motores, comenzó a rodar por la pista. Aumentó la velocidad hasta que, después de recorrer unos dos mil trescientos metros, el avión quedó suspendido en el aire.

Eran las doce y quince. Rotman se dispuso a hablar por última vez con el CU-455.

—CU-455 despegó 15, cambio a salida 119,7. Informe arribo de vuelo 180. Buenos días.

Después que el piloto del vuelo 455 de la línea aérea Cubana de Aviación confirmó que informaría a la torre el arribo de la nave a los dieciocho mil pies de altura, Rotman se reclinó en el asiento y mordió el emparedado.

La algarabía dentro de la aeronave continuaba siendo espontánea. Luego de la tragedia, los testigos que descendieron en Barbados relataron que desde que los deportistas subieron a bordo, aquel vuelo parecía una fiesta. Por eso nadie reparó en los dos asientos que en la parte delantera permanecían vacíos. Los venezolanos Hernán Ricardo, quien había mostrado un pasaporte falso, y Freddy Lugo, los habían ocupado durante el corto trayecto (veintiséis minutos) de Trinidad y Tobago, a Barbados. Al descender habían concluido la misión que los había llevado al Caribe: colocar una bomba en el avión cubano que hacía la ruta regular de Guyana a

La Habana, con escalas en Trinidad y Tobago, Barbados, Jamaica y Santiago de Cuba. Desde hacía varios meses venían preparando la operación, bajo la dirección del jefe de Hernán, Luis Posada Carriles, y de otro connotado anticastrista: Orlando Bosch Ávila, calificado por el FBI como el terrorista número 1 de América. Todo estaba dispuesto, cada detalle ajustado con la precisión de un relojero. Y no de cualquier relojero. Por eso, a pesar de los contratiempos y obstáculos que habían tenido que sortear ese día, Hernán y Lugo, al descender en Barbados y perderse presurosos en la ciudad, sabían que ese avión no llegaría a su destino.

Todo había comenzado al amanecer, cuando el capitán de la aeronave se disponía a despegar del aeropuerto Timehri, en Guyana. Desde la torre de control le informaron que el gobierno de ese país solicitaba esperar por una delegación que deseaba viajar a La Habana en tránsito hacia su país. Wilfredo no pudo negarse. La petición venía de muy arriba. La demora significó un retraso de veintisiete minutos.

Por esa razón, cuando Hernán Ricardo y Freddy Lugo llegaron al aeropuerto de Piarco, en Trinidad y Tobago, segunda escala, y el primero preguntó por el vuelo del Cubana, le informaron que venía con retraso. En declaraciones a la Policía, luego de la detención de los terroristas, Charles Murray, auxiliar de tráfico, dijo que le propuso viajar a Barbados en un vuelo de Sunjet Service, de la BWIA que estaba a punto de salir con destino a Miami con una próxima escala en Barbados. Contrariado, Hernán movió la cabeza como péndulo de reloj. El señor Murray, y según sus declaraciones, las que obran en el voluminoso expediente judicial, pensó que no había comprendido pues le estaba hablando en inglés. Entonces señaló hacia un anuncio comercial de la BWIA y dijo en español: "Barbados ahora". Ricardo respondió: "¡No!" Aunque la respuesta era tajante, Murray, sin comprender las razones de tal insistencia, llamó al mostrador a un miembro del grupo de deportistas cubanos (habían arribado en la madrugada en vuelo procedente de Venezuela), con quien había conversado poco antes en inglés y le pidió que sirviera de intérprete. Este incidente imprevisto, fuera de los cálculos, y que comprometía a los terroristas, hubiera bastado para abortar el plan. Pero Hernán, sin inmutarse, sonrió al joven que tenía delante, y ratificó su deseo de viajar en el Cubana. Éste tradujo,

Murray dio las gracias y despachó los boletos. Poco después, los dos terroristas conocieron que los empleados que brindaban los servicios de pista estaban en huelga. Otro imprevisto.

El avión cubano llegó a Trinidad y Tobago a las once de la mañana, hora local. Por radio, el capitán fue informado de la imposibilidad de tomar los servicios de limpieza ni reabastecer la nave de combustible debido a la huelga. Wilfredo decidió tomar estos servicios en Barbados. Y ansioso por llegar cuanto antes a la isla grande, gestionó con las autoridades del aeropuerto la autorización para subir a bordo el equipaje destinado a la barriga del avión con ayuda de los propios pasajeros. Cuatro atletas del equipo de esgrima, gozosos por la aventura de tirar de los carros y subir la carga realizaron la tarea en un tiempo récord. Impulsados además por un deseo que parecía haber contagiado a todos en ese avión: regresar a casa cuanto antes, sin perder un minuto más de tiempo.

Belkys y Daniel caminaban retrasados, cogidos de la mano. Ella lanzó una mirada hacia los pasajeros que se preparaban para abordar el Cubana. Leyó en la mirada de aquella niña toda la emoción del mundo por la aventura que estaba a punto de emprender y para la cual se hacía acompañar por su muñeca preferida. Aquellos jóvenes que se abrazaban a la madre, al padre, a los hermanos, y se fundían en un beso ardiente con la novia. "Estudia mucho". "Escribe en cuanto llegues". "No dejes de asistir a misa". Belkys pensó que se trataría de estudiantes que habían ganado becas para estudiar en la Isla. No se equivocaba.

—¿Ustedes son tripulantes de Cubana de Aviación? —Belkys y Daniel disminuyeron el paso—. ¿A qué hora llegaremos a La Habana? —preguntó la mujer.

—Si salimos en tiempo y no nos seguimos retrasando —Daniel miró la esfera de su reloj—, a las cinco y treinta más o menos.

—Mi esposo es funcionario de la pesca y ya terminó su contrato. Regresamos a Cuba definitivamente, diez años fuera ha sido mucho.

—Canarias, Canadá, México y ahora el Caribe —dijo el hombre sin sombra de orgullo—. Pero ésta fue la última misión —sentenció.

—Y el último avión —repuso la mujer.

Daniel y Belkys se apartaron. Ya en la escalerilla del avión se detuvieron.

—En una semana estoy de regreso —dijo él y se besaron con fuerza, como corresponde a los enamorados. Se habían casado hacía un par de semanas y este vuelo los llevaría a casa para continuar la luna de miel interrumpida por razones de trabajo. Pero a última hora, a él se le pidió permanecer en Trinidad y Tobago para un cambio con otro tripulante que debía volar más allá del Atlántico y había enfermado repentinamente. Daniel era ingeniero de vuelo y Belkys aeromoza.

—Te quiero —dijo él apartándola con suavidad.

—Es la primera vez que volamos separados desde que nos conocimos, te voy a extrañar —agregó ella. Y volvieron a besarse.

Mientras Bebo, el sobrecargo, contaba las bandejas con comida, Teresa regaba *spray* aromatizador en los baños y los abastecía, revisaba las provisiones para emergencias: botellas de oxígeno, extinguidores, chalecos salvavidas —ubicados debajo de los asientos.

Desde hacía varios meses, buscaba cualquier objeto que no se correspondiera con el equipamiento del avión. Entonces habían sido reunidas todas las tripulaciones que cubrían esta ruta, y durante cuatro horas, un oficial de la Seguridad cubana les instruyó sobre un paquete de medidas que deberían tomar antes y durante la travesía, para evitar una eventual acción terrorista.

—¿Vas a Cuba? —preguntó Belkys en inglés a la niña aindiada.

—No —respondió ésta sonriendo—. Voy a Jamaica.

—Tienes un pelo muy lindo —Belkys le habló muy cerca del rostro mientras le ajustaba el cinturón de seguridad.

—Mi muñeca también.

Belkys sonrió y reparó en las dos mujeres, también de piel morena, que escoltaban a la niña. "Mamá y abuela" —comentó. La más vieja de las dos negó con la cabeza—: "tía", rectificó, y colocó una bolsa de nailon sobre la alfombra, delante de los pies de la niña.

—Parece que estos muchachos van a estudiar a Cuba —dijo Belkys y dirigió la mirada a los ocupantes de la fila frente a ella.

—Es cierto —dijo uno de estos en perfecto español—. ¿Cómo lo supo?

—Ah, a las aeromozas se nos desarrolla un agudo sentido de la observación. Gracias a eso puedo intuir que ahora tienes intención de encender ese cigarrillo y yo te diré que te abstengas de hacerlo mientras aquel letrerito permanezca encendido.

El guyanés se apresuró a devolver el cigarro a la cajetilla mientras sus compañeros contemplaban la escena a través de sus espejuelos. Los tres usaban gafas con cristales de corrección. Era evidente que se sentían como recién nacidos, como si toda su vida no hubiera sido más que un viaje hasta llegar a este momento, a este avión, desde donde emprenderían la verdadera vida.

En uno de los últimos asientos se acomodaron el funcionario de la Pesca y su esposa. Ambos parecían muy satisfechos de regresar a casa. Belkys los saludó y lanzó una mirada a los cinturones.

—Mire.

Belkys tomó una fotografía que le mostraba la mujer. En ella se apreciaba el rostro de un bebé que emergía de la sábana, como si saliera de su escondite, mientras una amplia sonrisa delataba la travesura.

—Es muy lindo —dijo Belkys y descubrió en la pareja un destello de orgullo.

Minutos después el avión quedaba suspendido en el aire.

A unos metros de la cabina de mando, en la sección destinada a los pasajeros, Octavio y Kiko, entrenadores de esgrima, ocupaban uno de los primeros asientos.

—¿Y se acostó contigo?
—No quiso.
—¡Ah!, entonces se lo propusiste y te planchó.

La expresión de Octavio no engañó a Kiko.

—¿Te estás burlando?
—¡Yoooo! —Octavio se llevó la mano al pecho.
—Vete pa'l carajo.

Kiko se incorporó, y con una expresión de disgusto en el rostro se dirigió hacia el fondo de la nave.

Octavio se sintió satisfecho. Ahora podría dormir tirado sobre la hilera libre de asientos.

Reparó en la niña sentada en la fila contraria. Realmente era muy hermosa.

Octavio recordó a su pequeño hijo y a Leila, la esposa. Cerró los ojos y los imaginó en el aeropuerto.

Un poco más atrás, uno de los estudiantes guyaneses hacía esfuerzos lingüísticos para comunicarse con Alex, nuevo campeón de espada centroamericano:

—Cuba... medicina... Doctor.

—A estudiar medicina, eso está bueno. Pero doctor, qué va, te falta mucho. Tienes el candado, pero te falta la llave.

—Can-da-do, *what*?

—Deja eso primo, y date un trago.

Alex extrajo una botella del bolsillo de la chaqueta ante la mirada poco indulgente de Magaly.

—No vayas a emborrachar al muchacho —terció en la conversación.

El guyanés se dio un trago y se pasó la lengua por el labio superior.

—*Are you a student*?

—Yeah, estudiante, yeah, esgrimista.

—*What's that*?

Alex dibujó una finta en el aire.

—*Painter*?

—Coño, ¿qué es eso?

Alex zafó el cinturón de seguridad y bajó el bolso de mano, de cuyo interior sobresalía una espada. Se la mostró. Del bolsillo extrajo la medalla.

—*Oooh!, I see, you're a sportman*.

El guyanés se dio otro trago, y devolvió la botella a Alex, que lo imitó. Luego éste se reclinó en el mullido asiento con una amplia sonrisa en el rostro. A su lado, Magaly le dirigió una mirada de reojo, y le propinó un codazo.

—A ver si llegas borracho a La Habana, y tu padre tiene que cargarte hasta el Palacio de los Matrimonios.

Magaly y Alex eran novios y se casarían esa noche. Las familias de ambos lo tenían todo preparado.

Detrás de la fila ocupada por la familia guyanesa se sentaron Hernán y Lugo. Dejaron el asiento del centro libre y colocaron sobre él los bolsos de mano. Hernan extrajo del suyo una caneca y se sirvió un trago de ron. Cuando retiraba la tapa-vaso de sus labios vio cómo la cabeza de la niña guyanesa iba asomando lentamente sobre el respaldo. Entonces aparecieron sus ojos de un negro brillante.

Felicita y Robertico, los atletas más jóvenes, se habían sentado juntos y ambos se esforzaban por romper el silencio que por momentos se tornaba embarazoso. En realidad, desde que salieron de La Habana se les presentaba la primera oportunidad de estar a solas, tanto como se puede dentro de un avión. Pero ellos sabían además, que estaban ahí, muy cerca el uno del otro, por la complicidad de ambos. Y sus miradas los delataban.

Felicita presentía que algo acontecería a bordo. Sentía que su vida estaba a punto de experimentar un cambio radical, que en lo adelante la buena soledad sólo podría ser concebida si ocupaba su pensamiento en él.

Todo comenzaría en aquel avión, durante el vuelo que estaba a punto de emprender el regreso a casa, y que acabaría al descender por la escalerilla, tomada de su mano. Pero, conociéndolo, sabía que no sería tarea fácil, sino un reto, y comenzaba a experimentar esa sensación de desasosiego.

Y de nuevo se mordía las uñas.

Estaba decidida a lograrlo, aunque fuera ella quien lo enamorase. Por eso se sorprendió cuando Robertico, después de ayudarle a ajustarse el cinturón, le entregó la grabadora y le dijo: "El cassette está en punta, escúchalo".

Y ahora, con los audífonos puestos, el rostro se iba encendiendo mientras su corazón aceleraba el ritmo y la emoción anudaba su garganta.

En uno de los últimos asientos Irene leía un libro sobre arquitectura. Recién había comenzado el tercer año de la carrera y ya tendría que vencer varias pruebas, acumuladas durante la recién finalizada competencia.

A su lado, Gallo se aferraba con fuerza al asiento. De pronto se sobresaltó.

—Es una grabadora —dijo ella para tranquilizarlo—. Los aviones son más seguros que los automóviles. Muy seguros —enfatizó.

En el pasillo, Rosa, floretista del equipo juvenil se contorsionaba, mientras Alex, que se había corrido al fondo con su amigo guyanés, batía palmas al compás de los Boney M.

—Emparedados de jamón y queso, jugos y maní —pronunció para sí Teresa, mientras revisaba la bandeja. Se echó unos maníes en la boca y tomó la bandeja en las manos.

En sus quince años de servicio había volado en casi todas las rutas de Cubana de Aviación, pero nunca antes se había sentido tan agotada como en esta de Habana-Guyana: tres escalas, dos de ellas a sólo treinta minutos, pasajeros abajo, pasajeros arriba, despedidas, recibimientos, sonrisa abajo, sonrisa arriba, instrucciones, caramelos, desayuno, refrescos, tragos, café, bolsitas, aspirinas. Y cuando creía que al fin podría descansar unos minutos, la luz en el *galley*: aterrizaje. Y de nuevo a empezar todo.

Pero aun así, prefería volar en esta zona. Durante los dos años transcurridos, ni un solo sofocón. No como lo fueron aquellos cuando cruzaba el Atlántico en esos cacharros viejos que los entendidos en la materia llamaban *La milagrosa*. El incendio que se inició en el *galley* y se extendió rápidamente queriendo devorarlo todo. O el descenso en Madrid sin tren de aterrizaje. O aquel pasajero, checo, búlgaro —nunca lo averiguó— que se murió en sus brazos; lo arropó y se limitó a decir a los curiosos: "Tiene fiebre". Y el amarizaje. Los minutos de angustia que siguieron al anuncio del capitán: "Señores pasajeros, por dificultades técnicas —un salidero de aceite amenazaba con desintegrar el avión— procederemos a realizar un amarizaje. Por favor, quítense los zapatos y atiendan las instrucciones de la tripulación. Muchas gracias". Antes no estaba segura que podría disfrutar la vejez junto a su nieto que estaba por venir. Ahora, en cambio...

—¿Bajamos a los pasajeros en Seawell? —preguntó Teresa al capitán en la cabina de mando, y lanzó una mirada al mar delante de la nariz del DC-8.

—No, no —respondió dubitativo Wilfredo, para rectificar al instante—: Tenemos que tomar los servicios que no pudimos en Piarco, sí, que bajen. La tirada hasta Jamaica es larga.

Hernán repasó lo que haría dentro de cinco minutos: abriría el bolso y tomaría el estuche de la cámara con la bomba adentro, lo guardaría en el bolsillo del pantalón, e iría al baño. Después se produciría el anuncio acerca de la llegada a Barbados. Por eso se estremeció cuando escuchó la voz de la aeromoza que anunciaba el arribo en minutos a la isla.

Miró primero a Lugo —sentado en el extremo—, quien hizo una mueca indescifrable, y después al bolso. Entonces lo abrió, tomó la cámara fotográfica y la guardó en el bolsillo.

Salió al pasillo y avanzó.

Pasó junto a Alex que se disponía a llevar a la boca la botella de bebida. Alcanzó a escuchar cuando le dijo al joven sentado a su lado y que le pareció caribeño:

—Chico, para mí es como la calabaza, ni me beneficia ni me perjudica, todo lo contrario.

—Lo vas a volver loco —escuchó decir a la joven sentada a su lado.

Felicita y Robertico no repararon en él. Ella tenía los ojos cerrados, mientras él le hablaba muy cerca del oído y apretaba su mano entre las suyas.

Avanzó un poco más y se detuvo ante Rosa, que obstruía el pasillo mientras tarareaba y movía todo su cuerpo. Sobre el asiento, una grabadora desbordaba música *reggae*.

—¿No oyó a la aeromoza? —Apoyó las manos sobre los respaldos de los asientos que lo escoltaban, entornó los párpados y gruñó—: No está en su casa.

Rosa se apartó, tomó la grabadora en sus manos y se sentó. Chasqueó la lengua, pero los ojos que miraron al terrorista estaban radiantes. Sabía que sólo tres horas la separaban de su familia, bautizada por Alex como "los muchos". Con seguridad su padre había alquilado un bus para toda la familia, y ya estarían camino del aeropuerto. Estibador en los muelles, se sentía orgulloso de la más pequeña de su numerosa prole, a quien había prodigado el mayor de los cariños porque la había concebido a la edad en que a los hijos se agregan los nietos.

—Por favor.

Belkys estaba justo tras la espalda de Hernán, que se movió aprisa para darle paso.

—Debe retornar cuanto antes a su asiento. Nos preparamos para aterrizar.

El funcionario de la Pesca y su esposa contemplaban la costa a través de la ventanilla.

En el asiento posterior, Irene los imitaba. Pensó que a esa hora su padre estaría en la vaquería, luego del segundo ordeño, agregando mieles al pasto, agua en el abrevadero, o curando alguna maleza. Todos los recuerdos que tenía de su padre, lo vinculaban con esa rutina. Sólo lo vio vestir guayabera una vez, que le quedó excesivamente estrecha: el día en que acudió a la terminal de ferrocarriles a despedirla, luego de haberla autorizado a becarse en la escuela de deportes de la capital. Irene reparó en las playas allá abajo.

La pequeña isla de Barbados, de sólo cuatrocientos treinta kilómetros cuadrados y doscientos cincuenta mil habitantes, se proyectaba allá abajo, rodeada de mar como un oasis. Los bosques de higuera barbuda, árbol que da nombre a la isla, la cubrían hasta la costa donde daban paso a la arena.

Unos segundos después, Hernán se encerró en el baño número dos. Oprimió el vástago y con la mano libre se lavó la cara. Mientras escuchaba el siseo de la orina dibujó en su mente los rostros de esos pasajeros en los instantes de la explosión, aterrizados, destrozados, calcinados. Extrajo el estuche de la cámara y lo colocó encima del lavamanos. Terminó de orinar. Luego tomó de nuevo la bomba y se sentó en el piso, frente al lavabo. Observó que debajo de éste había un compartimiento con una abertura por donde se introducían las servilletas desechadas.

Afincó una pierna contra la mampara divisoria y haló el compartimiento, que cedió. Entonces tomó el estuche de la cámara y lo abrió. Ante su vista apareció la masa de explosivo y, en el centro de ésta, la parte superior de la espoleta.

Se secó el sudor que corría por su frente, miró la hora, y con los dedos índice y pulgar oprimió el cobre hasta escuchar cómo se quebraba la ampolleta de ácido. El alambre tensado comenzó a ser devorado. Segundos después retiró el pasador de seguridad, quedando libre el camino hacia el percutor. Sabía que dentro de cuarenta y cinco minutos, al partirse el alambre que lo sujetaba, éste se proyectaría contra el fulminante provocando la explosión.

Cerró de nuevo el estuche.

Con sumo cuidado, como un padre primerizo, colocó la bomba dentro del compartimiento. Cerró la tapa y lo empujó suavemente.

Posada y Bosch le habían informado que los servicios de limpieza a bordo se tomaban en Trinidad y Tobago y que por ello la estancia en Barbados era sólo de quince a veinte minutos.

En su asiento, en la parte centro delantera de la aeronave, Lugo aparentaba sintonizar el radio portátil que sostenía en la mano. En realidad, acababa de quebrar la ampolleta que ocultaba en su interior.

Otra bomba.

Hernán orinó otra vez y se dispuso a salir del baño. Entonces sucedió. La puerta no abrió. Presionó otra vez, y nada. Verificó el seguro y vio que lo había descorrido. Estaba encerrado mientras, a menos de un metro de distancia, el mecanismo de una bomba había comenzado su cuenta regresiva.

Su rostro se tornó blanco y los dedos se crisparon en torno al cerrojo. Sus párpados se encendieron, mientras tiraba de la puerta.

—¡Señorita! ¡Señorita!

Las palabras salieron rotundas, aunque se esforzaba por contener el pánico.

—¡Señorita, sáqueme de aquí! —cogió el pañuelo y enjugó el sudor de su rostro.

—¡Qué le sucede, señor!

Era la voz de Belkys, que trataba inútilmente de abrir la puerta.

—¿Quién es?

—¡Estoy trabado! —gritó, golpeando con insistencia.

Poco después escuchó una voz grave.

—¡Suelte el cerrojo! —exclamó Bebo con determinación. Hernán obedeció.

Unos segundos después, la puerta cedía. Hernán tenía el rostro lívido, la camisa empapada de sudor y respiraba con dificultad. Bebo se quedó mirándolo. Belkys escrutó su cara. Teresa le notó algo.

—Estos aviones rusos son una mierda.

Casi escupió la última palabra.

—Lo que ocurrió fue que usted no descorrió totalmente el seguro —dijo Bebo, y se inclinó para hacerle una demostración—. Además, este avión es norteamericano.

—Regrese a su asiento, estamos a punto de aterrizar —repuso Belkys.

En el extremo de la fila de tres asientos, Lugo había vuelto la cara y miraba a través de la ventanilla.

Belkys colocaba en la posición correcta el asiento de uno de los estudiantes guyaneses. Pensaba si debía informar al capitán la preocupación sobre la extraña conducta del pasajero, que como un rayo atravesó su mente momentos antes. Recordó que Teresa le acababa de decir que el destino del pasajero era Barbados y ya la isla aparecía allá abajo, a través de la ventanilla.

Unos asientos más atrás, Hernán se cubría el rostro aparentando leer un periódico para evitar encontrarse con la mirada curiosa de pasajeros, pero no lograba interpretar las palabras. Tenía los nervios crispados y era presa de una angustia que por momentos lo empujaba a saltar del asiento y correr hacia la puerta de salida. Pero el sobresalto no era por el ácido que a su espalda se comía el tensor de una bomba, ni por saberse rodeado de casi un centenar de personas cuyas vidas en lo adelante valían tanto como la de un rebaño a las puertas del matadero, sino por esa maldita puerta que no cedió. Sí, tenía que ser una señal del Señor. Lo que no comprendía era la tardanza. ¿Por qué cuando ya la había activado?

Unos minutos más tarde, mientras descendía por la escalerilla, tuvo la sensación de que todos a su espalda lo miraban. Varias veces esa mañana había sentido aquella sensación sobre la nuca.

El avión se estremeció a las doce y veintitrés, hora local.

En la cabina de mando, unos segundos antes, Wilfredo había cedido el mando al copiloto y se disponía a reportar a la torre de Seawell el arribo a los dieciocho mil pies de altura. Justo al abrir la llave del micrófono sintió como si el avión se despedazara.

—¡Cuidado! —gritó.

Tomó el control de la aeronave y lanzó una rápida mirada a la pizarra. Descubrió luces amarillas en una de las esferas. En ese instante comenzó a sonar la bocina debajo de la butaca del ingeniero de vuelo. Entonces no tuvo duda: la presión había bajado súbitamente.

Un golpe seco a su espalda le indicó que la puerta de la cabina se había abierto con violencia, y empezó a sentir vibraciones que sólo se producen cuando el fuselaje ha sido averiado. Se aferró al timón con fuerza.

A su lado, el copiloto escuchó también el golpe de la puerta al abrirse y giró el cuerpo, lanzando una mirada al pasillo a lo largo de la cabina de pasajeros. Alcanzó a advertir lo suficiente como para que la sangre se le congelase. Entonces no tuvo duda: la onda expansiva de una poderosa explosión había violentado el cerrojo de la puerta.

—¡Cierra la puerta! —gritó y se dispuso aislar la cabina del humo negro y de aquellos gritos que comenzaban a invadir el avión—. Algo explotó allá atrás y hay fuego —dijo con voz emocionada.

—Informa a Seawell —ordenó Wilfredo, y su voz sonó segura. Luchaba por nivelar la nave, adelantó el timón de mando lentamente y el avión inclinó su nariz. Entonces tomó el mango del freno y lo atrajo.

Encima de las alas se levantaron los mecanismos de retracción y la velocidad comenzó a disminuir.

En la torre de control, los empleados continuaban el trabajo de rutina.

Dos aviones habían aterrizado y otro se encontraba en el aire, aún dentro del perímetro radial del aeropuerto. Rotman comía distraídamente su emparedado, mientras miraba con atención a su izquierda, donde se hallaba el equipo de radio. Creyó haber escuchado algo inusual, tanto por su tono como por su brevedad, una palabra que no logró entender y una cortina de estática que alguien en el aire dejó escapar al oprimir el *carrier* del micrófono.

Notó que el operador del equipo estaba inclinado hacia adelante y en su semblante descubrió una sombra de contrariedad. Entonces comprendió que no se había equivocado. Algo había sucedido en uno de los dos aviones que tenía en el aire. En ese instante escuchó una voz que se filtraba con mucha fuerza, en un tono aterrador, pero seguro.

—¡Seawell! ¡Seawell... CU-455...!

Rotman frunció el ceño, mientras el operador abría la llave:

—CU-455... Seawell.

—¡Tenemos una explosión y estamos descendiendo inmediatamente! ¡Tenemos fuego a bordo!

Rotman escupió pedazos de pan, jamón, queso, impulsó las ruedas de su asiento y le quitó la llave del micrófono al joven operador. Se aclaró la garganta y oprimió el *carrier*:

—CU-455, ¿regresará al campo?

De la nave en el aire no respondieron.

Media docena de hombres que laboraban en la torre de control se acercaron a la radio y clavaron su mirada en la bocina, ansiosos de escuchar al cubano.

Rotman no repitió la pregunta. Comprendió que el capitán evaluaba los daños y después daría una respuesta. Si ésta era positiva, sería la señal de que algo muy grave acontecía en el Cubana 455 que ocho minutos antes había despegado del aeropuerto. Algo que no podía ser controlado por la tripulación.

Mientras aguardaba, desvió su mirada y localizó la nave en la pantalla del radar.

—Se encuentra a veintiocho millas —pronunció el operador después de sacar los cálculos.

En ese instante, Rotman observó cómo el avión comenzaba un giro a la derecha.

No esperó más.

Ladeó el cuerpo y localizó el botón rojo en la pared, encima de la pizarra de controles, y lo oprimió. Era la señal de emergencia.

La explosión a bordo del avión fue un fogonazo fulminante, pavoroso.

En el instante de producirse, Belkys daba los buenos días a los pasajeros a través de los pequeños altavoces. Su voz se interrumpió rápidamente, como el maullido de un gatico ahogado, y todo en el interior del avión fue despedido por el aire.

El fuselaje en la zona de la explosión estalló abriendo un boquete de casi un metro de diámetro. El espacio interior de la nave perdió presión, y se produjo el escape del aire contenido. Incontrolable, la fuerza de la succión arrastró con todo a su paso: bolsos, bandejas, botellas de refrescos, latas de jugo y de cervezas, vasos, caramelos que se repartían, brazos, piernas, vísceras...

Automáticamente se abrieron los compartimientos situados encima de los asientos liberando las máscaras de oxígeno, unidas por un corto tubo de plástico al depósito central.

De golpe, la succión disminuyó, pero el fuego que se había generado en el centro delantero se fue propagando, junto con algo mucho más mortífero aún: el humo.

La bomba había estallado debajo del asiento marcado con el número veintisiete, donde iba sentada la niña guyanesa. El fogonazo le arrancó de cuajo la pierna derecha y la onda expansiva la alzó con tal fuerza que el cinturón de seguridad penetró su vientre hasta quedar sujeto a los huesos de la cadera. El pelo lacio, largo y negro, que debió ser orgullo de los padres, era ahora una desaliñada enredadera achicharrada de alambre negro. Durante varios segundos después de la explosión, sus ojos siguieron parpadeando con intensidad, asombro y, al final, miedo. Entonces la niña murió. La tía y la abuela se habían convertido en un amasijo de carne y huesos.

Teresa atravesaba el pasillo y la fuerza de la explosión la lanzó contra el techo del avión, rebotó y cayó varios metros atrás, moribunda.

El pánico se había apoderado de los pasajeros. Algunos permanecían atados a los cinturones de seguridad, sujetas las máscaras de oxígeno al rostro mientras movían los ojos de un lado a otro, tratando de conocer lo ocurrido. Otros corrían desesperadamente, mientras buscaban en vano un lugar donde escapar del humo.

Los que habían logrado huir del centro de la nave, donde se produjo la explosión, se agrupaban en la parte posterior.

—¡Cálmense, cálmense! —Belkys y Bebo trataban de hacerse oír.

—¡Cállense, coño! —Bebo empezó a tironear de las puertas de los cuatro baños. Cuando logró abrirlas gritó de nuevo a los pasajeros que se retorcían, escupían, tosían y vomitaban humo negro—. ¡Adentro, tomen agua y mójense la cara!

Le bastó una mirada a los rostro de éstos para comprender que estaban sobrecogidos de terror y paralizados por el miedo. De golpe la espesa nube encerrada comenzó a disiparse. Bebo comprendió que el capitán había abierto las ventanillas situadas en el fondo del avión, por donde ahora salía el humo al exterior.

La humareda se había disipado bastante y entonces la vio. En el pasillo, sobre la alfombra había una mujer con la pierna derecha deshecha. El hueso estaba expuesto y astillado y podía verse con claridad entre las hilachas de la carne sanguinolenta. Lo que más le impresionó fue que la mujer apenas si se quejaba, se limitaba a mirar lo que había quedado de su pierna. A su lado, sobre el asiento, otro de los pasajeros heridos clamaba por un médico.

En estos primeros instantes, casi todos parecían haber enloquecido. Sólo unos pocos superaban el terror, aconsejaban, rogaban, exigían, tratando inútilmente de imponerse a los que eran presa de la histeria.

Bebo miró al centro del pasillo y vio las llamas. Tomó en sus manos un extintor y se precipitó sobre ellas. Si no lograba apagar el fuego, éste se extendería sin remedio. Entonces las ventanillas no serían suficientes y el humo cubriría aquel tubo de acero donde ahora se encontraban embutidos.

—¡Aléjense! —gritó a todo pulmón, y después de vaciar el extintor contra las llamas, lo tiró al piso, se volvió y corrió por el pasillo vomitando humo. Cruzó la puerta del servicio sanitario, apartó a Rosa que se bañaba la cara y oprimió el vástago. Con la mano libre comenzó a rociarse agua sobre el rostro caliente.

La carne de Alex se tostaba, ardía, mientras él, rugía, bufaba como un toro. Abrió los ojos y ante ellos sólo vio un gran destello rojo. Trató de incorporarse, sobreponiéndose al dolor; las quemaduras le llegaban al alma. Magaly había dejado de gritar y su cuerpo comenzó a arder. Alex se retorcía a su lado. Un grito aterrador se escapó de su garganta. Su cuerpo era una antorcha humana.

Unos metros más atrás, Octavio detuvo su mirada en el extintor vacío que se balanceaba sobre la alfombra. Escuchó los alaridos de pavor que provenían de la parte delantera y creyó reconocer la voz grave de Alex.

Su cerebro se estremeció. Giró la cabeza y a dos palmos de sus ojos encontró la mirada helada de un pasajero muerto. Tenía la boca muy abierta. Volteó con fuerza su cabeza, que se impactó contra la ventanilla y cerró los ojos. Una andanada de esquirlas de metal habían atravesado su espalda, destrozado su columna y ahora no podía mover su cuerpo.

A su espalda, un estudiante guyanés trataba de mover el cuerpo inerte de uno de sus camaradas. Había liberado el cinturón de seguridad y se disponía a cargarlo cuando descubrió un boquerón en el pecho. Al moverlo, el muchacho cayó al piso y empezó a temblar violentamente. Su pierna golpeaba de manera incontrolada contra la alfombra, mientras el otro guyanés luchaba por levantarlo. Al no poder, lo arrastró hacia la parte posterior del avión. Bebo se cruzó con ellos.

—¡Ponle la máscara!

Después descargó la espuma del extintor sobre las llamas. Cuando éstas se aplacaron vio con horror un cuerpo menudo teñido de rojo. Para llegar hasta él, tenía que vencer una cortina de amasijos retorcidos. Los asientos eran como tajos filosos. Trató de saltar sobre ellos cuando su pierna derecha fue agarrada por una lámina. Sintió cómo le desgarraba la piel. Pero olvidó el dolor al descubrir el rostro desfigurado de la niña guyanesa. Sintió que el estómago se le revolvía y le subió la bilis a la garganta. Tosió humo y sintió el cuerpo caliente y sofocado. Antes de retirarse volvió a mirar el cuerpo destrozado de la pequeña, que abrazaba con fuerza una muñeca que por milagro se encontraba intacta y tenía los ojos muy abiertos.

Bebo comprendió que los pasajeros cercanos al área de la explosión estaban muertos o gravemente heridos, y que nada podía hacer por ellos. Al retroceder observó el rostro de un hombre sentado en el extremo de una fila. Era Octavio. Tenía los ojos cerrados y la cabeza reclinada sobre la ventanilla. La cara estaba bañada de sangre.

Bebo siguió hacia el fondo. Levantó el cuerpo de Teresa y la colocó sobre los asientos vacíos. Se dispuso a seguir hacia el *galley* trasero en busca de otro extintor. Sintió un ardor muy fuerte en la vejiga y se detuvo ante el baño. Le pidió a sus ocupantes que lo abandonaran un momento y como éstos, dos hombres y una mujer, comprimidos en un espacio que no alcanzaba el metro cuadrado lo miraron con indiferencia, corrió a otro.

Mientras escuchaba el siseo de la orina se preguntó si saldría con vida de ese infierno.

Desde que la explosión, ocurrida dos minutos antes, estremeciera el avión, Irene se mantenía aferrada al asiento. Se había colocado la máscara de oxígeno y auxiliado a Gallo. Éste tenía los ojos desorbitados y el pavor le estrangulaba la voz.

—Habla, di algo, habla —insistió Irene otra vez. Pero Gallo seguía mudo.

Se llevó la mano al pecho y apretó los ojos, resistiendo un dolor muy agudo.

—Me duele —se quejó.

Irene presionó la máscara sobre el rostro, creyendo que no respiraba bien.

—Respira fuerte —le suplicó—. Parece que regresamos al aeropuerto.

Había descubierto, a través de la ventanilla, una ligera inclinación de las alas.

—Regresamos —repitió para que Gallo la escuchara.

Belkys pasó por su lado revisando las máscaras y dando ánimos.

Irene la miró con ojos de mucho desaliento y ella se inclinó hasta tocar con la mano el rostro de Gallo.

—Estamos a unos minutos del aeropuerto —dijo y tosió. Se llevó a la boca la máscara del tubo de oxígeno portátil que mantenía en sus manos y aspiró profundamente.

Belkys siguió hacia el fondo del avión.

—Ya lo peor pasó, ¿oíste? —repitió Irene al oído de Gallo. Pero el rostro de éste se contrajo de dolor.

—El san-to no se equi-vocó —su voz era apenas inteligible—. Voy a morir.

Volvió a quejarse e intentó inclinarse adelante pero el cinturón se lo impidió.

Irene miró a su alrededor y descubrió una densa nube de humo que avanzaba sobre su cabeza. Gallo dejó caer la cabeza y los músculos del cuello se lo pusieron rígidos. Irene apenas le escuchó. Unos segundos después, éste clavó su pétrea mirada en ella.

Sus pulidos ojos castaños se le hincharon y una mueca sobrevino en su rostro, que se contrajo de dolor. Se llevó la mano derecha al pecho y se inclinó hacia delante. Se retorció, y habría caído al suelo si el cinturón no lo estuviera sosteniendo.

Nunca antes Irene había presenciado la muerte.

Reclinó la cabeza en el asiento. Quería cerrar los ojos e imaginar que era el año pasado, la semana pasada, el día anterior. Cualquier momento antes de aquel fogonazo.

A su espalda, la esposa del funcionario de la Pesca había empezado a rezar mientras se aferraba al brazo del esposo, que le sostenía la máscara.

—¡Dios! —la voz de la mujer se escuchaba serena—, no dejes que estos muchachos mueran, son niños. *Padre nuestro que estás en los cielos, santificado sea tu nombre...*

Sin dejar de sollozar y temblar, Felicita abrazó al sobrecargo.

—Yo quiero ver a mi mamá —suspiró.

En este instante sonó el teléfono en el *galley*, y Bebo se precipitó sobre el aparato. A su lado, Belkys tosió varias veces hasta que le sobrevino un vómito. Con una mano, Bebo descolgó el teléfono mientras con la otra sostenía a Felicita.

—¡Dime, dime, no te escucho!

Belkys se arrodilló sobre la alfombra y pareció calmarse después de aspirar varias veces del botellón portátil. Bebo se colocó el suyo y respiró, mientras observaba a unos metros a un esgrimista, muy joven, guardar una grabadora en el interior de un maletín. Le pareció ridículo.

—Bebo, soy yo, dime qué pasa allá atrás.

—¡Hay fuego y mucho humo! —gritó—. En el centro se produjo una explosión y hay muertos —entonces hizo una pausa—: Teresa está muerta. ¿Me oyes? Hay fuego y lo peor es el humo que nos asfixia.

—¿Están utilizando las máscaras?

—Es difícil mantener a la gente en los asientos. Lo peor es el humo —insistió y tosió varias veces.

—Mantén la calma —la voz del ingeniero de vuelo sonó consoladora, aunque imaginaba lo que estaba ocurriendo en la cabina de pasajeros—. Asegúrense. ¡Estamos regresando a Seawell!

La comunicación se cortó y Bebo comprendió que la línea había sido cortada en algún lugar, posiblemente por el fuego. Abandonó el intento por restablecerla y se agachó junto a Belkys.

Con un pañuelo le limpió el sudor de la frente. Ella lo miró con los ojos humedecidos por el humo y por el llanto, y con la voz firme le dijo:

—Los que descendieron en Barbados —Bebo frunció el ceño sin entender—. El que se trabó en el baño... —logró articular.

Bebo abrió los ojos desmesuradamente.

—¡Hijos de puta! —exclamó. Tenía los ojos desorbitados y le temblaban los labios—. ¡Hijos de puta!

Al colgar, el ingeniero de vuelo informó al capitán lo que acontecía en la cabina de pasajeros.

Los golpes en la puerta volvieron a escucharse.

—¡No abran! —gritó Wilfredo.

De acceder, el humo inundaría la cabina.

Desde la explosión, ocurrida dos minutos y cuarenta y siete segundos antes, todo ocurría vertiginosamente.

—Informa que regresamos —había ordenado al copiloto apretando con fuerza el timón que vibraba junto al avión herido.

—¡OK, Seawell, CU-455, pedimos inmediatamente, inmediatamente, pista!

En la torre de control escucharon la voz emocionada del copiloto.

Rotman contestó:

—CU-455 autorizado a aterrizar.

Sabía que ésa sería la respuesta a la pregunta formulada un minuto atrás. Lo comprendió al observar en el radar el giro que iniciaba la aeronave.

Alargó el brazo, y por la frecuencia de control de tierra se comunicó con el jefe de bomberos del aeropuerto, quien tenía a sus hombres en alerta.

—Emergencia total —indicó Rotman—, vuelo CU-455 con explosión e incendio a bordo, aterrizará pista uno —terminó de sacar una cuenta muy rápida y agregó— en unos siete minutos.

—¿Es muy grave? —la voz del jefe de bomberos del aeropuerto le sonó familiar.

—Me temo que sí, Andrew —respondió Rotman y suspiró—. Temo lo peor.

Al colgar clavó de nuevo la mirada en la pantalla del radar.

—Señor —dijo el operador del equipo sin poder ocultar la emoción que le embargaba—, el giro del Cubana es muy amplio. La velocidad es de doscientos veinte nudos, muy por debajo para esa altura. Le sugiero instruir al capitán para que gire más cerrado y aumente la velocidad.

Rotman se reclinó sobre la silla. El punto verde seguía brillando en la pantalla del radar. Los presentes en la torre miraban a Rotman sin comprender su silencio. Éste seguía contemplando la esfera lumínica. La velocidad del avión, cercana a los cuatrocientos kilómetros por hora, estaba en verdad por debajo de lo establecido para esa altura, y el giro para regresar al aeropuerto era muy amplio. Lógicamente, en una emergencia de este tipo, se imponía realizar un giro con mucho banqueo, descender aprisa y llegar al aeropuerto en el menor tiempo posible.

—No, no —pronunció Rotman mientras movía la cabeza. Había roto el silencio.

En la torre, los allí presentes comprendieron que el jefe no haría tales indicaciones al piloto, y se preguntaban por qué.

Rotman se mantenía sereno. No le preocupaba que debajo de la torre, en otra habitación llena de grabadoras, quedarían registradas las conversaciones entre tierra y aire para futuras referencias. Sabía lo que diría para justificar su negativa. Pero el solo hecho de pensar lo que impedía al piloto del Cubana girar y descender más aprisa, lo estremeció por dentro.

En el interior de la cabina de mando del Cubana 455, los pilotos tenían los nervios crispados. Tres minutos y treinta y un segundos los separaban de la voz: "¡Cuidado!" y desde entonces parecían haber envejecido.

Wilfredo se aferraba al timón luchando contra las vibraciones y los estremecimientos del avión. Estas convulsiones y la despresurización brusca, le habían confirmado que la explosión había abierto un boquete en el fuselaje y dañado seriamente la estructura en algún punto, con el consiguiente peligro de que este boquete siguiera ampliándose. Por esa razón estaba obligado a efectuar un giro pronunciado y descender a una menor velocidad que lo indicado para estos casos. Si forzaba la nave provocaría su desintegración en el aire.

—¡Afuera tren de aterrizaje! ¡*Flaps* en posición cero!

El copiloto obedeció. Comprendió lo que perseguía su jefe, la presión del aire sobre las ruedas aumentaría el descenso. Esta maniobra es conocida por los pilotos como ensuciar el avión.

Luchaba por descender aprisa por otra razón: sabía que el oxígeno que expedían de forma automática las máscaras contribuían a propagar las llamas. Las válvulas de oxígeno echaban a funcionar automáticamente, cuando la altura del avión alcanzaba entre diez mil quinientos y catorce mil pies, y se volvían a cerrar al descender a los ocho mil pies. Por eso miraba constantemente el altímetro, que ahora marcaba doce mil. Aún tendría que descender cuatro mil pies más para que las válvulas cesaran de lanzar leña fresca en la hoguera en que presumía, por los gritos aterradores tras la puerta, se había convertido la cabina de pasajeros.

Bebo descargó el contenido de otro extintor sobre los cuerpos de varios pasajeros. Cuando las llamas retrocedieron, éste quedó paralizado: cubiertos de espuma, totalmente carbonizados, aquellos dos cuerpos entrelazados, retorcidos, eran los de Alex y Magaly.

Sobre el asiento, muy cerca de la pareja, descubrió otro cuerpo, también quemado. Los brazos estaban aferrados al asiento en un gesto que a Bebo le pareció imposible de asumir.

Las llamas regresaban y comenzó a toser, expulsando el humo negro que amenazaba con envolverlo. Emprendió la retirada.

Al llegar al *galley* tuvo un acceso de tos. Belkys, que se había recuperado unos instantes, apartó el botellón portátil y Bebo llenó sus pulmones de oxígeno.

—¡Madre mía! —pronunció ella con la voz ahogada—. No existe una forma para apagar este incendio y sacar el humo.

A su alrededor, regados por el piso y dentro de los estrechos baños, se agrupaban los sobrevivientes que tosían, vomitaban, lloraban, gritaban.

El calor en esa parte del avión era de unos sesenta grados.

Bebo devolvió la máscara a Belkys, que estaba a punto de desmadejarse.

—Ya tenemos que estar en la pista —le dijo, y Belkys pareció no escucharlo. Las escasas fuerzas que la sostenían estaban a punto de abandonarla y el sobrecargo la sujetó por segunda vez para que no cayera. La ayudó a sentarse sobre la alfombra. Miró a su alrededor y detuvo su mirada en Rosa y Felicita. Ambas le parecieron muy jóvenes, casi niñas. Estaban sentadas, abrazadas en el interior de uno de los baños y tenían sus rostros muy próximos, respirando del mismo botellón de oxígeno.

Bebo trató de incorporarse, pero sus piernas se doblaron. Se dejó caer y se arrastró fuera del baño. Apoyó la espalda en la puerta de emergencias. Comenzaba a perder conciencia de la realidad, y estaba consciente de ello. Todo era caótico.

Sentía un peso enorme en la pierna herida. Nunca había pasado por un día como ése, y tal vez no lograra ver su final.

—¡Mierda! —exclamó, y vio cómo Belkys caía a su lado, sobre la alfombra, cubierta por una espesa capa de hollín.

Por primera vez, el verdadero alcance de lo sucedido le golpeó en pleno rostro, como una bofetada.

En una de las últimas filas de asientos, Robertico se aferraba a la máscara. La apretó y aspiró desesperadamente, pero sintió que el aire no entraba en sus pulmones. El último gramo de las diecisiete libras de oxígeno de su botellón acababa de salir. Podía tomar otro pero no tenía fuerzas.

La máscara próxima estaba casi al alcance de su mano.

Sintió que el corazón le golpeaba el pecho y una fuerte presión estallaba en su cabeza. Estaba inhalando el humo negro y letal. Una fuerte bocanada pasó a sus pulmones camino del cerebro.

Correr, huir, escapar a cualquier parte era su única alternativa. A duras penas se zafó el cinturón de seguridad, se incorporó y corrió buscando la puerta de salida. Cuando estuvo frente a ella comenzó a golpearla con las piernas, con las manos y finalmente con la cabeza, mientras gritaba aterrado:

—¡Sáquenme de aquí! ¡Sáquenme de aquí!

A sus pies, Bebo trataba inútilmente de tomar oxígeno de un botellón portátil casi vacío.

Robertico cayó a su lado, sin fuerzas y experimentando mareos. Se dejó caer sobre la alfombra caliente y negra, y se cubrió la cara con las manos, que le temblaban violentamente.

—No quiero morir —sollozó.

El humo siguió llenando sus pulmones y ahora invadía su cerebro.

Tosió una y otra vez hasta que empezó a sufrir arcadas, profundos estertores de muerte como el chasquido de huesos en el interior de su pecho. Tenía la boca abierta y trataba de gritar, pero no lograba emitir ningún sonido. Entonces su visión se nubló. Empezó a girar los brazos y a sacudir las piernas con violencia.

Un pez aleteando en la cubierta de un bote.

Para entonces, cuatro minutos y cincuenta y siete segundos después de ocurrida la explosión, habían muerto de asfixia o carbonizados más de cincuenta pasajeros.

De pronto, las emanaciones de oxígeno se cortaron y las máscaras quedaron suspendidas. En realidad muy pocos las habían podido utilizar. El hollín se incrustaba en la parte superior de puertas, mamparas, asientos, y a pesar de haberse abierto las ventanillas de salida al exterior, éstas eran insuficientes para descontaminar el ambiente. La madera, el algodón, el papel, el plástico, materiales todos que se utilizan en los muebles interiores de la cabina de pasajeros y otros como cojines, rejillas, lana de los asientos, al descomponerse por el calor comenzaron a emitir gases tóxicos: monóxido de carbono, cianuro de hidrógeno, ácido fluorhídrico, ácido clorhídrico y dióxido de nitrógeno.

La inhalación de estos gases tóxicos, combinados, resulta más letal que cuando se aspiran por separado.

Y ahora, embutidos en ese sarcófago de acero, los pocos pasajeros sobrevivientes luchaban desesperadamente por llevar a sus pulmones un poco de aire puro, que entraba al avión por el boquete abierto y los respiraderos de baja altura.

A través de la ventanilla, Octavio observó el más allá abajo, cada vez más cerca. Por unos segundos lo contempló en toda su inmensidad. Líneas de todas las tonalidades del azul. Una gaviota se deslizaba suavemente sobre su vuelo sereno y lánguido. El calor era ahora más intenso. El entrenador escuchó el crujir de la madera y vio cómo el plástico se derretía.

Gritó, pero los alaridos se perdieron entre otros más lejanos. Pensó que todos en aquel avión habían enloquecido. Reclinó la cabeza sobre la ventanilla y alzó la vista hacia el cielo. El sol estaba allí. En su mente apareció la imagen de Leila. Y la vio preparando al niño para salir hacia el aeropuerto. Sus ojos se nublaron.

Octavio había acertado. A esa hora su esposa estaba a punto de salir hacia el aeropuerto. Antes se había asegurado de que la vejiga del pequeño Tavito estuviera desocupada y comprobado que el budín estaba fresco. Entonces lo guardó en el refrigerador. Era el dulce preferido de Octavio. Una hora después llegaba a la terminal aérea.

—Ese vuelo está retrasado —le respondió el empleado y se alejó del mostrador. Sabía que el avión había sufrido un accidente pero cumplía órdenes del gerente principal. Estando en la terraza, ella notó una agitación desacostumbrada en las pistas, y lo atribuyó a la preparación de un avión sacado de un hangar. Cuando lo colocaron en área de parqueo, descubrió que tenía en el costado el emblema de la Cruz Roja cubana. Entonces bajó y volvió a repetir la pregunta al empleado.

—¿A qué hora llega el Cubana procedente de Guyana?

La respuesta la paralizó. El hombre le había dicho que ese vuelo estaba demorado por problemas técnicos y le aconsejó que se marchara a casa y se mantuviera en contacto por teléfono.

Al salir del aeropuerto, con Tavito dormido sobre sus hombros, cuatro federativos del deporte cubano se apeaban de un auto. Ninguno se acercó a ella aunque la conocían (Leila había integrado el equipo nacional de esgrima). Se limitaron a un frío saludo a distancia y se escabulleron. Durante el regreso a casa pidió al chofer del taxi sintonizara la radio, pero no escuchó nada alarmante. Al llegar llamó al cuñado. Éste partió para el aeropuerto mientras ella, luego de dormir al hijo de tres años, se sentó en el contén a esperar. Al filo de la medianoche, el hermano de Octavio descendió del auto, la abrazó, y conteniendo el llanto le dijo:

—Todos están muertos.

Dos semanas después descubrió el budín en el refrigerador. Estaba intacto.

La noche del 6 de octubre fue aciaga para los familiares de los viajeros del vuelo 455. En lo adelante ya nada en sus vidas sería igual.

"Los muchos" abandonaron el aeropuerto a la mañana siguiente, sólo después que el gerente les aseguró, por tercera vez, que no había sobrevivientes. Nunca más volverían a reunirse. El padre de Rosa se jubilaría poco después. Entonces se le podía ver en los torneos femeninos de esgrima, silencioso y distante, aunque nunca había entendido las complejidades de la esgrima.

Cuando a la mañana siguiente, el esposo de Irene descendió de un jeep a la entrada de la finca, el viejo campesino no salió al camino como era su costumbre. Escuchó la noticia aparentemente impasible mientras comprimía el sombrero entre sus manos. Luego giró sobre sus pies y se perdió en dirección al bosque cercano. Sólo regresó a la mañana siguiente, mojado por el rocío, cabizbajo y con los ojos inflamados. En el patio de la casa, atravesado por una puya, un puerco a medio asar era devorado por los buitres.

Los domingos en las tardes solía sentarse en el portal del bohío, recostado el taburete a la pared, hojeando los recortes de periódicos donde aparecía la fotografía de su hija Irene, viva.

Meses después, la compañía de seguros canadienses, propietaria de la aeronave, depositaba una gruesa suma de dinero en las manos del campesino. Éste la devolvió al perplejo abogado que, ante la dura mirada de aquel hombre, abandonó la idea de insistir.

En casa de Alex estaban intactos los preparativos del casamiento. Sobre las mesas quedaron cakes, bocadillos, ensalada fría, pastelillos, veinte cajas de cervezas y dos docenas de botellas de ron. Sobre la cama, enlazados, los trajes que ambos lucirían esa noche.

La madre de Felicita enfermó y al año moriría de tristeza. Entonces el padre y el hermano se mudaron para un apartamento más pequeño, pues, como iban las cosas, aquella casa se les caería encima.

Los padres de Robertico se mantuvieron alejados de los actos oficiales y de la prensa. Se repartieron el dinero del seguro a partes iguales. Fue la primera vez que se ponían de acuerdo en algo sin discutir.

Emilia, la esposa de Bebo, el sobrecargo, se vistió muy temprano aquella tarde. Había llamado al aeropuerto y cuando escuchó aquello de que el vuelo estaba demorado, las manos comenzaron a temblarle. Un rato después repetía la llamada, pero esta vez solicitó hablar con el puesto de mando. "El avión tuvo un desperfecto técnico". En el otro extremo de la línea interrumpieron la comunicación argumentando que estaban muy ocupados. Emilia percibió una turbación en aquella voz y no esperó más. Marchó al aeropuerto. "¿Qué sucedió con el 455?" A aquel piloto, ver allí a la esposa de su amigo, con la mirada concentrada y sobre todo esa

pregunta, le hizo creer que conocía lo sucedido. La abrazó, y conteniendo la emoción le dijo: "Tienes que ser fuerte".
Emilia se desmayó.

En Georgetown, la capital de Guyana, los padres y hermanos de uno de aquellos estudiantes miraban la televisión cuando el anunciador interrumpió el programa y dio la noticia.
—Ése no es el avión de George, ése es otro —dijo la madre tratando de persuadir a su esposo que se precipitaba sobre el teléfono.

Daniel, el esposo de Belkys, la aeromoza, con quien recientemente se había casado, permaneció en Barbados durante dos semanas más. Una hora después de la catástrofe se encontraba en una lancha, en la zona donde el avión se había precipitado al mar. Ayudó a subir a bordo restos de la nave y de los pasajeros. En la morgue reconoció el cadáver de una azafata, pero no era Belkys. Cuando supo que Hernán y Lugo se encontraban detenidos en Puerto España, viajó a esa isla vecina y permaneció en los alrededores de la Comisaría casi cuarenta y ocho horas. Un funcionario cubano lo reconoció y al preguntarle qué hacía allí, le respondió que estaba tratando de adquirir una pistola para matar a los dos terroristas. Ante el asombro del diplomático agregó: "No se preocupe, después me pegaré un tiro y así no comprometeré a mi gobierno".
Dos días después lograban enviarlo hacia La Habana.

El telegrama que notificaba a otro de los esgrimistas su ingreso en la escuela de Periodismo quedó durante años en la cómoda de la modesta habitación de madera donde vivía con su madre.
Al iniciarse el curso, la maestra leyó su nombre mientras pasaba la lista. Entonces los alumnos se pusieron de pie y respondieron a coro: "¡Presente!"

En Cuba, la tragedia provocó estupor, consternación, una sensación de horror, y en la medida en que se hacían evidentes las causas del desastre, una sofocante indignación. Durante varios días, una interminable fila que no se interrumpía ni de día ni de noche desfiló silenciosa ante ocho féretros que contenían los restos de los cadáveres de cubanos recuperados. Una solemne velada reunió, en una céntrica plaza, la descomunal cifra de un millón de airadas personas y durante tres semanas los teléfonos de las oficinas de Cubana de Aviación no cesaron de sonar. Eran llamadas de condolencia a los familiares de las víctimas, muchos de los cuales no se recuperarían jamás. El padre de una de las esgrimistas muertas se negó a aceptar la noticia y permaneció en el aeropuerto durante una semana, en espera del arribo de su hija. "Hay quien dirá que enloquecí —confesó a un periodista— pero la verdad es que deseo volverme loco para creer en mi fantasía. Entonces la veré descender de ese avión".

Rotman miró el reloj en la pared y comprendió que los pilotos del Cubana estaban próximos a completar los cinco minutos desde el reporte de incendio a bordo. Pero necesitarían otros tres minutos para tocar pista.

Comprendió que si algo milagroso no acontecía en ese avión, se estrellaría irremediablemente.

—Amarizar —dijo para sí, y se estremeció.

Oprimió el micrófono y, en un intento por aliviar la tensión dramática en la cabina de mando del CU-455, dijo:

—CU-455 tenemos emergencia total y continuamos escuchando.

—Si hubieran demorado cinco minutos más en alzar el vuelo...

El gerente de la línea aérea cubana, que alcanzó a escuchar lo murmurado por Rotman, lo miró sin entender.

Varios días después, éste le aclararía el sentido de sus palabras:

—La nave, por la dirección del viento alzó la proa en dirección contraria a su destino, Jamaica. Entonces realizó un giro pronunciado hasta completar los ciento ochenta grados, maniobra que le impidió alcanzar altura rápidamente. Al situarse en los radiales 315-385, inició una trepada a razón de tres mil pies por minuto. De haber despegado cinco minutos más tarde, la explosión hubiera ocurrido a unos tres mil pies de altura y a unas doce millas del aeropuerto y no a dieciocho mil pies y veintiocho millas de distancia. Para regresar, hubiera necesitado unos tres minutos.

Algo que en ese instante no sabía el señor Rotman y en lo cual pensó luego muchas veces es que, además, si hubieran despegado sólo cinco minutos después la despresurización provocada por el boquete abierto en el fuselaje, no hubiera hecho funcionar, a tres mil pies de altura, automáticamente, las máscaras de oxígeno, pues a esa altura, su funcionamiento es decisión del capitán. Y éste, al cerciorarse del fuego a bordo, no lo hubiera accionado para impedir que el oxígeno contribuyera a la rápida propagación de las llamas; incluso la tripulación, usando los extintores, hubiera podido sofocar el fuego.

"Sí —comentaría muchas veces después al hablar de aquella aciaga tarde—. Les faltaron sólo cinco minutos. Pero esos muchachos estaban muy ansiosos por regresar a casa".

Se detuvo en el rostro de la azafata. Estaba muy pálida y tenía las manos aferradas a la garganta. Entonces comprendió que había muerto asfixiada.

Sacó de la billetera la fotografía de su hija y de la esposa y las contempló durante un rato. Ahora su rostro parecía tranquilo y reposado. Su piel blanca se había tornado gris sucio. Estaba cubierto de hollín. Tosió varias veces.

Había adquirido un aire tan desamparado que, bajo esa mirada de hombre generoso, parecía como si toda la aterradora realidad externa estuviera disipada.

Un golpe de fuego hizo crujir la puerta.

Bebo cerró los ojos y apoyó la espalda y la cabeza sobre el mueble del baño, apuró otro trago y dejó caer la botella vacía. Tenía los párpados entreabiertos, pero no se le veían los ojos. Sus músculos se fueron relajando y pensó que la niña se hincaba a su lado y le acariciaba el cabello.

Tenía los brazos y la cara quemados y el resto de su cuerpo caliente y cubierto de hollín. Una nube del humo letal descendió y envolvió su cuerpo. La vista se le nubló y sintió una presión insoportable en la cabeza. De pronto, sus esfínteres se relajaron y se mojó por delante y por detrás. Se tumbó y alzó la rodilla hasta el pecho, se enroscó, abrió la boca y murió.

En el baño contiguo, Irene sentía frío dentro de aquel infierno. Un estudiante guyanés que se protegía allí oprimió el vástago del lavamanos. Ella tragó agua haciendo un recipiente con sus manos abiertas en flor, mientras, con la mano libre, el guyanés le mojaba la cara. Después le ayudó a sentarse en el inodoro y se acuclilló cubriendo con periódicos los intersticios de la puerta, en un esfuerzo por detener el humo.

Por unos instantes, Irene se sintió mejor, al menos dejó de toser. De alguna forma, un poco de aire descontaminado le había penetrado en los pulmones. La mirada del muchacho que permanecía a su lado, en cuclillas, muy cerca por la estrechez de la pieza, le infundió ánimos. Deseó conversar con él, pero presumía que no la entendería.

—Voy a estudiar medicina —dijo éste en perfecto español y trató de sonreír, pero enseguida la sonrisa se desdibujó de su rostro.

—Yo voy a tener un hijo —le reveló ella y se echó a llorar, mientras oprimía el vientre.

A treinta centímetros de su cuerpo, en el compartimiento de los desechos, la segunda bomba estaba a punto de estallar.

Wilfredo temblaba, sudaba, mientras parpadeaba furiosamente aferrado al timón. Podía escuchar su propia respiración como un animal encerrado en una trampa.

A la cabina seguía penetrando el humo, y aunque las máscaras proporcionaban oxígeno era inevitable que también alguna emanación tóxica pasara a los pulmones de los tres hombres.

Ya los gritos afuera habían cesado.

El copiloto, con los ojos desorbitados, apretó de nuevo el *carrier* del micrófono y gritó:

—¡Nos estamos quemando intensamente!

El mensaje no fue captado en la torre de control debido a que el avión volaba a muy baja altura, pero sí registrado por los pilotos del Cariwest DQ-650 que en ese instante sobrevolaba en la zona a una mayor altura.

En ese instante la nariz del avión cubano enfiló al cielo. El copiloto, sobrecogido por el pánico de quien presiente el final, miró al capitán que se abrazaba al timón. Los cables de cola se acababan de partir por la segunda explosión, la del baño. El copiloto pensó erróneamente que Wilfredo había decidido ganar altura. Por eso le gritó:

—¡Eso es peor, Felo! ¡Pégate al agua, Felo! ¡Pégate al agua!

Rotman se estremeció con aquella voz, cuyos timbres horrísonos no olvidaría en el resto de su vida.

Wilfredo se mantenía aferrado al timón como alguien que al precipitarse desde lo alto de un edificio sostiene con firmeza los espejuelos para que no se dañen. Tenía los ojos espantosamente abiertos.

Entonces lo invadió una profunda calma, como si el tiempo se hubiera detenido. Comprendió que su vida acababa allí, en ese momento, aunque aún faltaba lo peor.

En ese instante, el mar se abrió ante sus ojos.

En el yate de recreo, los turistas se habían reunido en la proa, atraídos por el inusitado vuelo de aquel avión que expedía humo por el ala y la cola. Lo vieron alzar la nariz al cielo para quedar suspendido en el aire y detenerse totalmente. Entonces se inclinó sobre el ala derecha y se desplomó.

—Cubana, éste es Cariwest 650. ¿Le podemos ayudar en algo?

Rotman escuchó en silencio. Sabía que el DQ-650 volaba en ese instante a cinco mil pies de altura sobre la zona donde se debía hallar el Cubana.

—Cubana. Éste es el Cariwest 650. ¿Le podemos ayudar en algo?

De nuevo reinó el silencio. Rotman bajó la cabeza.

El yate de recreo se acercó. Sobre las aguas flotaban amasijos de carne humana. Junto a ellos, restos de la nave y del equipaje: una gorra roja con un avión plateado en la visera, cassettes, ropas de bebito, una maruguita, una muñeca con los ojos muy abiertos, una careta de esgrima, cojines de los asientos del avión, varios extintores, dos botellones de oxígeno, y media docena de bolsos de mano, todos negros. De uno de ellos sobresalía, como una cruz, una espada.

El 6 de octubre de 1976 dos terroristas venezolanos contratados por otros dos de origen cubano, hicieron estallar un avión de la línea aérea Cubana de Aviación en pleno vuelo, con 73 pasajeros a bordo, todos civiles.

choco/02

alberto guerra

Para Alexis Díaz-Pimienta

Once de septiembre

Esta historia pudiera comenzar en La Habana, con un carro fúnebre, bajo un día lluvioso y un mar de pueblo en silencio. Minutos antes, cuatro miembros del servicio diplomático bajaron el féretro por las escaleras de la funeraria de Calzada y K, lo colocaron en el carro con sumo cuidado, acomodaron las coronas de flores y todos comenzaron su camino al cementerio. Avanzaron mientras la lluvia golpeaba sus rostros compungidos. Pudieron observarse sombrillas, grupos de pioneros, charcos, cabezas al descubierto, llanto de algunos allegados, policías deteniendo el tráfico, lágrimas confundidas con las gotas de aguacero. Desde los autos, desde las paradas de las guaguas y desde las propias guaguas, la gente comentó sobre la silenciosa marcha. Todos conocían la noticia: los choferes, los empleados, los escritores, los contadores, las amas de casa, los cantantes, los maestros, los adúlteros, las secretarias de oficina, los delincuentes, los jubilados, las viudas, los obreros, los estudiantes, los dirigentes. Absolutamente todos conocieron la noticia. Radio Reloj la había transmitido, también el Noticiero Nacional, *Granma* y *Juventud Rebelde*; los viejos que vendieron en las calles los periódicos gritaron la noticia: Ha muerto Félix García. Así, con sólo cuatro palabras, corrió de boca en boca la noticia. Ha muerto Félix García. En realidad, pocos conocían quién era Félix García, pero todos compraron los periódicos, leyeron, comentaron, se prestaron la noticia, y luego avanzaron silenciosos tras el carro fúnebre. Sabían que no era un hombre famoso como para recordarlo, no había roto ningún récord del mundo en los deportes, no era cantautor con melena y guitarra, ni político que ofreciera frecuentes entrevistas a la prensa. Acababan de enterarse de su existencia debido a su muerte. Una muerte difícil de creer. Una muerte molesta. Una muerte inusual. Félix García, con ese nombre tan común, unido a un apellido tan común, pudieron ser ellos mismos, cualquiera de ellos, exactamente cualquiera; por eso se sumaron a la marcha a medida que avanzaba el carro fúnebre, lloraron bajo la lluvia, caminaron en silencio y colocaron para siempre el nombre del desconocido hasta ayer, en el sitio donde la memoria colectiva jamás podrá olvidarlo.

Una hora más tarde, aún bajo la lluvia, en la despedida del duelo el vicepresidente del país, conmovido, advirtió a sus compañeros, al pueblo y a la opinión pública internacional que la muerte del compañero Félix García no quedaría impune, que él seguiría unido al pueblo que lo vio nacer, que quienes cometieron la afrenta, más temprano que tarde pagarán, y el 11 de septiembre, fecha del vandálico crimen, sería en lo adelante el día en que conmemoraríamos a nuestros diplomáticos caídos en el servicio exterior.

Un comienzo como éste, sin embargo sembraría en los lectores una pátina lúgubre, de lluvia y de llanto, de sepultura y de féretro, que, según he podido advertir, aleja a mi personaje de su estampa real, pues, para sus compañeros, Félix García era un hombre en fiesta permanente, con el pensamiento bien puesto en las múltiples variantes de la vida.

Prefiero, entonces, desear que suene el despertador, un simple reloj despertador sobre una simple mesa de noche y que su mano, la de Félix salga de entre las sábanas para callarlo como siempre y ganar unos minutos más de sueño. Un comienzo así, menos dramático, más natural, más humano permitiría que luego ustedes y yo, lo pudiéramos ver sentado en la cama, dispuesto a encender la lámpara, estirar los brazos, bostezar tan amplio como pueda en la soledad del cuarto y mirar al suelo. No ve las chancletas, sólo están sus mocasines con las medias dentro; más allá, sobre la silla, el pantalón junto al suéter, la camisa y el abrigo. Desastres del hombre soltero, se dice, si fuera director de cine ése sería el título de mi primera película. Soy un desastre. Con la cabeza hacia abajo trata de encontrar las malditas chancletas, tantea muerto de sueño y da con una, se levanta, vuelve a estirarse, tampoco hay que exagerar, continúa diciendo, todavía nadie se queja de mis pequeños descuidos. Enciende el radio. Camina despacio por la habitación. La voz de una locutora, en un inglés muy rápido indica que Nueva York es la mejor ciudad del mundo libre, un mundo libre donde no aparece mi otra chancleta, piensa él, mientras ella anuncia *Saturday Night Fever*, la canción del filme que todos quisieran ver, cantada y bailada por un jovencito de éxito nombrado Travolta, y en el lado opuesto de la cama, por fin, aparece la extraviada chancleta. Avanza, soñoliento, hacia el baño. Hoy tengo el día cargado, se dice, debo ir al aeropuerto, recoger los paquetes, pasar por el correo, llegar a Casa de América, y despachar con el canciller. Voy a Casa de América primero y después al aeropuerto. No. Bueno. Ya veré qué hago. Lo que no puedo obviar es el despacho con el canciller. Ah, también debo pasar por la tintorería. Ya no tengo ropa limpia. Un día difícil. Intenta orinar, nada como orinar cálido en la mañana cuando se vive por un tiempo en Nueva York, y cuando se ha observado, desde la ventana, la frialdad de las calles repletas de autos y de gente apurada, piensa, pero termina sentado en la taza, hinca los codos sobre las rodillas, pone la cabeza sobre sus manos, mira en derredor por un largo rato, estira el brazo y alcanza una *Bohemia*. Observa en la carátula la foto de Alberto Juantorena, sudoroso, muy delgado, llegando a la meta con su *espendrun* revuelto, mientras el excremento cae despacio, permitiéndole a su cuerpo el placer incomparable de todas las mañanas. Así son nuestros campeones, lee y luego se dice, también debo repartir las últimas *Bohemias* que llegaron. Un día difícil, no hay duda de que tendré que andar rápido. Vuelve a mirar la *Bohemia* con Juantorena en la portada y se imagina en ese estadio aplaudiendo al campeón de las pistas. Aplaude y mira al resto de sus compañeros eufóricos. El estadio es todo algarabía. Juantorena se tumba cansado y las cámaras no dejan de seguirlo. Es el poder de la imaginación. Nada es más potente en cualquier hombre que la imaginación. Sin embargo, en la mismísima Nueva York, no muy lejos de allí, sin que pueda imaginarlo, otro hombre, con los pantalones bajos y rostro de pocos amigos está de la misma manera en un baño, pero con una diferencia: sufre un dolor terrible de estómago. Carajo, piensa el hombre, siempre me pasa lo mismo. Deben ser los nervios. Cada vez que hay jelengue me aflojo. Concluye sudoroso, lava sus manos, echa agua en su nuca, se coloca lentamente los espejuelos, llena un vaso, mira al espejo y descubre los ojos muy pequeños de un tipo tras sus espejuelos de aumento, un tipo que engulle agua de un vaso como paliativo ante el futuro inmediato que ha llamado jelengue. Seca sus manos, pero se deja la cara empapada. Sale del baño justo cuando no muy lejos de allí, sin que tampoco lo pueda imaginar, Félix hace lo mismo.

Ya en el cuarto, cerca del par de mocasines, el diplomático cubano coloca sus manos en la cintura y comienza la primera gran misión de ese día: sus ejercicios. Uno, dos, tres, primero los giros del cuello a la derecha, a la izquierda, a la derecha, a la izquierda, uno, dos, tres, luego los hombros, uno dos tres, los brazos, uno dos tres, los antebrazos, uno dos tres, cuclillas, cien cuclillas, a las piernas hay que darles muchas cuclillas, uno, dos, uno, dos, en las piernas los músculos no desarrollan como en las demás partes, uno, dos, uno, dos, aunque uno haga miles, uno, dos, uno, dos, aquí la burumba es compleja, uno, dos, uno, dos, por suerte los hombres usamos pantalones, uno, dos, uno, dos, por suerte las canillas no se ven, uno dos.

El otro, por el contrario, ofrece la impresión de ser poco amante de los ejercicios, sólo lleva sus manos al estómago cuando los demás lo advierten y se sienta cerca de un gordo que tamborilea sobre sus piernas mientras habla a seis personas como si hilvanara un discurso ante un público inmenso. El gordo mira fijo al de los espejuelos, sonríe con cierta sorna, cambia el tono de voz: Cada vez que hay fiesta, usted corre pa'l baño, compadre. Los demás ríen. El de los espejuelos, como si tuviera calculada la ofensa, de inmediato riposta: Deje eso, usted sabe bien que en este cuerpo no hay miedo, parece que me cayeron mal los camarones de anoche. Entonces el gordo ordena silencio, entusiasta, recupera el tono anterior, se pone de pie y comienza a dar paseos por el cuarto. Muy categórico dice, así me gusta, compadre, así me gusta, los mira a todos, suspira y asegura que en gentes como ellos no puede comer el miedo, que hoy sería un día grande para la causa, que el mundo entero iba a recordar por siempre el 25 de marzo, que entre profesionales que luchaban por la libertad no podía haber tibieza, que suponía que ya hubieran quemado las fotos y los demás papeles, porque en una operación de tanta envergadura lo primero era quemar las pruebas que estuvieran en contra del grupo, que ese asunto quedó claro anoche, que se habían pasado seis meses organizando aquel plan, seis meses poniendo gente a vigilar al tipo, seis meses durante veinticuatro horas tomándole fotos cuando entraba, fotos cuando salía, hora de entrada, hora de salida, y ahora, en el último momento no podían fallar las cosas, que antes de salir iba a hacer un recuento del plan para que todo quedara bien claro...

Veintiséis, veintisiete, veintiocho. Félix intenta hacer las planchas de rigor, veintinueve, treinta, las que lo mantienen totalmente en forma, treinta y tres, treinta y cuatro, las que le permiten tener un pecho exacto, cuarenta y dos, cuarenta y tres, propicio para el traje, sesenta, sesenta y uno, mientras la locutora, sesenta y nueve, en un inglés mucho más rápido, ochenta y dos, ochenta y tres, insiste en demostrar que Nueva York es la mejor ciudad del mundo libre, noventa, noventa y uno, la ciudad que les desea a sus habitantes una mañana tan feliz como ninguna, noventa y tres, noventa y cuatro, aunque el invierno impida andar en mangas de camisa y en vestidos ligeros por sus calles, noventa y cinco, y las gotas de sudor caigan al suelo, noventa y seis, cerca de los mocasines, noventa y siete, sin imaginar, sin poder imaginar, que no muy lejos, noventa y ocho, en otra habitación, noventa y nueve, un gordo hilvana su discurso, y cien, cien planchas, ante un grupo de sólo seis personas.

...Porque la Patria necesita de actos como estos para desterrarle el comunismo de sus propias entrañas, dice el gordo, y se felicita en silencio por lo buena que le ha quedado la frase, es una lástima que el grupo sea tan pequeño, sólo somos siete, siete gatos, pero mejor así, piensa, mientras menos seamos toca más de pan y de gloria, otra buena frase, pero no la puedo decir. Miren, señores, repito el plan, que ya nos coge tarde, llega el chofer a recoger al tipo, parquea al frente, se baja como siempre a tomar café con el custodio, aparece entonces nuestro camión en la calle, les tapamos la vista, yo aprovecho y pego el material bajo el carro diplomático, entonces usted (señala al de los espejuelos), con los ojos bien abiertos espera a que se monten, los seguimos y cuando estén en Franklin Delano Roosevelt Drive (vuelve a señalar al de los espejuelos), usted aprieta el aparato y pum, *adiós muchachos, compañeros de mi vida*. Después nos perdemos a donde cada cual sabe y yo hago la llamada a la prensa. ¿Alguna pregunta?

Sudoroso, Félix mira el reloj despertador. Hora de un buen baño, piensa. Hora de un buen baño y de partir al mundo. Pero antes abre la gaveta y tantea una agenda, comprueba la fecha de una próxima actividad cultural en Casa de América y vuelve a guardarla. Entonces ve la pistola, la toma en sus manos, la contempla unos instantes guardada en el nailon, engrasada, como si fuera un objeto museable, y se dice: Por más que lo intento, muchacha, no me sirves para llevarte de paseo por la ciudad, mejor continúas tu vida así, engavetada. Vuelve a colocarla donde estuvo, se pone de pie, silba al compás de la música del radio y camina hacia el baño. La ducha de agua caliente resta sudor al cuerpo en la medida en que cae. Félix silba, Félix canta, Félix piensa en tía Eva mientras se enjabona, coño, hace rato que no voy por allá. Te está haciendo falta un buen arroz con pollo, hombre soltero. Cuando tenga un chance la llamo y de paso le llevo una revista.

El carro diplomático parquea frente a la residencia del embajador de Cuba ante Naciones Unidas. La calle, repleta de automóviles, permite poco espacio para estacionar. Algunos carros detienen la marcha, dejan jóvenes que apenas se despiden, y luego continúan. Los muchachos se saludan entre sí, varios entran a la escuela, pero otros, la mayor parte, prefieren merodear por el área cercana mientras les quede tiempo. El chofer del carro diplomático mira hacia la entrada de la residencia, no ve a nadie en la puerta. Luego mira el reloj. Aún es demasiado temprano. El custodio de la residencia se asoma. Hace señas. El chofer comprende. Un trago de café cubano. Nada como una buena taza de café. El chofer baja del carro, lo deja encendido y camina hacia la entrada. Antes mira hacia atrás un par de veces. Entra. Un camión perteneciente a Losada Fernández, según los anuncios, aparece en la esquina, avanza apresurado, se detiene un instante, un mínimo instante, frente a la residencia del embajador. Tiempo ideal para que el gordo baje agazapado, sin que nadie lo note, como culebra en plena selva de carros, y pegue el explosivo bajo el tanque de gasolina del auto diplomático. Todo perfecto. Como lo desearon. Ahora sólo falta esperar el regreso del chofer con el sabor del último café de su vida entre los labios, junto a Raúl Roa Kourí, embajador de Cuba ante la ONU.

Ambos salen de la residencia. El custodio cubano, como siempre, los ve partir, muy lejos de imaginar que el de los espejuelos junto al gordo, desde un auto aparcado a varios metros, ahora con un detonador en la mano, también lleva unos seis meses viéndolos partir, pero con una simple diferencia en la finalidad: desean que este 25 de marzo sea la última vez. Esperarán a que salgan calle arriba, que lleguen a la Franklin Delano

Roosevelt Drive, que se sientan cómodos en plena vía, y cuando menos lo esperen: Pum. Todo es cuestión de tiempo.

    El carro diplomático trata de salir de entre los tantos carros como siempre. Maniobra difícil. Vamos, acaba de salir. El de los espejuelos suda por lo mal que le cayeron los camarones de anoche, pero el gordo, aunque no come camarones, suda copiosamente también. Vamos, acaba de salir. El chofer maniobra sin saber que va camino a la muerte. El embajador de Cuba ante Naciones Unidas observa la maniobra acostumbrado a las calles neoyorquinas repletas de carros, pero con su pensamiento muy lejos de allí. Vamos, acaba de salir. El custodio comienza a encender el Popular de uno sesenta que le acabó de regalar el chofer que ahora maniobra. Vamos, acaba de salir. El gordo tamborilea sobre el timón. El de los espejuelos no quiere pensar más en camarones en salsa. Vamos, acaba de salir. Al fin el chofer, girando el timón lo más que puede, tomando las mayores precauciones, sale. No sin antes tropezar con el carro delantero. Tropieza y algo cae. ¿Qué fue eso?, pregunta el embajador. ¿Qué fue eso? El carro diplomático se detiene a un par de metros. El custodio corre hacia allí. El chofer se baja. El de los espejuelos tiene el detonador en sus manos. Todo depende de sus manos. Suénalo aquí mismo, grita el gordo. Esto parece una bomba, dice el custodio. Parece no, dice el chofer, es una bomba. Dale que están cerca, suénalo aquí mismo. No. Dale, cojones. No, que hay muchachos. Cojones. Esos malditos chiquillos están cerca. El custodio corre con la bomba hacia la esquina. Demasiado cerca. Pendejo. No seas pendejo, dame acá. No, dije que no. El chofer corre hacia el embajador. Bájese del carro, parece que nos pusieron una bomba. El embajador camina con el chofer hacia la residencia. Llama a la gente nuestra enseguida. El custodio, nervioso, echa la bomba en un latón de basura. Y llamen a la policía. Vámonos pa'l carajo, grita el gordo. El custodio corre hacia la residencia. Protejan a las mujeres y a los niños. Otro custodio de la vecindad observa cómo el custodio ha echado algo extraño en el latón más próximo a su área. Baja, registra y ve el artefacto. Lo toma y, sin pensarlo mucho, camina con prisa hacia una esquina más distante, llega a otro latón, mira hacia ambos lados, y lo echa. El gordo y el de los espejuelos discuten. Las cosas salieron mal en el último momento, carajo. Un plan de seis meses. ¿Dónde está la bomba?, pregunta Néstor García, consejero de la Misión de Cuba ante Naciones Unidas. La puse en aquel latón, dice el custodio.

Vamos a ver. Llegan varios carros de policía de la zona. Pero en el latón no hay nada. ¿Qué pasa con ustedes?, pregunta el otro custodio. Aquí había una bomba. ¿Una bomba? Sí, una bomba. Yo la puse en el otro latón, en aquel de allá. Todos corren. Cuando llegan al latón de basura tampoco está la bomba. ¿Dónde puede estar la maldita bomba? Alguien se adueñó de ella en un instante, pero, ¿quién? El camión de la basura está en la otra cuadra. Con su equipo automático descarga latones después que los tres trabajadores los revisan. Los basureros. La tienen los basureros. Néstor corre, los dos custodios corren. Los policías corren. El de los espejuelos se baja del carro, quiere preguntar qué pasó, cerciorarse del fracaso por sus propios ojos. ¿Aquí qué pasó? Parece que pusieron una bomba, responde un profesor de la escuela. El de los espejuelos vuelve junto al gordo. Nos vamos. Néstor, los custodios y los policía corren. El camión de basura está a punto de marcharse. Llegan justo cuando se va. Necesito que me devuelvas eso, le señala Néstor al chofer del camión. Pues puedes creer que no, forastero, advierte el otro. Necesito que me lo devuelvas ya. Pues no, repite increpante el chofer desde una cabina repleta con fotos de mujeres desnudas, nosotros lo vimos primero que tú, y eso es ley en cualquier ciudad, forastero. Y si te dijera que es una bomba. ¡Una bomba? Sí. Tendrás que demostrarlo. Pégala ahí, Néstor le señala a la cabina. El chofer queda sorprendido, muy sorprendido, al ver que el artefacto queda totalmente imantado a los senos de una de aquellas mujeres. Baja como un bólido. Una bomba, una bomba, grita y corre, corre y grita, junto a los trabajadores, retirándose bien lejos del camión.

La tarde del 11 de septiembre, apenas seis meses después del tremendísimo fracaso en que se convirtió el atentado al canciller cubano, el propio diplomático Félix García estaba muy lejos de imaginar que se vería envuelto en otro mortal incidente. Invitado, como tantas veces, a cenar en casa de la tía Eva, primero pasaría por la Misión a recoger a la esposa y a las niñas de Néstor García (para algo llevamos el mismo apellido, le dijo Félix en la mañana al consejero), pero al llegar (perdónenme, me compliqué en el aeropuerto), encontró que ya el propio Néstor las montaba en un carro para llevarlas él mismo: no te preocupes, Félix, le dijo, te esperamos en casa de tía Eva, y no te demores mucho que anunció arroz con pollo.

El gordo y el de los espejuelos, por su parte, acababan de apostarse muy cerca de la misión diplomática, luego de haberle perdido el rastro a un par de funcionarios cubanos, según declaró el de los espejuelos, unos meses después, ante el detective del FBI que atendía el caso. Estábamos bastante frustrados, dijo, todo nos salía mal y había que hacer algo. Entonces vieron salir a Félix completamente solo en un auto. Dale, vamos a seguirlo, dijo el gordo, que ese peje menor nos va a llevar hacia los pejes grandes. Quién quita que nos encontremos con el mismísimo canciller.

Félix García comprendió que lo estaban siguiendo cuando entró al garaje. Entonces desistió de ir directo a la casa de tía Eva, al menos no hasta que lograra evadirlos. Ya había pasado por la tintorería, ya había regalado un par de revistas *Bohemias* a los dueños y se había cambiado de ropa en la propia tintorería para ganar tiempo. Vamos, muchacho, muéstranos el camino, se repetía el gordo mientras esperaba a que el pisicorre Ford de ocho cilindros de Félix saliera del garaje. Las cosas no le podían seguir saliendo mal al grupo. Nadie los legitimaba. Nadie ponía un kilo para la causa. Todo era fracaso tras fracaso, pensó. La bomba para Castro en Nueva York el año pasado fue un fracaso. La del canciller, otro fracaso. Necesitamos una acción que demuestre al mundo que estamos vivos y actuantes. No basta con meter el virus del dengue hemorrágico en Cuba, cosa de la que se enorgullece demasiado este pendejo (y miró al de los espejuelos con asco). No. Son necesarios otros golpes, que corra la sangre, que sientan el pánico, que les cueste trabajo salir, que los comunistas y todos sus simpatizantes sepan que esta lucha no es juego. Vamos, muchacho, llévanos al queso. Vamos.

Félix García comenzó un zigzagueo por las calles de Nueva York, tratando de burlar el seguimiento. No podía llegar a casa de tía Eva con ellos detrás, tampoco quería volver a la misión, todo era cuestión de evadirlos, de doblar bien la esquina inesperada como en cualquier película. Ese 11 de septiembre estuvo muy lejos de imaginar que terminaría su vida. En la mañana, junto a varios compañeros de Chile, había conmemorado la resistencia del presidente Salvador Allende ante el golpe de Estado terrorista que emprendiera Pinochet, y ahora, en plena tarde, cruzaba con su Ford diplomático muy cerca de las inmensas torres gemelas. No era la primera vez que se sentía perseguido. Perseguir e injuriar era un jugoso negocio para algunos. Félix miró las revistas, miró las carpetas, tamborileó sobre el timón cuando detuvo su auto ante el semáforo. Recordó que también debió tener una pistola cerca, su pistola, la muchacha que nunca compartía sus recorridos por aquella ciudad porque la prefería en la gaveta, engrasada, como objeto museable y no como objeto de muerte. Entonces sintió que le golpeaban en el carro, que le gritaban algo, bajó el cristal de la ventana, el recoño de la tuya, gusano de mierda, respondió, como el mejor de los gritos posibles, y sólo pudo ver que un arma lo apuntaba.

Jagüey Grande, julio de 2002

[160] Se trata del primer asesinato en Estados Unidos de un diplomático acreditado en Naciones Unidas: 11 de septiembre de 1980.

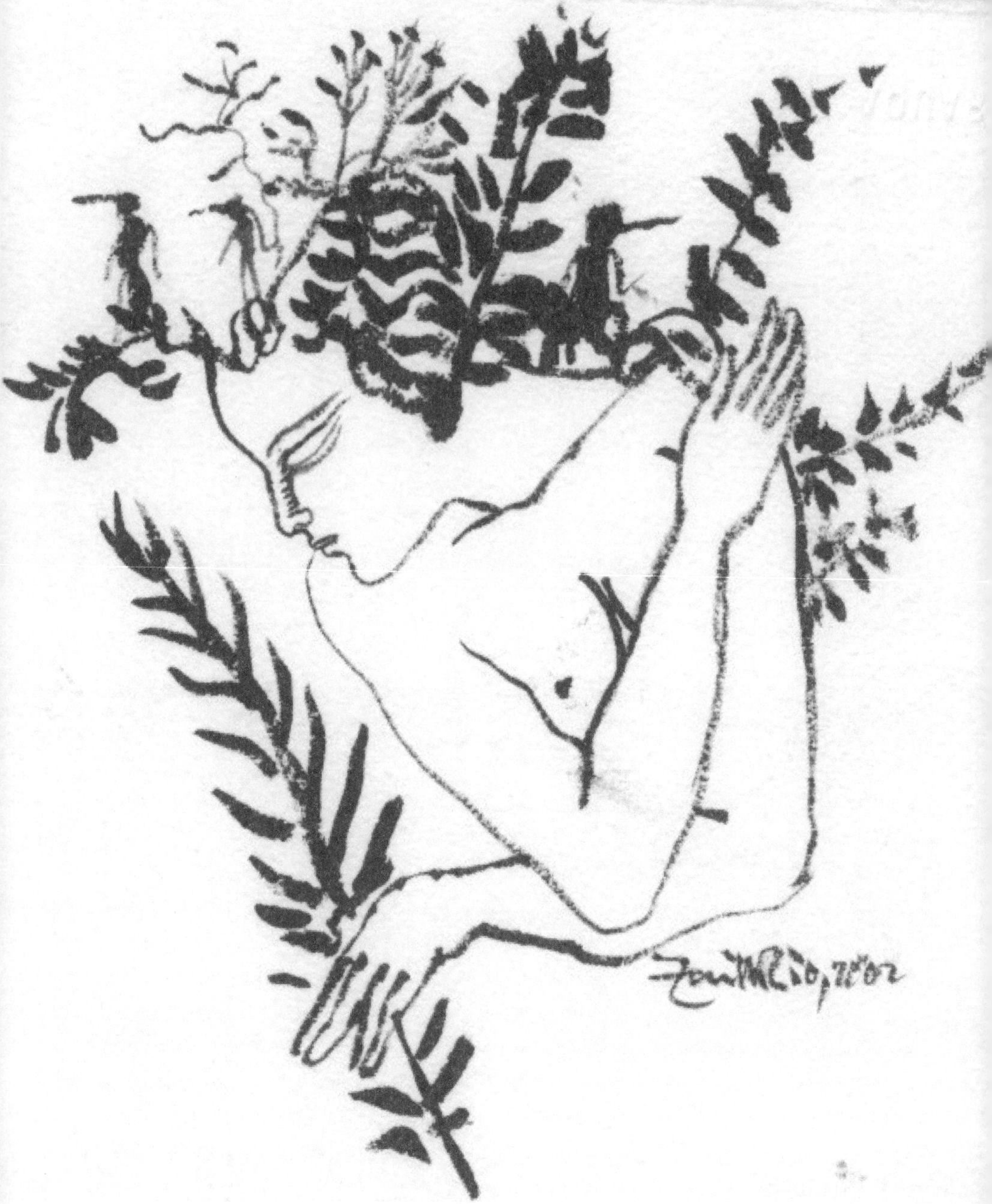

adelaida fernández de juan

*A las madres de los más de cien niños
que murieron en la epidemia de dengue de 1981,
y a todos los trabajadores de la salud*

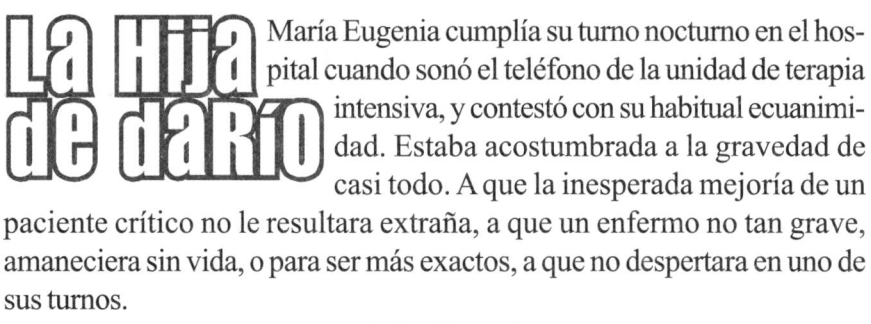

La Hija de Darío

María Eugenia cumplía su turno nocturno en el hospital cuando sonó el teléfono de la unidad de terapia intensiva, y contestó con su habitual ecuanimidad. Estaba acostumbrada a la gravedad de casi todo. A que la inesperada mejoría de un paciente crítico no le resultara extraña, a que un enfermo no tan grave, amaneciera sin vida, o para ser más exactos, a que no despertara en uno de sus turnos.

Cuatro veces por semana cubría el horario nocturno. Aunque pasó muchos años justificando su preferencia por trabajar de noche, a la altura de sus cuarenta y cinco años ya nadie creía que su hija, a punto de cumplir los once, necesitara, como ella afirmaba, de tantos cuidados durante el día.

De cualquier manera, son tan lúgubres las madrugadas en los hospitales, que a las demás enfermeras les parecía conveniente (curioso, pero conveniente) que María Eugenia insistiera en "hacer la madrugada" una y otra vez.

Once años antes (nadie lo recordaba) había llegado de La Habana al hospital del pueblo el ingeniero que estaba de visita para la supervisión del central azucarero, y fue María Eugenia quien lo atendió.

—Estoy un poco agitado —dijo—. ¿Me prepara un aerosol, por favor?

—Enseguida —dijo ella—. Pero aquí no decimos "agitado", sino "fatigado".
—A mí me da lo mismo como se diga. Usted entiende que tengo asma, ¿no?
—Claro, ingeniero, relájese que enseguida se va a aliviar, usted verá.
—¿Y usted cómo sabe que soy ingeniero?
—Ah... —y le extendió la boquilla ya conectada al balón de oxígeno—. Porque usted tiene cara de ingeniero, y de que no es de aquí. No... no me hable, siga aspirando la nebulización.

No es que aquella noche fuera especial, con más estrellas o menos calor que las otras, ni que el bagacillo hubiera dejado de ensuciar su blanco uniforme de enfermera. Ni siquiera era noche de carnaval. Es más, era una noche aburrida, y tal vez por eso el ingeniero, una vez aliviado, se quedó con María Eugenia hasta que el sol y el pito del central anunciaron que la vida del pueblo comenzaba de nuevo. Ella se vistió de prisa en el cuarto de las enfermeras, todavía sin dar crédito a todo lo que había sucedido. Para ser más exactos, sin creer todo lo que ella permitió que sucediera.

—Hoy regreso a La Habana —dijo él—. Una de estas noches te llamo.

El curso de Licenciatura en Cuidados Intensivos que se impartía en la capital de la provincia le vino a María Eugenia como anillo al dedo. Su impecable expediente, su reconocida dedicación, sus habilidades y también su incipiente embarazo hicieron que fuera escogida como la candidata idónea para el curso.

Regresó año y medio después describiendo el esplendor del hospital provincial, hablando de museos, de casas de cultura y de hoteles, mostrando a los vecinos la niña que había parido por allá, de un hombre de quien se divorciara enseguida.

Varias veces le ofrecieron viajes a La Habana para Encuentros Nacionales de Enfermería, y cada vez los rechazó argumentando que ya era bastante con que los vecinos se ocuparan de su hija mientras ella trabajaba, para también pedirles que la cuidaran cuando ella fuera a La Habana.

Sin embargo, luego de meditar largamente (las madrugadas, además de lúgubres, son ideales para meditar) llegó al convencimiento de que once años son suficientes para empezar a comprender ciertas cosas, y que cuando él llamara, *una de estas noches,* había dicho, ella le contaría de la niña, a ella le hablaría de él, y sin importar cuántos otros niños o niñas él tuviera, ella (María Eugenia) iba a decirle que era hora de ir a La Habana.

Que quería tomar helados en Coppelia, manzanilla en la Casa del Té, merendar *medias noches* en el Carmelo de 23, retratarse frente al Capitolio, sentarse en los leones del Prado, ver una película en el Yara. Que quería que la niña conociera a Silvio Rodríguez, a Pablo Milanés, aspirara salitre en el muro del Malecón y que gritara su nombre en la glorieta del parque de 21 para que el eco se lo devolviera, y todas esas maravillas que él le contó la noche en que estaba agitado (es decir, fatigado).

Todo eso pensaba decirle María Eugenia. En realidad, fue añadiendo exigencias en cada madrugada, y eliminando algunas de las iniciales. Por ejemplo, ya no le parecía buena la idea, como al principio, de decirle a la niña quién era su padre. Demasiado traumático, y además, inútil.

Cada vez que llegaban las vacaciones de verano, María Eugenia comentaba, como al pasar, *a lo mejor este año vamos a La Habana,* y también como al pasar le describía a la niña los recuerdos que conservaba de lugares desconocidos.

Dicen que en el cine Yara, que antes se llamaba Radiocentro, ponen películas muy lindas.

Y al año siguiente:

Una vez me contaron que el Carmelo de 23 es un lugar elegante que está en una avenida grandísima que se llama 23.

Y al otro:

Te va a encantar Coppelia. Es una heladería gigante con muchos pasillos y una escalera en el centro.

La noche en que sonó el teléfono, María Eugenia contestó con su habitual ecuanimidad, y le pareció escuchar:

Soy Darío. Quiero que vengas a La Habana. Te esperaré en la estación de trenes el próximo domingo.

Todo el miedo del mundo le vino encima (así lo creyó entonces). No le habló de sus deseos específicos por lugares determinados, ni de bebidas ni de helados ni de las fotos que llevaba planeando por casi once años, ni, lo peor, le habló de la niña. Esperó a que amaneciera, solicitó sesenta días de vacaciones, *sí... consecutivos... después yo trabajo doblando turnos... sí, es una emergencia... sí, claro que regreso,* fue corriendo a la estación, separó dos pasajes, y recogió a la niña.

Disponía de dieciséis horas para conversar con ella, y aunque seguía con el convencimiento de que no era buena idea decirle que el hombre que las estaría esperando en La Habana era su padre, hubo momentos, por ejemplo, entre Cacocum y Las Tunas, en que dudó.

Leyendo el largo itinerario que tenía delante, según el listado de los pueblos y ciudades en el mapa que una vez había comprado, por si acaso, mentalmente hizo el esquema de cuántas cosas podían hablar ella y su hija antes de bajarse en La Habana.

Llegando a Hatuey le describió, una vez más, el sabor de los helados de naranja piña en Coppelia, que se diferencian de los de piña glacé por el ligero componente de naranja que le agregan a los primeros en la fábrica.

La marcha del tren por Siboney, Camagüey y Florida, la dedicaron a las avenidas principales de La Habana. La niña aportaba detalles que ya María Eugenia había olvidado, y se divirtieron al confundir el Paseo del Prado con la Avenida de los Presidentes, la majestuosa L que es la calle del Yara (decían), con Línea, por donde antes pasaba un tren, y así hasta que se durmieron.

Cuando se anunció la parada de Santa Clara, María Eugenia se despertó, y aunque sintió que de pronto había mucho calor en el tren, volvió a adormilarse pensando en la felicidad que la esperaba a ella y a la niña.

Los vagones se iban atestando de muchachos y muchachas que aprovechaban ese mes de julio para irse a La Habana a pasar en grande las vacaciones, más o menos como ellas mismas.

Ya en Limonar, justo antes de Matanzas, reiniciaron los recorridos que en sus mentes, de tanto anhelarlos, conocían:

—Caminando por la Avenida de los Presidentes, se llega al Carmelo de 23, que tiene dos partes —dijo María Eugenia—: la de afuera es la cafetería, la de las *medias noches*, y la parte de adentro es el verdadero restaurán, con aire acondicionado y todo.

—¿Y no habrá *medias noches* adentro? —preguntó la niña.

—No creo, pero lo comprobaremos con nuestros ojos.

Fue en Aguacate (en Matanzas no hablaron. La niña dijo volver a tener sueño y cayó en el sopor típico de los trenes) donde María Eugenia volvió a notar que había demasiado calor. No que ella tenía calor, sino que en el tren la temperatura era inusualmente alta. Al llegar a La Habana, la niña seguía adormilada, y a las sacudidas emocionadas de la madre, se incorporó para mirar por las ventanillas.

—¿No es precioso, mi amor? —preguntó María Eugenia sin prestarle atención, buscando con los ojos a Darío. Al Darío que recordaba de una larga y antigua noche, para ser más exactos.

Varios pasajeros empezaron a vomitar en cuanto descendieron del tren, una extraña atmósfera se instaló en la estación. Muchos de los niños que habían viajado desde las provincias orientales y centrales no acababan de despertarse del todo, y las madres, al principio con extrañeza y al cabo alarmadas, comenzaron a pedir ayuda a los trabajadores de la estación, entre el resto de los pasajeros, y finalmente gritaron que alguien las auxiliara.

María Eugenia dejó a la niña a cargo de las maletas de ambas, y dispuso, con su destreza de intensivista, de los que parecían más aletargados. Los médicos de la estación aceptaron su ayuda e igualmente atónitos, iban colocando sueros de dextrosa, de suero fisiológico, de cuanta solución intravenosa hubiera en la posta médica.

Nunca habían calculado tantas emergencias al mismo tiempo. Mientras algunos enfermos no cesaban de vomitar, otros balbuceaban que sentían como si la vida se les fuera, todos con fiebre, quejándose. Los niños, cargados por sus madres, lloraban asustados pidiendo regresar a sus pueblos.

Los bancos de la estación fueron transformados en improvisadas camillas, se detuvo el tráfico por las calles aledañas y sin tiempo para anotar nombres ni direcciones, trasladaban a todo el mundo en los carros cuyos dueños habían acudido a recibir a algún conocido.

De entre el enjambre de personas que se convirtieron en camilleros, en sanitarios (imposible identificar quién cumplía esa labor oficialmente y quién lo hacía de forma voluntaria), a María Eugenia le pareció ver a Darío. Fue justo en el momento en que el jefe de estación comenzaba a decir por los altavoces que todos debían conservar la calma, que ya venían en camino las ambulancias, *que los niños van a recibir atención en el Pediátrico de Centro Habana... los adultos irán al Calixto García... por favor, que nadie olvide el carné de identidad... ya llegan las ambulancias...*

María Eugenia, quedándose en medio de la estación, del bullicio, de la confusión, olvidó por dónde le pareció haber visto a Darío. Corrió hacia la esquina donde estaba la niña, y sólo encontró las maletas. Fue empujando a cuanto obstáculo se le interponía, saltando entre los pocos bancos que quedaban, sin dejar de gritar el nombre de su hija.

Todo el miedo del mundo se le vino encima (creyó entonces), y sin saber a quién pedir ayuda, se dirigió hacia la puerta por donde estaban llegando las ambulancias.

Nuevamente le pareció ver a Darío. Es más, le pareció que Darío la estaba mirando. Para ser más exactos, le pareció que a Darío le estaba pareciendo que la veía, pero fue en el momento en que la sirena de la primera ambulancia anunciaba que ya se iba. María Eugenia sólo atinó a pedirle al chofer que le permitiera mirar si su hija iba allí, en una de las camillas del fondo.

La tradicional división del hospital pediátrico en pabellones separados según las enfermedades, tuvo que ser violada. Una vez abarrotadas todas las salas, los médicos y las enfermeras colocaron camas en los pasillos, en los salones de espera, en los cubículos para curaciones y en todos los lugares donde pudieran asegurar un portasueros.

María Eugenia reconoció a varias madres que habían viajado junto a ella en el tren, y a los niños que, como su hija, llegaron por primera vez a la ciudad de los cuentos. Aunque estaba profundamente abatida, intentaba dar ánimos a las demás, y a pesar del letargo permanente que mostraba la niña, se hizo cargo de la vigilancia de los sueros de la sala. La enfermera de turno llevaba más de cuarenta y ocho horas sin descansar, así que le agradeció poder sentarse un rato en la escalera de la entrada. María Eugenia recorrió durante toda la madrugada, una por una, las camas donde yacían niños de varias provincias, incluyendo de La Habana. Alentaba a las madres con la ilusión de animarse ella misma, y a espaldas de todas les pedía esperanzas a los médicos, que no dejaban de correr de un sitio a otro, sin tiempo para explicaciones, en el desesperado intento de salvar a los niños que agonizaban y morían en cuestión de minutos.

La enfermera que había ido a sentarse en la escalera fue quien le avisó. Se llevaban a la niña para la unidad de cuidados intensivos, porque no era posible controlar el sangramiento que había comenzado por el sitio de la puntura venosa.

María Eugenia intentó comportarse con su habitual ecuanimidad, con el profesionalismo de sus muchos años de experiencia, con la dureza que corresponde a una madre soltera, con el aplomo que otorga la profesión más exigente del universo, pero todo el miedo del mundo se le vino encima (ahora sí, definitivo) y se negó a que se llevaran a su hija en camilla, como a los demás.

La cargó ella misma, apretándola contra su pecho, y recorrió volando el espacio hasta donde la esperaban médicos y enfermeras tan exhaustos como los demás.

No hubiera podido soportar que le dijeran las frases que tantas veces ella misma pronunciara, *hicimos todo lo posible* o cosas por el estilo, sabiendo que no ofrecían ni el más mínimo consuelo, así que entró con la niña y entre todos la entubaron, y con todos la acopló a un respirador artificial, ayudó a todos a buscar alguna vena que resistiera, y cuando todos la abrazaron porque todo había sido en vano, a María Eugenia le pareció ver a Darío.

A través del cristal de terapia intensiva le sostuvo al fin la mirada, porque ya no le interesaban ni Coppelia ni el Carmelo ni el Prado ni las grandes calles. Es más, porque ya ni el amor le interesaba. Para ser más exactos, porque ya no le interesaba absolutamente nada.

En 1981 se desató en Cuba una epidemia de dengue que en pocas semanas costó la vida a 158 ciudadanos, de ellos 101 eran niños, y afectó a 344 203 personas. Se pudo comprobar que los primeros casos aparecieron de forma simultánea en tres localidades de la Isla distantes entre sí más de 300 kilómetros. No hubo ninguna explicación epidemiológica para la interpretación de estos hechos como una infección natural. La aparición de forma sorpresiva sin que existiera actividad epidémica en la región de las Américas, ni en ninguno de los países con los cuales Cuba mantenía un importante intercambio de personal, así como su aparición simultánea en distintas regiones del país, son elementos de soporte a los estudios realizados por científicos cubanos de reconocido prestigio, con la cooperación de homólogos extranjeros altamente especializados en la detección y lucha contra las agresiones biológicas. Meses después, durante un juicio celebrado en la ciudad de Nueva York, contra el terrorista cubano, residente en esa ciudad, Eduardo Arozena, éste confesó haber introducido el virus del dengue hemorrágico en Cuba.

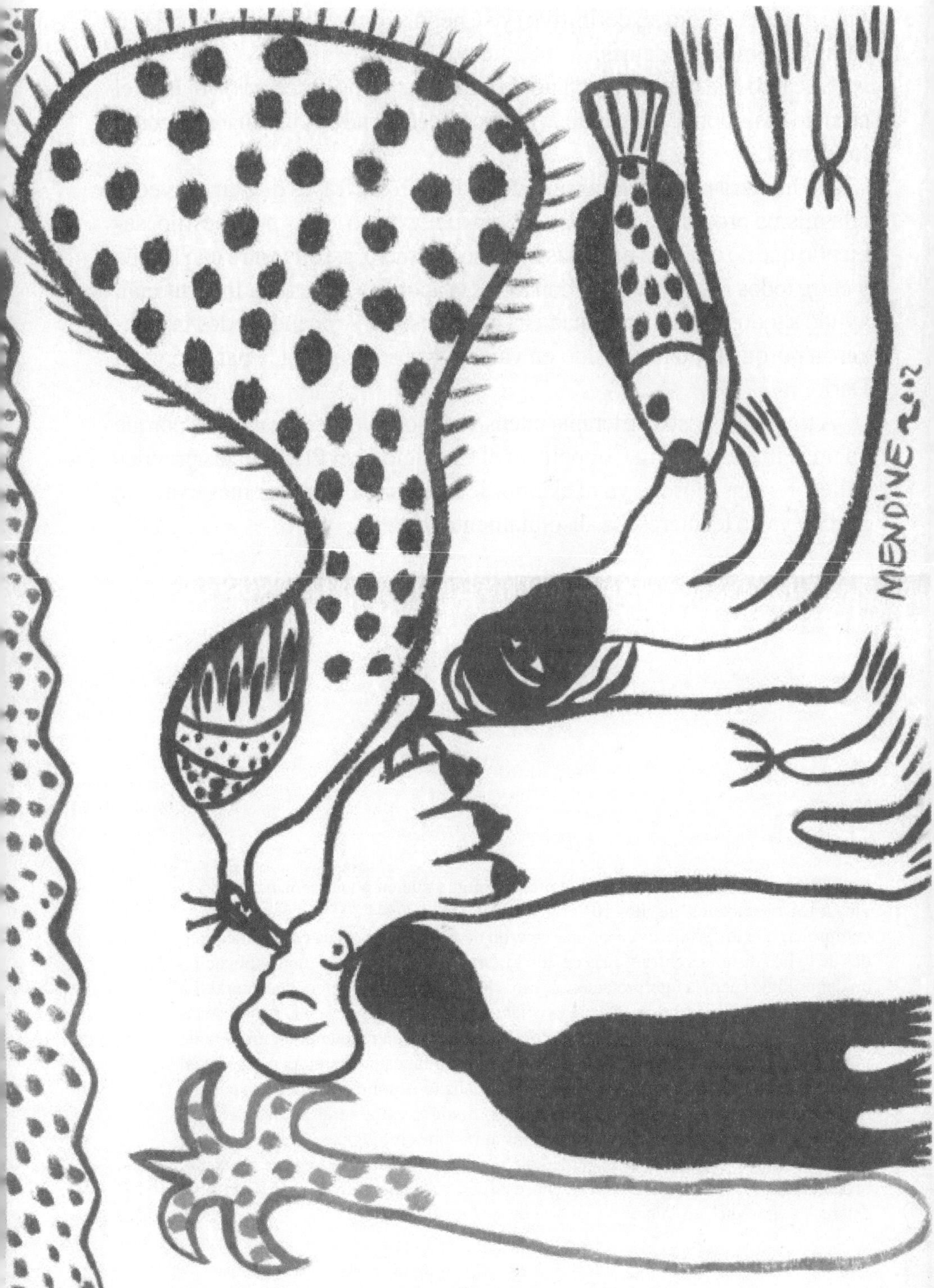
MENDIVE

jesús david curbelo

Para Manuel Mendive

Ave féNix

Maferefún, Ochún Funké, dijo El Maestro, e introdujo el pincel en el denso amarillo de la paleta. Maferefún, Yemayá Yalode, dijo, y lo mojó en el azul marino. Maferefún, Changó, y el rojo acudió a nutrir la sed del lienzo. Maferefún, Ogún, e incorporó el verde del monte. Se mezclaron con el negro de Eleguá Alaroye, que ya vivía en el dibujo del pájaro que besaba los senos a las hembras danzantes, recortando sus figuras del fondo blanco que Obatalá les donara desde los orígenes del mundo. Los cuerpos fueron llenándose de un deseo anterior a la carne misma, un deseo que latía por siempre en el espíritu de El Maestro. Su mano, instrumento de Olofi para infundir y difundir la vida en aquellos seres, volvió una y otra vez de la tabla a la tela, con la precisión erótica de un orfebre que pule la piedra hasta obtener de ella el brillo del amor. De eso se trataba, de amor, de felicidad, de armonía; de borrar, en el delirio de la Creación que es la creación, cualquier atisbo de resentimiento, de odio, de miedo porque, a la postre, sólo el amor engendra melodías. Y la música, pensó El Maestro, es la expresión sublime de la existencia de los dioses.

El hombre entró en la galería Habana con la intención de comprar alguna pieza para regalarle a su mujer. Fue observando con cuidado cuanto estaba en exposición: Mariano, Portocarrero, Servando, Amelia. Serigrafías de los clásicos de la pintura cubana a unos precios realmente asequibles. Pensó en su mujer: desnuda, hermosa, y quiso algo que se la recordara siempre. Entonces descubrió las bailarinas que se besaban con el pavo real. Manuel Mendive, leyó. Me lo quedo, se dijo. Estaba seguro de que le iba a encantar a su mujer.

Efectivamente, le encantó. La cartulina estuvo en la sala varios meses, recibiendo el halago de unos y la reticencia de otros ante el escándalo de las mulatas revueltas con el ave en un baile de alta carga erótica. Como mi esposa, pensaba el hombre. Y era cierto: la sorprendió una tarde acostándose con el vecino. Después supo que no había sido el único, y estuvo a punto de enloquecer. En uno de sus ataques súbitos trató de emprenderla con la pintura. El amigo que le acompañaba se lo impidió. No seas bobo, le dijo, hay quienes te la compran a muy buen precio.

Como quien se deshace de un lastre insoportable, el hombre vendió el pavo real. Luego se sintió aliviado.

Para El Maestro, pintar pavos reales era una obsesión. Más que una obsesión, una ceremonia. El pavo real, símbolo del amor y la felicidad en la Regla de Ocha, constituía uno de los atributos de Ochún y Yemayá, las diosas danzantes del mar y los ríos, las hembras que enloquecieran de apetito a todos los machos del panteón. El ave en sí misma, por su belleza, había sido siempre asociada a las divinidades; ahí estaba, para confirmarlo, el mito iraniosufí de que Dios, al crear el espíritu del mundo, lo colocó en la imagen del pavo real y éste, al contemplarse en un espejo, conmovido por la grandeza de lo que veía, vertió las gotas de sudor de las cuales surgieron los demás seres. Para los griegos, significaba el ave de Hera, y los lunares de su cola se identificaban con los ojos de Argos y debían custodiar a Io, la vaca de la luna. En el antiguo Egipto se le asociaba con el sol, venerado en el templo de Heliópolis. También en la India y el Asia, diversas tradiciones incorporaban al pavo real en los motivos solares, dándole la connotación de abundancia, fecundidad e inmortalidad. Incluso aparecía, en buena parte de la iconografía cristiana, bebiendo de una copa eucarística, picoteando los frutos de la vid, o custodiando el árbol de la vida en el Paraíso. Y El Maestro, con esa sabiduría ecuménica que da el talento, pintaba sin tregua pavos reales con la certeza de estar penetrando el misterio de la existencia y dando testimonio de su alegría por estar en paz con sus ancestros.

—Cinco mil dólares, a la una; cinco mil dólares a las dos; y cinco mil dólares a las tres —gritó el subastador—. Vendido al señor el lienzo de Víctor Manuel por la suma de cinco mil dólares.

Se escuchó un murmullo de admiración entre la multitud que colmaba el Museo Cubano de Miami.

—Y ahora —volvió el rematador—, continuamos nuestra subasta de arte cubano con una pieza de Eduardo Abela, uno de los más conocidos pintores de la vanguardia. Sale por un precio inicial de quinientos dólares.

La puja fue larga, tensa. Varias personas pugnaban por apropiarse de la tela. Una oportunidad como aquélla era bastante ocasional. De hecho, era la segunda vez que se producía en años. Y eso a pesar de la fuerte protesta de algunos sectores que acusaban al museo de comerciar con obras pertenecientes a artistas que le hacían el juego a Fidel Castro y participaban de la oscura política cultural que su gobierno implantara en la Isla. En los días anteriores a la venta pública, habían circulado, por las emisoras de Miami, cartas de denuncia contra la dirección del establecimiento, y hasta un grupo de artistas emigrados se personaron a protestar y a pedir la renuncia de los miembros de la Junta Directiva que habían facilitado la presencia en la ciudad de tales obras.

El Abela fue vendido en tres mil doscientos dólares y el subastador anunció el siguiente nombre: Portocarrero. Después de otra dilatada porfía, una señora lo obtuvo por cuatro mil ochocientos. Y siguieron las propuestas: Amelia, Servando, Carmelo González. Y continuaron los dólares, por cientos y miles, resonando en el ámbito del salón.

Al Maestro lo llamaron enseguida para comunicarle la noticia. En los primeros momentos no lo quiso creer. ¿A quién podía ocurrírsele semejante atrocidad? ¿Cómo era posible que alguien con un mínimo de cordura se dedicase a cosas de tal índole? ¿Estaba seguro su interlocutor de lo que contaba? Que sí, coño, que sí; si hasta había sido filmado por la televisión. ¿Y qué cosa podía hacerse ante eso?, preguntó. ¿Una denuncia? ¿Un pleito? No, dijo la voz al otro lado del hilo; en todo caso, sentir por él una lástima tremenda. Puede ser, dijo El Maestro, pensativo. Y luego averiguó: ¿Y no tienes más detalles? Algunos, le contestó la voz, pero a lo mejor no te gusta oírlos. No importa, respondió El Maestro, la curiosidad es el inicio del conocimiento.

Hacia el final de la oferta, pasaron a las serigrafías. Fue el momento en que uno de los miembros del grupo que boicoteaba la velada alzó su ficha y gritó:

—Ciento cincuenta.

Otra voz ofreció ciento ochenta.

El conductor de la subasta retomó su sonsonete, pero no alcanzó a pasar de la segunda vez.

—Doscientos —vociferó el primer competidor.

—Doscientos, dice el caballero —recalcó el subastador.

—Doscientos cincuenta —dijo el contendiente.

—Trescientos.

—Trescientos cincuenta.

—Cuatrocientos dólares —escandalizó el primer interesado.

Un silencio sospechoso invadió la sala.

El maestro de ceremonias tornó a su provocación:

—Cuatrocientos dólares ha propuesto el señor del fondo.

Las miradas se volvieron hacia el otro adversario. El hombre mantuvo el silencio.

—Cuatrocientos dólares a la una, cuatrocientos dólares a las dos, cuatrocientos dólares a las tres —pronunció, alborozado, el subastador—. Vendido el *Oshún y el pavorreal*, de Manuel Mendive, por cuatrocientos dólares.

Fue la última pieza de la noche.

El nuevo dueño depositó la suma prometida y se alzó con su trofeo.

—Ahora verán ustedes para qué sirven estos muñecos de los comunistas.

Todos lo contemplaron atónitos.

El hombre salió del museo y afuera, ante las cámaras de la televisión, sosteniendo la lámina por una punta, le pegó fuego por la otra con su encendedor.

Nadie atinó a detenerlo.

Unos se alejaron, disgustados. Otros, risueños, corearon consignas contra el gobierno de Castro.

El hombre soltó la cartulina ardiente y las llamas rojas, verdes, amarillas y azules terminaron siendo un montón de cenizas sobre el pavimento.

El Maestro colgó el teléfono.

Por la ventana de su cuarto pudo contemplar el sol alzándose sobre los techos de Madrid.

Maferefún, Olorun, dijo, y saludó, también, a Olodumare y a Olofi.

Luego bajó a su estudio, preparó un nuevo lienzo, dispuso los colores en la paleta, pidió la bendición de sus santos y comenzó a pintar.

Este acto fascista contra la cultura fue realizado por un miembro de la Fundación Nacional Cubano Americana el día 22 de abril de 1988.

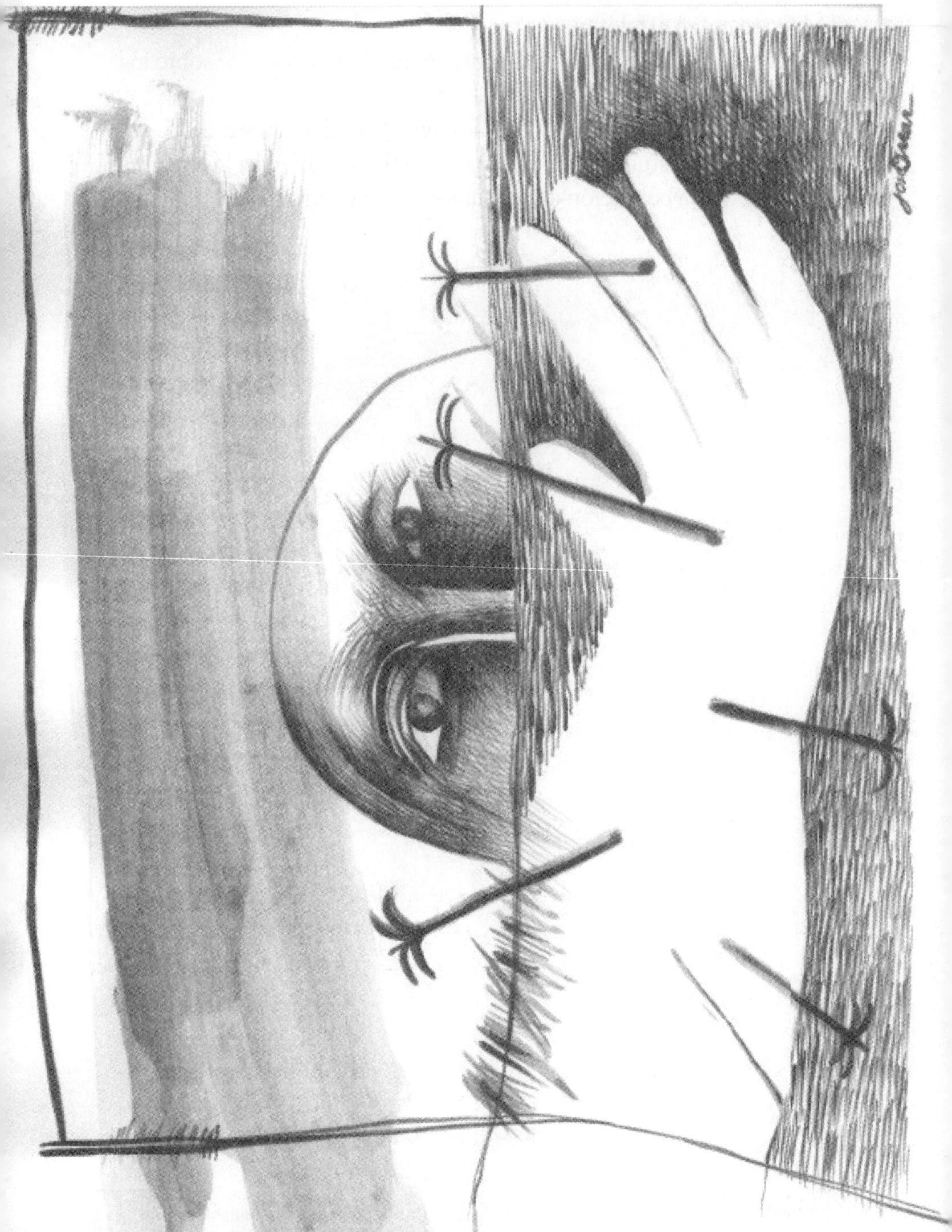

rogelio riverón

Para Emilio Comas Paret

La noche de los fantasmas

Así que esto es el pedraplén, se dijo H.H. y suspiró. Estaba nervioso, pero trataba de convencerse de que aquél era el estado óptimo del guerrero: *no estoy* nervioso, *sino alerta*, pensó, mirando hacia adelante, donde suponía que estaba la costa; la costa real, es decir, Cuba.

Habían desembarcado un rato antes, en el pedraplén, y H.H. calculaba que hasta tierra firme debían quedar unos ocho kilómetros. El pedraplén, un descomunal brazo de rocas todavía sin asfaltar que los nuevos aires turísticos habían lanzado en pos de los cayos al norte de Caibarién, les ofrecía la ventaja de un camuflaje previo. Quien lograra desembarcar allí podía transformarse en una sombra, en un pescador virtual, un pescador de teatro, etéreo, transformista: un espectro letal que, en la noche impune, se deslizaría seguro hacia su meta. Y ellos lo habían conseguido: allí estaban.

Poco después del desembarco el grupo se escindió. De los siete que traía la lancha, cuatro se quedaron rezagados, y tres decidieron adelantarse: el Samurai, Big Truck y H.H. Avanzaron sin muchas precauciones, escoltados por el rumor del agua en los costados del pedraplén, y el aire que venía de tierra les sugería un optimismo engorroso, pero repetitivo. En un breve alto H.H. descubrió la Luna. Era un semicírculo mezquino, demasiado amarillento esa noche, que, por alguna causa, le recordaba las lunas de su niñez. Comprendió que aquella visión no compaginaba con el optimismo que traía la brisa.

—No se ve nada —dijo Big Truck.

—Nada —convino el Samurai.

H.H. guardó silencio.

—¿Tienen listos los hierros? —preguntó Big Truck, por preguntar. Después suspiró.

Imbécil, pensó H.H., pero respondió:

—Claro. Para que arda Cuba.

La frase había empezado a gustarle desde que se le ocurrió, en Miami, a poco de ser reclutado. *Te entrenaremos para infiltrarte en la Isla*, le dijeron. *En unas semanas estarás listo para hacer que vuele en pedazos hasta el alma de tus parientes*, le dijeron. *Una fiera con cara de fiera*, le dijeron. Y H.H. respondió: *Arriba. Que arda Cuba*.

Unos días antes de la partida H.H. notó que su hija se encerraba a leer. *De un tiempo a esta parte*, le comentó, *no hay quien te desprenda el librito de los ojos*. La muchacha sonrió. ¿*Qué libro es ése?*, quiso puntualizar H.H. y, como ella le mostrara la portada, leyó:

—*Moby Dick*, Herman Melville.

—Deberías leerlo —le dijo la hija—, yo no imaginé que fuera algo tan bueno.

H.H. hizo un gesto que desestimaba el deslumbramiento de la muchacha. Por lo general, leía los periódicos y quizás alguna revista, pero no libros. Sin explicárselo bien, sin embargo, se sirvió al poco rato una copa, cogió la novela, se acomodó y se puso a leer. De forma lenta, brumosa, lo atrajo aquel fantástico duelo entre un hombre y una ballena. Le gustó el empecinamiento del capitán Ahab por matar a su inesperado rival. Leyó muchas páginas aquellos días, pero cuando por fin le hicieron saber que era la hora de zarpar, aún no había terminado con el libro.

H.H. decidió que *Moby Dick* lo acompañaría en el viaje a Cuba. Cuando la línea de la costa comenzó a derretirse sobre el resplandor de las aguas, abrió el libro y trató de asimilar el odio de Ahab por el pez. Después, mientras montaba su fusil y lo probaba tiro a tiro contra las nubes del crepúsculo, se soñó Ahab y se sintió importante: iba sobre el mar en busca de su enemigo y en busca de su leyenda.

—Casi se nos jode la pesquería —dijo el médico—. Era tanta el agua que caía, que tuve miedo de que no parara nunca más.

—Por eso te negabas a venir —dijo Juan Ángel, al timón—; el que casi la jodes eres tú.

Ovidio, al lado del chofer, los escuchaba. Risueño, pero en silencio. Caibarién, bajo el doble barniz de la noche y de la lluvia reciente, recobraba un poco de su pasada altivez y Ovidio pensó que le gustaba su ciudad sin alcantarillado, de pocos árboles, de soles abusivos, pero dispuesta siempre a renovarse. Razonaba como todo el que vive cerca del mar, que se sabe bendecido por esa circunstancia y difícilmente logre acostumbrarse a una existencia tierra adentro. Las calles mojadas y solas le sugirieron un ambiente ficticio, de mucha calma bajo el cielo ahora despejado de octubre, y entonces pensó que no hubiera sido mala idea quedarse en casa aquella noche, recesar en los afanes de pesca a que estaban acostumbrados él y sus amigos.

—Está rara la noche —comentó el médico—, parece una noche de película de misterio.

Ovidio miró al médico, extrañado de que hubiera manifestado una idea tan similar a lo que él mismo pensaba segundos antes.

—Acá el socio viene sin ímpetu; tú verás que todavía nos fataliza la pesquería —dijo Juan Ángel, señalándolo.

Ovidio sonrió, sin decir nada. Juan Ángel volvió a hablar:

—Nunca había visto a Ovidio tan callado.

—Verdad —lo apoyó el médico.

—Estaba pensando —explicó Ovidio.

—Pensando... —se burló Juan Ángel.

—Estás muy pensativo hoy —(el médico).

—Desde que salimos —(Juan Ángel).

—Me parece que no soy el único que hubiera preferido quedarse —(el médico).

—Ya veo —(Juan Ángel).

—No jodan más —(Ovidio).

Hicieron silencio. Juan Ángel, al timón, comenzó a reír. "Pa' quitarnos la modorra", dijo el médico y sacó una botella.

Ovidio esperó su turno y bebió un trago del ron bastardo que traía su amigo. Sin una aparente razón, o quizás porque iba rumbo al mar, recordó a su hijo y una conversación con él esa misma tarde, mientras alistaba los anzuelos y los cordeles. El muchacho le preguntó por un libro, por *Moby Dick*. Ovidio recordaba la novela. La recordaba bien, porque en sus mejores tiempos de lector lo había impresionado la ambigua sordidez de su trama. Pero no la conservaba. Entonces le prometió al hijo que se la conseguiría, "la pido prestada, me la robo, la vuelvo a inventar", exageró en broma, "pero tiene razón el que te la recomendó".

—Lo que pasa —comentó el muchacho— es que, según me han dicho, en *Moby Dick* los personajes son como fantasmas, que son y no son, y en ese estira y encoge pasan las cosas más increíbles.

"Fantasmas", pensó Ovidio. "No se me hubiera ocurrido". Y admitió que *Moby Dick* era en verdad un gran libro, pero él, con alma de poeta al fin y al cabo, prefería como personaje al de la ballena. "Señores", dijo de pronto, "estoy buscando una novela de Herman Melville: *Moby Dick*". Juan Ángel entonces le echó una mirada de soslayo y dijo una palabrota. "Así que vienes todo el tiempo en silencio, como si estuvieras peleado con nosotros, y cuando abres la boca es para pedir un libro de sabe Dios qué época".

—Es para mi hijo —aclaró Ovidio.

—Bueno, si es así... —(Juan Ángel).

—Dejen para después el librito, que ahí está la entrada del pedraplén —(el médico).

Yo cuidaba los equipos del pedraplén. En una explanada que le servía de preámbulo, hecha de tierra blanca sobre la que comenzaban a congregarse al anochecer camiones, buldózeres y todo tipo de hierros que chorreaban cansancio. También controlaba la entrada de los pescadores. Había quienes podían pasar, había quienes no, y yo chequeaba sus papeles y los mandaba a seguir o a volver para sus casas.

Aquel día llegué a las seis. Era octubre y oscurecía temprano. Como había llovido por la tarde, me dispuse a esperar a los mosquitos, que no me defraudaron. El aire venía de tierra. Era una brisa escasa que llegaba a intervalos, como si el mar tirara de ella con trabajo. Caminé entre los camiones con el fusil al hombro, fingiendo que no me importaban los mosquitos, que no me importaban las doce horas que debía permanecer en vela, sonambuleando por la explanada. Llevaba un rato de aquí para allá cuando apareció un hombre, a pie. Le pedí que se detuviera. Le pedí el papel que lo autorizaba a adentrarse en el pedraplén. Respondió de mala gana. Me hacía saber que no tenía salvoconducto, que era un hombre en busca de pescado para su familia, y no se daría la vuelta así como así. "Pues no puede seguir", le aseguré. A pleno día hubiera visto el odio en sus ojos, pero en la noche fantasmal sólo atisbé sus movimientos secos y sus palabras con ira: "Pinga. Como si hubiera que pedir visa para entrar ahí. Eres un extremista. A tipos como tú yo los apuñalara".

Pero se fue.

Volví a caminar entre los camiones. Me subí a uno y conecté la radio. Un locutor avinagrado invitaba a la misma música de siempre y comentaba la falta de frío aquel año. Apagué la radio y bajé, porque un reflejo del lado de Caibarién me avisaba de la cercanía de un carro.

Eran Juan Ángel, Ovidio y el médico. Nos conocíamos de allí mismo. Pescaban en el pedraplén con mucha frecuencia y cuando yo estaba de guardia conversábamos un poco. Dijeron que habían ido de casualidad esa noche, pues el aguacero de por la tarde los puso a dudar. "Tanto, que hay uno como en el limbo", dijo Juan Ángel riendo, mientras miraba a Ovidio. Reí también y entonces el médico agregó: "Ovidio está hoy medio romántico. Ahora, para colmo, quiere que le saquemos un libro de debajo de la tierra". Como no sé de libros, debí callar cuando Ovidio repuso que el libro era importante, que en realidad era su hijo quien lo quería, y el médico lo interrumpió: "No te preocupes, Ovidio, *Moby Dick* se encuentra fácil, ya verás como aparece". Ovidio me miró satisfecho y le dijo a Juan Ángel: "Arranca. Dale, que allá alante hay un montón de peces impacientes por darnos la bienvenida".

H.H. quería salir cuanto antes del pedraplén. La misión para la cual fueron contratados estaba a muchos kilómetros de allí, en las lomas del Escambray, y si lo pensaban detalladamente, no tenían muy claro cómo era posible llegar a ellas. *Por lo pronto estamos ya en Cuba*, dijo Big Truck. *Si pudimos atravesar el mar, atravesamos lo que sea. Debemos movernos sólo de noche*, explicó el Samurai. *A menos que tuviéramos un carro.*

—Y lo tenemos —dijo H.H.

—¿Qué quieres decir? —preguntó Big Truck.

H.H., sin responder, señaló hacia atrás, donde habían comenzado a brillar los faros de lo que parecía un automóvil. Por instinto, se agazaparon a un costado de la vía y se quedaron mirando a las luces aún estáticas, mientras alistaban las armas. Por unos segundos se escuchó apenas el susurro del mar a sus espaldas y el golpe breve de una mano que pretendía matar algún mosquito. El auto demoraba en arrancar. El Samurai propuso salir a su encuentro, pero H.H. se oponía.

—Nos será fácil sorprenderlos —insistió el Samurai—. Llegamos sigilosos como lobos y les caemos encima.

Big Truck comenzó a toser. *Aguántate esa tos*, *Big Truck*, mandó H.H. *Y tú, Samurai, reserva las ganas de ser héroe para cuando estés en las lomas*. Y reiteró la orden: *esperar*.

La luna seguía escuálida y la madrugada, ahora seca, no tenía más señales que su monotonía y aquellas luces a la distancia, como una provocación inmóvil. El Samurai seguía impaciente, pero no deseaba enemistarse con H.H. Big Truck parecía indeciso. En realidad, hubiera preferido obviar aquella escena de *suspense* y aparecer por arte de magia instalado ya en el Escambray. H.H. miraba fijamente a las luces. Iba a comentar algo cuando le pareció que se movían. Se concentró más.

—Viene —susurró.

El Samurai saltó al medio del pedraplén, pero H.H., con una maldición, lo obligó a regresar. *Esperen mi orden*, mandó. Los minutos que siguieron le sugirieron años a Big Truck. Comprobaba el seguro de su arma para ver si estaba retirado, se palpaba la pistola en la cintura y el cuchillo que tenía adosado a una pierna. Las luces avanzaban. Por fin se dejaron acompañar por el graznido de un motor, y un cono de claridad hizo real el salto de H.H., quien, rodilla en tierra, apuntaba al parabrisas del automóvil. Ovidio, Juan Ángel y el médico, incrédulos, vieron salir de la cuneta a Big Truck y al Samurai, que también los encañonaban.

—Sorpresa —se rió H.H.

—¿De dónde viene este Lada, de Miami? —(Big Truck).

—Saliendo, saliendo —(el Samurai).

—Con las manos en alto —(H.H.).

—O se mueren aquí mismo —(Big Truck).

Salieron. Los otros les seguían apuntando. *No tenemos armas*, dijo Ovidio, *dejen de encañonarnos*. ¡*Cuidado*, gritó H.H., *que los mato y no pasa nada*! *No tenemos armas*, insistía Ovidio. *Eso nunca se sabe*, comentó H.H. con ironía, *así que callados y con las manos en alto*.

Ovidio fue a replicar, y entonces H.H. gritó algo y disparó. Ovidio se derrumbó a sus pies. El médico y Juan Ángel saltaron al agua y H.H. continuó disparando. El Samurai corrió a su lado y le rogó que dejara de hacerlo, *mira que los tiros pueden llamar a la gente*, explicaba alarmado.

—Vamos —convino H.H. y maldijo.

Entraron al auto. H.H. se acomodó frente al timón, pero no logró que el Lada echara a andar.

—Mira a ver qué le pasa a esto, Big Truck —ordenó.

Big Truck arrancó.

—Ya nos vamos pareciendo a un ejército —rió H.H.—, por lo menos andamos en carro.

Yo no escuché los tiros. Era que la brisa soplaba hacia el mar. Por eso al ver las luces pensé en mis amigos. "Qué pronto se aburrieron", dije y salí a recibirlos. Por el ruido del motor comprendí que el Lada venía a gran velocidad. "Estarán medio borrachos", supuse, y como ya el carro se detenía, me acerqué. La poca luz de la luna me dejó ver que alguien me apuntaba desde el asiento al lado del chofer. Después oí los insultos, y que me rindiera. Simulé entregarles el fusil. Me lo descolgaba despacio, fingiendo que se los daría por la ventanilla, tal como me habían mandado, pero en un instante salté hacia atrás. Vi el fogonazo, escuché el sonido tajante del arma que me apuntaba y disparé también, desde el suelo, tiro a tiro, fuera del alcance de las luces del Lada. Comenzaron a gritar. Aseguraban que los había herido y se iban a entregar, pero que eran muchos, que detrás venían más, que se trataba de un desembarco. "Salgan, cojones", respondí.

Eran tres. Dejaron los fusiles dentro del carro, como les ordené a gritos, y comenzaron a salir. Uno pretendió acercárseme y de un golpe en la sien lo dejé arrastrándose a mis pies. Fui a patearlo, pero me contuve. Resultó que había herido a dos. Los puse contra un camión, delante del Lada, de modo que las luces me mostraran lo que hacían. "¿Qué hicieron con mis amigos?", les dije con violencia. "Nada", aseguraron. "Les quitamos el auto y ya". La herida de uno era un simulacro, una zanjita en la piel, pero el otro enseñaba un hueco en un brazo y gemía. "Déjeme curarme", decía a cada rato, pero yo me negaba. "Me muero", exclamó una vez. "¿Y bien?", le repliqué.

Empezaba a preocuparme la posibilidad de que éstos fueran realmente la vanguardia de un grupo mayor. Si aparecían otros, yo no podría controlarlos, y me matarían. Eran apenas las dos. Tenía tanta madrugada por delante, tanto tiempo solo con aquellos tipos que me aseguraban ser parte de un ejército, que tuve miedo. Decidí cambiar mi arma, una momia de los sesenta, por una de las que traían ellos. Con cuidado me desplacé hasta el carro y tomé la nueva pieza. Ahora podía estar seguro de que cada vez que presionara el gatillo saldría una bala por la boca del fusil.

El de la herida seria amenazó con desmayarse. Los otros dos me suplicaron ayuda, "déjenos vendarlo un poco", repetían, pero volví a negarme. "Voy a morirme aquí mismo", lloró el herido. "Problema tuyo", contesté.

A cada rato hacía un disparo al aire para llamar la atención de los guardafronteras, o de cualquiera en la costa, a ver si venían en mi apoyo. Me hubiera gustado curar al herido, pero era demasiado el riesgo: no me bastaba para tanto. Sentado sobre el capó del Lada vi a mis prisioneros contra el camión, de espaldas, uno desangrándose y los otros ofreciéndome a intervalos dinero, un reloj, el respeto a mi vida cuando apareciera el resto de la tropa, a cambio de que los dejara libres, y constaté que las horas se insubordinaban y no llegaba el día. "Záfense el pantalón", les ordené. "Uno a uno, y se lo bajan hasta los tobillos". "Nos quiere matar", dijeron. Era verdad. Con los pantalones en aquella posición no podrían correr mientras los fusilaba. Salté del carro listo para disparar. El herido lloró ruidosamente; los otros dos voltearon la cabeza con timidez. Volvió a llorar el herido. "Si tú estás medio muerto ya", pensé y entonces vi otras luces acercándose desde la costa.

Eran mis compañeros. Con sólo verlos me percaté de que el tiempo comenzaba a deslizarse a un buen ritmo. Después llegaron los militares, les entregué a los presos y los vi marchar pedraplén adentro, en busca del resto del grupo. A la salida del sol me contaron que eran siete en total, que al resto lo cogieron enseguida, pero los que yo hice prisioneros habían matado a Ovidio. Pensé en mis amigos por separado y comprendí que, de poder decidir a quién salvar de la muerte, yo hubiera elegido a Ovidio. Quizás en otra ocasión no, pero sí, al menos, aquella noche.

Cuando estaba por irme a mi casa quise acercarme por última vez al Lada. Le di la vuelta con una mezcla de alivio y tristeza y descubrí, gracias a ese deseo tonto y casual, que, en la parte trasera, casi debajo de la rueda, había tirado un libro. Lo recogí. *Moby Dick*, leí y fue imposible que no asociara aquel título extraño con el de la novela que Ovidio quería para su hijo. Quizás los libros no sean culpables de nada, quizás sean lo único en el mundo libre de antemano de toda culpa, pero la verdad es que yo no podía llevarle al hijo de mi amigo un libro que debió pertenecer a uno de sus asesinos. "Le voy a conseguir otro ejemplar", se me ocurrió. "No sé de dónde, pero se lo voy a conseguir", me dije mientras dejaba aquél tirado sobre la tierra blanca.

El 15 de octubre de 1994 un grupo de terroristas de origen cubano al servicio de la Fundación Nacional Cubano Americana, se infiltraron por las costas de Caibarién, provincia de Villa Clara, y asesinaron al ciudadano Arcilio Rodríguez García.

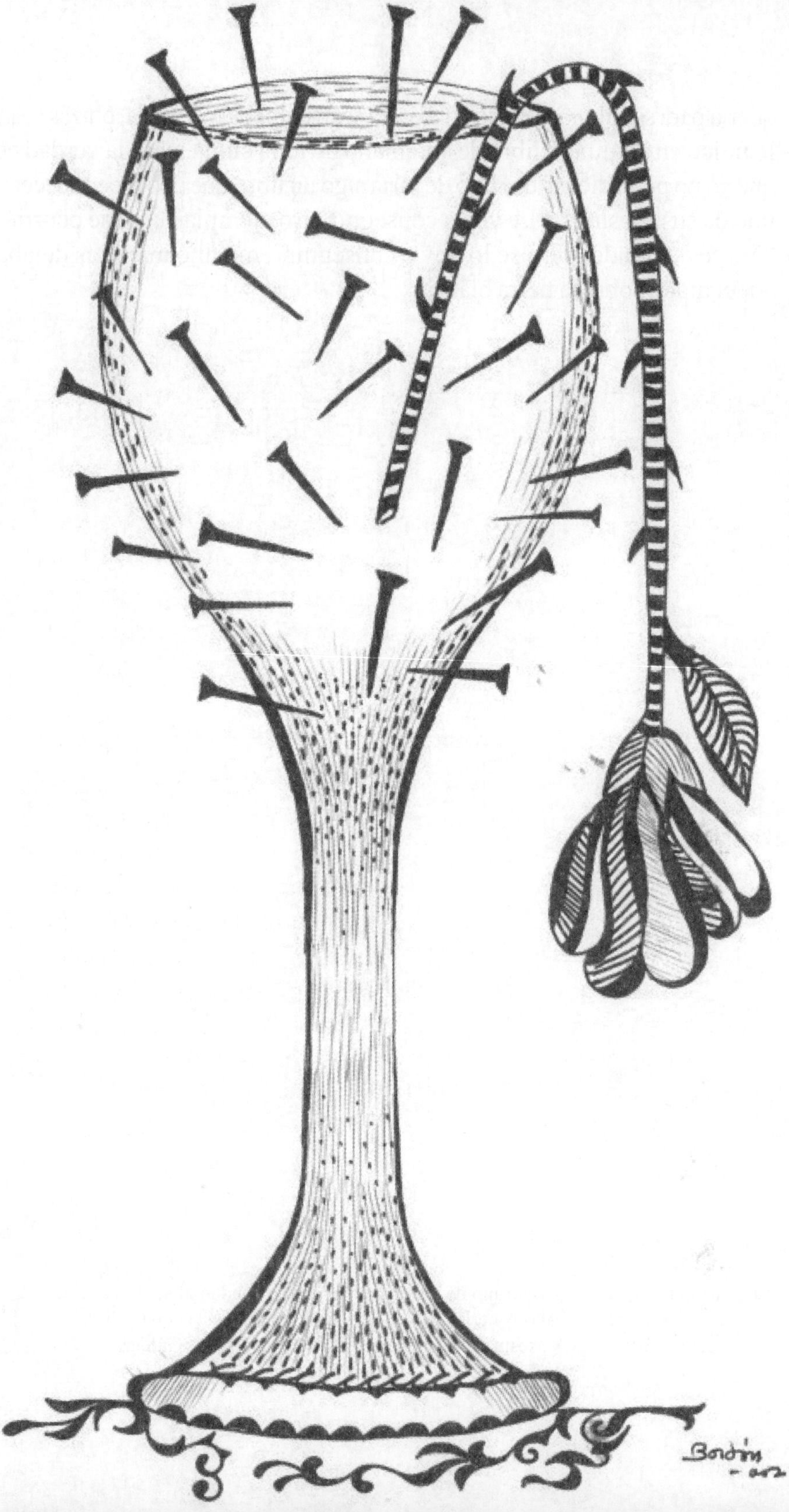

daniel chavarría

POR CULPA DE UN JODIDO BICHO ESPAÑOL

No, hombre, no. Matar por matar es una babosada. Yo no soy d'esos majes sádicos que gozan con el sufrimiento de los demás. Yo me enculé de la profesión cuando vi las películas de Rambo y después la del Chacal. Y ahí sí, compadre, descubrí que ése era mi toque. Y me di una entusiasmada que me puse a matar de choto, nomás por practicar. Y desde que hice mis primeros trabajitos ya no quise otro oficio. [...] No pues, lo del circo y el toquecito en el Two Shows era pa'cogerme a las mamacitas ricas... [...] Va pues, como cualquiera, pa'vivir bien y ganar buena plata. [...] Claro, a mí lo que me gusta es alquilar avionetas y tirarme en paracaídas, y comer bien y dejar propinas, y siempre pensé que cuando ganara mucho pisto me iba a ir a Las Vegas, en primera, claro, y allí me iba a coger unas cuantas cheles de las más caras, como haría el Chacal. [...] Claro, él se ganaba un vergo en cada trabajo. [...] ¿A mí? Una babosada, pues. Sólo treinta mil pesos por cada bomba. [...] Unos tres mil quinientos dólares. [...] Bueno, pero por algo se empieza. [...] A ver, dejáme que me acuerde, le compré una caja de música a mi mamá, unas toallas de lujo a mi cipota, y pasé con ella unos días en un hotel de cinco estrellas. [...] Así mismo fue, cuando volví de mi primer viaje a Cuba. Y aquí también la pasé de a verga con unas cubanas que estaban como Dios manda, en hoteles con piscina y fijáte vos que.... [...] ¿Cómo? [...] Sí, pero ¿vos sabés que es lo que más me llega de mi trabajo? Pues lo arrecho que es, y nada más por la aventura y el peligro, hasta de choto sería capaz de trabajar... [...] ¿Cómo decís? [...] Bueno, pues, al principio, joder por encargo no es tan chiche, depende de dónde sea y de cómo se presente la cosa, porque a veces tenés que trabajar en una calle llena de gente, y te parece que todo el jodido mundo te está mirando, y entonces te agüevás, pero después, cuando agarrás confianza y aprendés a trabajar suave, sin apuro, todo te vale verga. [...] No, hombre, porque cuando te ponés a practicar, vos mismo te buscás un lugar apartado y oscuro, y ahí no hay por qué agüevarse, si hasta divertido resulta, pero cuando la cosa es por encargo... [...] No, fijáte que la primera vez, en Guatemala, después de meterle tres balazos a un maje, salí tan jalao en la moto que casi me hago mierda contra un camión... [...] ¿Miedo de hablar? No, hombre, si total, yo ya no tengo nada que perder. El abogado dice que seguro me van a rebajar la pena a treinta años. Y Fidel no gana nada con fusilarme, porque hoy día la pena de muerte va contra los derechos humanos. Bueno..., vos sabés pues, que en los Estados Unidos todo es democrático. Y yo aquí chévere, con el futuro asegurado, porque cuando este gobierno se caiga y vengan a gobernar los de Miami, me van a soltar. [...] ¿De qué te reís, hijueputa? Yo voy a ser un héroe de la democracia y los derechos humanos, pero pa'qué te platico si vos d'eso no entendés ni mierda. [...] No señor, la democracia chévere es la de los gringos, donde hay de todo, de lo bueno y de lo malo, pa'elegir, y donde todo está revuelto, porque las flores nacen del fango, y las plantas se abonan con mierda. [...] Y eso es lo que a mí me gusta, que haya flores y mierda, y que haya leyes también, sí señor, y que haya trabajo pa'todo el mundo, y que la gente decente encuentre un trabajo bueno, y que los hijueputas como vos, también puedan ganarse la vida trabajando pa'los narcos, o como yo, jodiendo gente por encargo, cada cual según su capacidá, pero haciendo lo que a uno más le llega en la vida ¿m'entendés? [...] Va pues, pero eso ya te lo expliqué, pendejo... [...] No, lo que pasó fue que después de ver Rambo y el Chacal, todos los bichos de El Salvador queríamos ser

como ellos. ¿Te acordás de la escena en que el Chacal agarra una sandilla*
del tamaño de la cabeza de un cristiano y la revienta de un tiro? Yo la vi
diecisiete veces... [...] ¿Que si me gustó? Y también me llegó al corazón ver
lo vergón que vive el Chacal, y cómo se viste, y los pañuelitos que se ama-
rra en el pescuezo, y los buenos modales con que come. ¿Y por qué yo no
podía ser un caballero como él? En la democracia todo es posible. Y lo
primero que hice, para ver si yo también tenía la sangre fría, fue ponerme a
practicar... Claro, a matar gente de choto. Me güevié un taxi en San Salvador y me fui a la Zacamil, cuando ya estaba oscurito... [...] No, pendejo, te
dije oscurito. Oscurecido ya, ¿quién putas se va a atrever a andar por la
Zacamil? Y allí me paré en una esquina, por donde está el cine, y al primer
maje que se me acercó le metí un tiro en la cabeza. [...] No, hombre, yo
primero lo llamé para preguntarle una dirección, y al verlo acercarse pensé,
pobre hijueputa, si vos supieras..., pero lo que me salió fue decirle moríte
cabrón, te llegó tu día, y buuum, y al ver cómo le reventaba la cabeza me
sentí igual que el Chacal con la sandilla, todo un profesional, ¿m'entendés?
Pero no es porque me guste matar. Yo sólo quería aprender a hacer las
cosas bien, y estar seguro de no sentir miedo, ni arrepentimiento, ni nada
d'eso que te enseñan los curas. Y ahí fue que supe que sin ser gringo ni
inglés, ni chele como el Chacal, yo también podía ser un buen *killer*. [...] Al
otro día, cuando vi la foto del chero, un estudiante de la U que salía de la
casa de la novia, tampoco me dio nada. En la prensa, la foto en colores
mostraba clarito la sangre y los sesos que habían chispiado un poste y la
pared de una casa vecina. [...] Sí, y a los pocos días jodí a un ciclista. Lo
paré cuando iba llegando a Santa Tecla, bajo La Ceiba, y también le volé la
cabeza con un tiro de cuarenta y cinco. Y cuando me enteré de que tenía
catorce años y vivía con su mamá y que era el tercero de cinco hermanos
sin tata, me di cuenta que le había hecho un favor. Y a lo mejor también se
lo hice al italiano. [...] Sí, al que maté con la bomba del hotel Copacabana...
[...] ¿Vos no conocés el cuento del pajarito que se estaba muriendo de frío
y le cae encima la plasta de una vaca? [...] Claro, en el calorcito revivió,
pero al mediodía se secó la mierda y se puso dura, y el pajarito empezó a
menearse para tratar de salir, y al ver que la plasta seca se movía, lo vio un
zorro y se lo comió. Y eso te enseña que no todo el que te caga te quiere
joder; y que no todo el que te quita mierda de encima te quiere salvar;

* Sandía. *(N. del E.)*

y que el que tiene mierda encima, no puede andar moviéndose mucho. [...] ¿Vos te reís? Fijáte que eso mismo le pasó al italiano, porque decíme vos, ¿a ver? ¿qué verga estaba haciendo el hijueputa italiano en ese hotel tan lejos de su casa? Si quería turistiar ¿por qué no se quedó en Italia que dicen que es tan bonita y va tanta gente? ¿Pa'qué tenía que moverse tanto? Y como dijera el maistro Posada Carriles, aquel italiano estaba en el lugar equivocado, en el momento equivocado. Yo no lo mandé al maje a que se pusiera allí. *Nothing personal, you understand?* [...] Y como te decía, pues, al pendejo de la bicicleta seguro que le hice un favor, porque después supe que acababa de robársela, y que andaba como chiflado porque la mamá se había metido a puta, y seguro que a él ya se lo habían cogido los hermanos mayores y él se desquitaba con los más pequeños. ¿Qué vale pues la vida de un pendejo como ése? Por eso te platico que yo no soy sentimental, ni arrastro ninguna pena vieja, ni quiero desquitarme por desgracias de cuando era bicho. Yo no le guardo rencor a nadie; pero tampoco siento por nadie eso que llaman cariño. Y creo que la vida es como en la selva. Los animales más grandes se hartan a los más chicos. Así es como Dios armó este rompecabezas de la vida, y por eso a la vida hay que agarrarla como viene. [...] ¿Después? Bueno, después, cuando ya estaba seguro de que yo podía ser como el Chacal, empecé a joder gente por encargo. [...] Anjá, para los narcos. Y como siempre fui arrecho y serio en mi trabajo, un día me mandó llamar el maistro Posada Carriles... [...] ¿Cómo decís? [...] No, eso es muy largo de contar. [...] Claro, ellos me dieron un entrenamiento talegón. [...] No, yo no cometí ningún error. [...] Pues, fue la puta suerte, vos, porque ese día yo había puesto las dos primeras bombas sin ningún problema, la primera en el hotel Copacabana, donde murió el italiano, y la segunda en el Chateau Miramar, y cuando iba a poner la del hotel Tritón, se me metió un bicho español, de unos trece o catorce años... [...] Va pues, un bicho adivino, hijo de sesenta mil putas... Sí, un cipote español de este tamaño, que andaba turistiando con la familia, y fijáte vos que adivinó lo que yo iba a hacer... [...] No me preguntés cómo. Yo no llevaba escrito en la frente que iba a poner una bomba. [...] Va pues, como te estoy diciendo, no más de catorce años, y estaba sentado por ahí, y en cuanto me vio, se paró y me clavó los ojos, y vos vieras lo feyo que me miraba, como si adivinara lo que yo iba a hacer, y vos no lo creerás, pero era una mirada tan rara como si hubiera visto al diablo, que hasta me puso nervioso, pero qué carajos, como yo estaba seguro de que el cipote no podía saber lo que yo iba a hacer, seguí de largo, y como siempre, me encerré en el baño, armé mi tamalito, le puse el *timing* para las doce y media y salí a sentarme en el lobby, en el lugar que ya había elegido, pero ahí estaba otra vez el jodido bicho que no me quitaba los ojos de encima, y con él estaba una cipota de unos veinte años que después supe era la hermana mayor, y cuando eran ya las doce y veinte, yo me senté atrás de ellos, en un sofá que estaba arrimado a la pared, pero no del todo, y ahí, entre el espaldar del sofá y la pared, era donde yo iba a dejar la bolsa... [...] Sí, una bolsa de plástico de la Duty Free Shop donde estaba ya la bomba activada para las doce y treintidós, y entonces, pa'no llamar la atención, me pongo a mirar unas fotos que yo mismo había tomado en las calles de La Habana, ¿y vos podés creer que el hijueputa bicho se da la vuelta en el asiento y me sigue ispiando? Y yo controlando la hora, doce y veintitrés, y veinticinco, y el puñetero bicho ahí, en su asiento, con la vista clavada en mí, y yo perro ya, deseando que volara en pedacitos... [...] Pues sería su culpa, por metido, y cuando eran ya las doce y veintisiete, en un momento en que el bicho se vuelve para hablar con la hermana y que me quita la vista de encima un momento, yo dejo caer la bomba en el piso detrás del espaldar y me jalo de prisa pa'la puerta, y ahí mismo agarro un taxi y me largo a La Bodeguita del Medio, donde iba a poner la cuarta bomba, y en eso, buuuuummmm, oigo el estallido de las doce y veintinueve en el Copa, y a las doce y treinta y uno, buuuummm, suena la bomba del Chateau, y a las doce y treinta y dos buuum, la que acababa de poner en el Tritón, y yo me imaginé al hijueputa bicho volando con las patas p'arriba y me hago el pendejo y le pregunto al taxista por las explosiones, y el comemierda me dice que están dinamitando unas rocas por ahí cerca, para construir un nuevo hotel, y al llegar a un semáforo, veo a un policía con un guoquitoqui que le hace señas al taxista de que se pare a la orilla de la calle, y el hijueputa se agacha para ver qué hay adentro... [...] Sí, pues, como en las películas, y me mira con cara seria, y yo cagado, porque imagináte vos, conmigo llevaba también la bomba que iba a poner en La Bodeguita del Medio esa tarde, y si al policía le daba por registrarme... [...] Ah, sí, lo que pasó con el bicho, según me contaron después, fue que cuando vio que yo me iba, empezó a jalar de la manga a la hermana y a decirle que yo había puesto una bomba, y a formar el alboroto y a gritar que se apartaran de allí, y de pronto buuummm, el bombazo, y en cuanto llegó la Seguridad interrogaron al muchacho y parece que hizo un retrato hablado mío que resultó como una fotografía, sí, en colores y todo me sacó el jodido bicho, y esa misma tarde me detuvieron, y trajeron unos hijueputas perros, que desde que me olieron empezaron a ladrar, que parecía que me iban a hartar... [...] Sí, como si estuvieran bravísimos conmigo... [...] Pero si el bicho ese no hubiera sido tan adivino y tan metido, nunca me encuentran. [...] No no, esa misma tarde, sin ninguna dificultad puse mi última bomba en la Bodeguita, y cuando salí respiré aliviado. Ya había cumplido mi misión, y al otro día por la mañana iba a abandonar el país. Ya tenía mi boleto de regreso, con su okey y todo, en Mexicana de Aviación. Pero al llegar al hotel, la policía me estaba esperando. La verdad es que yo hice todo lo que me dijo mi instructor y no cometí ningun error. Ninguno. Fue por culpa de la puta mala suerte y del jodido bicho español.

La Habana, agosto de 2002

El 12 de julio de 1997 un mercenario salvadoreño, contratado por el terrorista de origen cubano Luis Posada Carriles, al servicio de la Fundación Nacional Cubano Americana, colocó cuatro artefactos explosivos en igual número de instalaciones turísticas en la ciudad de La Habana, antes de ser capturado.

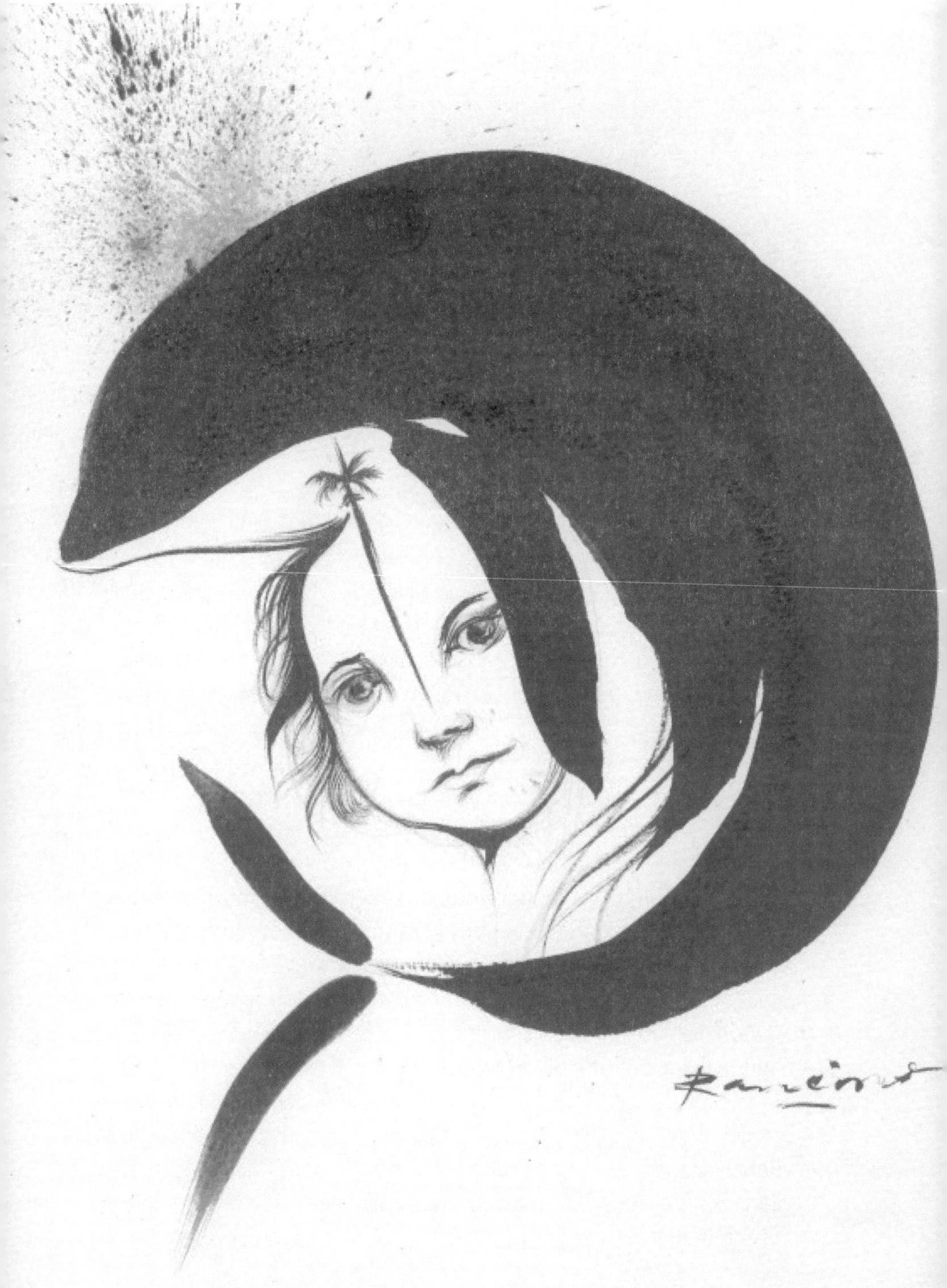

EL NIÑO Y LA MUJER POLICÍA

El mundo aguarda el año 2000. Hay desatada una cordial polémica universal sobre si se trata del comienzo de un nuevo siglo y de un nuevo milenio, o si tales acontecimientos debían celebrarse doce meses después, con el advenimiento de 2001. Por lo pronto la mayoría de las capitales de la Tierra se alistan para asumir el 2000 como el comienzo de un nuevo siglo.

París ya tiene encendidos más focos que nunca. Esa noche la Ciudad Luz se hará día a las doce pasado meridiano, es 31 de diciembre de 1999. En Times Square, Nueva York, una multitud impresionante, venida de muchos países esperará el siglo XXI. Los anuncios luminosos y fosforescentes, con imágenes en movimiento, compiten en belleza, y cada quien tiene en su mano un racimo de uvas rojas: es el turismo más espléndido que el hombre puede imaginar. El desarrollo de la electrónica le imprime fascinación. En los hogares habrá gente esperando las doce campanadas, según el hemisferio. Los canales de televisión recogen y difunden los pormenores que millares de millones de personas están viendo desde ya, como anticipo, en pantallas gigantes, colocadas en los lugares más céntricos de capitales y ciudades emblemáticas. Hay gente que beberán champán en el viaje de un continente a otro, a decenas de miles de pies de altura, y podrían estar en distintos países celebrando el acontecimiento más de una vez en veinticuatro horas. China habrá de hacer dos festejos, uno por esta fecha y el otro por el Año Nuevo Lunar, más adelante. Las expectativas de alegrías serán diversas y bulliciosas, las músicas diferentes, así como los bailes.

Muy pocas personas, en la historia de la humanidad, tienen la dicha de vivir dos siglos y menos aún, pasar de un milenio a otro para vivir el porvenir, siquiera unas horas; es por eso que hasta los más pobres y desafortunados esperan el 2000, animados de esperanza. Para viejas culturas será el año 6000 o quién sabe, pero entre nosotros, es el segundo milenio de la era cristiana. ¿Y cuándo nació Cristo? No importa. Con su nacimiento el mundo que nos toca entró en la nueva era y es suficiente motivo para una fiesta en grande.

Sin embargo, en una Isla perla o espina clavada en el mar que separa a dos territorios de América, las cosas difieren. La alegría, donde la hay, se disfruta con pudor en la intimidad. Las familias se reunieron la víspera como un fin de año más. Hay una pena común que marchita la alegría. Al día siguiente del 31 de diciembre de 1999, los periódicos inscriben simplemente una nueva fecha, en la portada: "Año 2000", y a continuación los acontecimientos que nos atañen y duelen.

Ocurre que en la televisión ha estado asomándose desde hace algún tiempo el rostro perplejo de un niño secuestrado, que vive el terror, a sólo unas millas de sus costas. Con el niño víctima, entre "lobos" y "lobas" de Miami, no había gusto de esperar el nuevo año con algarabía. Al Niño se le ha visto asomar a una puerta que él mismo cierra, vestido con una ropa que simboliza su prisión. Tuvo que haber mirado sin querer, un poco antes y por una vez más —como infame tortura—, pintado en una pancarta grotesca, el rostro de la madre que ha perdido en el mar. Eso y todo a su alrededor lo confunde desde el día del salvamento, como náufrago de una inmigración desordenada que los terroristas que lo "acogen" —"lobos" y "lobas"— estimulan incesantemente. Eso él no lo sabe, es inocente aunque está preso.

La gente lo ha visto también, exteriorizando un pedacito de júbilo cuando en el patio de su centro de confinamiento, mientras juega con inocencia, oye de pronto el ruido de un avión, mira al cielo y le grita: *Yo quiero que me regreses a Cuba.* El pájaro metálico es un interlocutor sordo y mudo; por tanto continúa la ruta. Sus ojitos, alegres por primera vez, siguen la estela del pájaro metálico hasta que trepa más alto y desaparece de su vista. El cándido dislate del cautivo le costará un castigo. Lo pellizcarán: sus secuestradores terroristas, entrenados para destruir la mente de un niño, no cesan de amenazarlo. Están siguiendo, al pie de la letra, como empleados idóneos, un macabro plan de desmontaje de recuerdos felices, a la vez que lo convierten en un "niño mercancía" con el que lucran a las mil maravillas.

Entonces, hemos visto que hay motivos suficientes en la Isla perla y la Isla espina del vecino que anida a los cuervos, para no acompañar al mundo en la fiesta universal del año 2000, la entrada del Tercer Milenio.

Él, El Niño, debe recordar poco o nada de su odisea en el Estrecho de la Florida.

Los que sí la recuerdan y no la podrán olvidar de por vida, como un castigo, serán las dos únicas personas sobrevivientes de la tragedia en el mar —que se repetirá de distinta forma muchas veces—, la pareja está oculta en las sombras y al parecer ha huido de Miami, se esconde. Cuando el niño fue hallado por dos hombres que pescaban en el mar, estaba dormido dentro de una balsa de goma inflada. El mar de noche habrá sido su más terrible experiencia de náufrago, que la fragilidad corporal de sus leves cinco años haría breve, al dejarlo exhausto. Fue asumido por el sueño o se habría desmayado.

De la tragedia en el mar dicen que no habló ni ha hablado sino tan sólo *de lo que me pasó*, y punto.

Un perrito es su gracioso compañero en tierra; con el perrito hablaba. Como filman la "mercancía" que tanta ganancia produce al pariente en función de cancerbero, en la Isla se ha visto su comunicación con el perrito, el único que no le hace daño en el cautiverio "dorado". Según las psicólogas, entre el perrito y él se estableció una complicidad de silencio. El silencio le traería paz después de estar obligado a andar con los mafiosos terroristas —J.M.S., "rey" de la *maffia*, como chofer— en autos lujosos, que sonaban sirenas, escoltados a veces por carros de bomberos abriéndoles paso a la caravana que lo llevaba como trofeo, anunciando su paso, siendo filmado a toda hora, en todo lugar, robándole el candor.

Por esos días en que lo veíamos asomarse a las pantallas del televisor, el niño secuestrado no tenía el rostro iluminado. En realidad la única comunicación afectiva que hasta entonces había tenido, fue la experimentada al paso del avión a quien reclamó que lo regresara para Cuba.

Allá en su cruel confinamiento él comprendía, por instinto, que era un objeto en constante exhibición interesada: *money is money*.

Un día que le preguntaron desde la Isla lo que le había sucedido se limitó a decir: "Mi mamá murió", y nada más, aunque él no sabía qué cosa era la muerte. Los promotores de la muerte, mediante la Ley de Ajuste Cubano —así se llama la muerte en el mar, mayor probabilidad de la inmigración ilegal—, seguían aprovechándose de su carisma, de su belleza infantil, de su inocencia. Mientras, por la Isla se desataba una batalla de inteligencia, una guerra de ideas y de sentimiento en favor del niño reclamado por su padre.

La prensa internacional compara su caso con el secuestro del pequeño hijo de Lindbergh, el aviador; secuestro que conmocionó a los Estados Unidos de Norteamérica y al mundo, medio siglo atrás. Y el pueblo de Norteamérica pudo haber asociado ese hecho con el secuestro que se perpetraba ahora con "el niño balsero" —aunque por diferentes motivos—, o éste rechazó el terror que se cebaba con el inocente. Cualquier cosa sucedería pero, lo cierto y concreto es que conocida la verdad del secuestro y el arrebato impune de la Patria Potestad a su progenitor, ya Elián —que así se llama el niño presa de los terroristas— estaba teniendo otro vínculo, otro aliado en su defensa, que le alegraba el corazón, además del paso en un cielo despejado, del pájaro de metal. Por eso, se cuenta que estando ya con su padre, llamado Juan Miguel, en un sitio de paz llamado Wye Plantation, en el norte, aunque todavía lejos de la Isla, los propios escoltas del Estado de la Unión que lo protegían de los secuestradores, enseñaron al niño a montar bicicleta y jugaban con él a los escondidos. Hombres de seis pies, de músculos endurecidos propios para la tarea, jugaban de igual a igual con él, aunque técnicamente fuera una fórmula humana de respetar su juego infantil y tenerlo localizado y protegido en la plantación donde el inocente esperaba el veredicto de una Corte para ser devuelto a su padre, su familia y su país.

Ya en ese entonces su mente había registrado y guardado una voz afectiva, aunque desconocida para él, que seguramente no podrá olvidar cuando en la adolescencia pueda armar el rompecabezas de esos días: será la voz de La Mujer Policía —quizás así la identifique al pasar de los años—, que en minutos de gran expectación, violencia y miedo, cuando fue liberado de sus secuestradores, en la hora D, del rescate, lo cargó y apretándolo fuertemente a su pecho le iba diciendo al oído con ternura: *Tranquilo, que vamos a ver a tu papá. No llores, no llores, que vamos a ver a papá. Vamos a ver a tu papá, a tu papá... vas a ver a tu papá, a tu papá, yo te llevo a ver a tu papá. Ahora vas a ver a tu papá, a tu papá.*

19 de septiembre de 2002

El lunes 22 de noviembre de 1999 catorce emigrantes ilegales, en una frágil embarcación, zozobraron cerca de las costas de la Florida, y un niño cubano, Elián González, de 5 años, fue descubierto asido a un neumático, cerca de Miami. Durante siete meses se mantuvo en contra de la voluntad del padre en manos de sus secuestradores, manipulados por la Fundación Nacional Cubano Americana. Luego de un proceso judicial que llegó al Tribunal Supremo de Estados Unidos, y con el apoyo, basado en encuestas, del 80 por ciento de la población norteamericana, el niño pudo regresar con su padre a Cuba.

ricardo alarcón de quesada

EPÍLOGO Los textos que conforman este libro, al contrario de las aclaraciones que suelen acompañar a los filmes de ficción, se refieren directamente, todos ellos, a personas y acontecimientos reales. Su lectura nos ha hecho revivir horas de angustia y dolor que son parte inseparable de la vida personal de cada uno de nosotros.

Gerardo Hernández, Ramón Labañino, Fernando Gónzalez, Antonio Guerrero y René González no habían nacido aún o apenas comenzaban a vivir cuando ya el terrorismo, promovido por Washington, dejaba caer la muerte y la destrucción sobre su pueblo. Ellos pertenecen a una generación de cubanos que ha debido soportar día y noche durante toda su existencia la más implacable, insidiosa y prolongada guerra.

Son muchas las razones para la solidaridad con estos héroes ante la terrible injusticia que sufren ellos y sus familiares. Pero hay una que nos obliga a convertir el empeño por liberarlos en una verdadera batalla nacional pues tiene que ver, literalmente, con el derecho a la vida de todo un pueblo.

El caso de nuestros cinco compatriotas es prueba irrefutable de que esa guerra —y específicamente su manifestación más atroz, el terrorismo— no sólo continúa hoy sino que pretende perpetuarse eternamente y amenaza a los cubanos que todavía no han nacido.

La arbitraria detención el 12 de septiembre de 1998, las brutales condiciones carcelarias a que fueron sometidos, las incontables manipulaciones y violaciones de los procedimientos judiciales, los veredictos, las sentencias, el trato cruel que se les sigue dando y el silencio casi total de los grandes medios "informativos", todo este innoble proceso tiene una sola explicación: Estados Unidos seguirá promoviendo el terrorismo contra Cuba y por eso castiga con la más irracional crueldad a quienes se atrevieron a enfrentar a los terroristas y se asegura de que su prensa pretendidamente "libre" —o "disciplinada" como la llama, con mayor exactitud, Chomsky— no diga nada.

Todo está, sin embargo, ampliamente documentado.

A lo largo de la etapa que precedió a las vistas públicas del tribunal de Miami que se ocupó del caso, la Fiscalía General del sur de la Florida (o sea, el gobierno) se esforzó por proteger a los grupos terroristas que desde allí actúan contra Cuba: solicitó que de esas vistas se excluyese por completo el tema del terrorismo, que miembros de esos grupos no fueran citados a testificar y que si tuvieran que hacerlo todos sus testimonios quedaran cubiertos por la Quinta Enmienda (es decir, que no revelasen nada). Todo ello por escrito en documentos oficiales del gobierno. Como escrito está, en las actas del tribunal, el reconocimiento de sus fechorías por parte de algunos terroristas y las irrefutables pruebas que sobre ellas presentaron los abogados que defendieron a nuestros compatriotas.

Como si lo anterior hubiera sido insuficiente a la hora de dictar sentencias, tanto el gobierno como el tribunal proclamaron abiertamente que todo el objetivo del "juicio" era proteger a esos grupos terroristas. El gobierno pidiendo formalmente, mediante solicitudes escritas, que además de imponer a los cinco héroes el máximo castigo posible se les "incapacitara" también para que, una vez recuperada su libertad, no pudiesen realizar ninguna acción en perjuicio de los terroristas. La jueza, accediendo a esa solicitud, plasmó estas insólitas palabras en su sentencia: "Como condición especial adicional de la libertad supervisada se le prohíbe al acusado asociarse con o visitar lugares específicos donde se sabe que están o frecuentan individuos o grupos tales como terroristas, miembros de organizaciones que propugnan la violencia o figuras del crimen organizado".

Se les había acusado inicialmente de haber conspirado para cometer espionaje. Fueron calificados como espías por las autoridades y por todos los medios informativos de Miami que los condenaron sin vacilación desde el día que fueron detenidos. Pero nunca presentaron prueba alguna, ningún documento o material secreto que ellos hubieran obtenido, ningún testigo que dijera que habían tratado siquiera de buscar alguna información confidencial. Por el contrario, testigos de gran autoridad —generales, almirantes y coroneles en retiro, que habían ocupado elevadas responsabilidades en las fuerzas armadas y agencias de seguridad norteamericanas— declararon bajo juramento que ninguno de los acusados había hecho nada parecido. No habían practicado el espionaje, ni habían intentado hacerlo ni se les había orientado que lo hicieran.

Contra Gerardo Hernández fue hecha una acusación adicional aún más falsa, absurda e infame: conspirar para asesinar con premeditación. Se le presentó como si él hubiera sido responsable por la muerte de quienes perdieron la vida el 24 de febrero de 1996 en un incidente que tuvo lugar cuando la fuerza aérea cubana, en ejercicio legítimo de la soberanía nacional, derribó dos aeronaves de un conocido grupo terrorista que desde Miami, en numerosas ocasiones, había violado el territorio cubano con fines provocadores, subversivos y para realizar sabotajes.

Independientemente de que el lamentable suceso no era un caso de asesinato y de que el incidente era consecuencia de la política agresiva de Estados Unidos contra Cuba y del derecho y la obligación de ésta de defenderse, Gerardo no tuvo absolutamente nada que ver con lo ocurrido aquel día.

La acusación contra Gerardo muestra a las claras la espúrea motivación de este caso y la absoluta falta de ética de las autoridades de Estados Unidos. Agregaron esta imputación en mayo de 1999, seis meses después que los cinco cubanos guardaban prisión —todo el tiempo, por cierto, en confinamiento solitario— y tras haber sido formalmente acusados por otros cargos y lo hicieron luego que en la prensa de Miami se divulgaron reuniones de la fiscalía y elementos de la mafia terrorista anticubana en la que estos solicitaron abiertamente que se le hiciese también la mendaz acusación.

La irresponsable calumnia fue hecha polvo durante las sesiones ante el tribunal, donde fueron presentadas numerosas pruebas sobre las violaciones al espacio aéreo cubano, incluyendo la del fatídico día, y sobre las actividades y planes terroristas del grupo que las promueve, así como respecto a la conducta culpable del gobierno norteamericano que, incluso, conocía con anticipación que en la fecha mentada tendría lugar la provocación. Contra Gerardo, como es obvio, no pudieron presentar ninguna prueba, ningún testigo, nada que lo vinculase a lo que entonces ocurrió.

El 25 de mayo de 2001 cuando concluía el juicio, el gobierno de Estados Unidos dio un paso que carece de antecedentes. Solicitó al Tribunal de Apelaciones que modificase su propia acusación admitiendo que "a la luz de las pruebas presentadas en el juicio" enfrentaba "un obstáculo insuperable... y probablemente resultará en el fracaso de la acusación en este cargo". En otras palabras, se habían visto obligados a reconocer lo que se sabía de antemano: que nunca tuvieron pruebas, pues era imposible tenerlas, de que Gerardo había asesinado a nadie y mucho menos con premeditación. Las autoridades supieron siempre que jamás podrían probar una calumnia totalmente inventada. Cuando la introdujeron en la etapa inicial del proceso, querían simplemente satisfacer el revanchismo de la mafia terrorista y regalarles un elemento que envenenaría aún más el ambiente para hacer totalmente imposible un juicio que tuviese siquiera una apariencia de normalidad.

El Tribunal de Apelaciones no aceptó la petición fiscal y en consecuencia el jurado debía decidir si Gerardo era culpable o inocente del cargo que le habían imputado dos años atrás. Ocurrió entonces algo que sólo puede suceder en un tribunal de Miami: sin vacilación, sin plantear una duda o pedir alguna aclaración, con inusitada rapidez, el jurado declaró culpable a Gerardo de asesinato en primer grado. O sea, lo encontraron culpable de algo de lo que ya no lo acusaba siquiera la fiscalía.

La conducta del jurado —como la de la jueza y los fiscales— no hacía otra cosa que confirmar lo obvio: en Miami es imposible juzgar objetivamente a la Revolución cubana y a sus representantes. ¿Cómo ignorarlo si allí se han hecho estallar bombas y se ha agredido y amenazado a quienes quieren ver y escuchar a Rosita Fornés o a los Van Van; si allí se ha destruido en plena vía pública, con saña nazi, un cuadro de Mendive; si allí se mantuvo secuestrado durante cuatro meses a Elián González a despecho de lo que dijera el gobierno o los tribunales, o las leyes y la decencia humana; si de Miami se ha ido, no una sino dos veces, el tribunal de los Grammy latinos temeroso de la seguridad y la integridad física de los artistas y participantes?

Ésa era la cuestión clave a resolver desde el instante en que nuestros cinco compatriotas fueron sometidos a un proceso judicial y sus abogados defensores lo plantearon desde el primer momento. Pidieron que a sus defendidos se les diera el derecho reconocido por la Constitución, las leyes y una inalterada tradición norteamericana, a ser juzgados en otro lugar ante un jurado imparcial. La fiscalía lo rechazó tercamente. Decía que Miami no era lo que todo el mundo sabe que es Miami. Afirmó, sin sonrojarse, que allí era posible juzgar imparcialmente a cinco patriotas cubanos, culpables sólo de actuar contra los intereses de la mafia terrorista que domina esa ciudad. Pese a la insistencia de los acusados y sus abogados, defensores de oficio que ante el tribunal se quejaron de las presiones de que ya eran objeto ellos y sus familiares, la jueza se sumó a la posición gubernamental y negó a los cinco lo que era un derecho elemental. El juicio había que efectuarlo en Miami. Al anunciar su decisión, la magistrada hizo una declaración el 16 de marzo de 2000, tan sorprendente como reveladora: "Este juicio será más interesante que cualquier programa de televisión".

El 12 de noviembre de 2002 Leonard Weinglass, abogado de Antonio Guerrero respaldado por los otros defensores, solicitó al tribunal de Miami que descarte su fallo anterior y celebre un nuevo juicio fuera de esa ciudad.

Las razones principales que fundamentan esta moción son la conducta dolosa de la fiscalía y de la jueza en el manejo de la solicitud original de la defensa, que había pedido varias veces desde enero de 2000, que el juicio se realizase fuera de Miami.

La fiscalía de la Florida se opuso entonces tenazmente a un cambio de sede para el juicio de los cinco. Sin embargo, un año después, el 25 de junio de 2002, la misma fiscalía, cuando ella fue acusada en un pleito civil (Ramírez vs Ashcroft), solicitó el cambio de sede empleando los mismos fundamentos de hecho y de derecho que había rechazado antes respecto al caso de los cinco.

El precedente legal usado en ambos casos es el mismo: Pamplin vs Mason de 1968. Cuando lo utilizó Antonio Guerrero la fiscalía arguyó que era inaplicable en su caso porque Miami-Dade es un "centro urbano" que es "extremadamente heterogéneo", "políticamente no-monolítico" y con "gran diversidad" y por lo tanto allí era posible, según ella, realizar un juicio justo e imparcial, libre de "influencias externas". Cuando ella era la acusada, la misma fiscalía señaló que Miami-Dade, con relación a Cuba, es un sitio donde existen "sentimientos y prejuicios profundamente arraigados" que harían "virtualmente imposible" un juicio justo e imparcial.

La jueza por su parte cometió varias violaciones que contribuyeron a privar a los acusados de sus más elementales derechos, y consistieron en el modo en que trató el testimonio del profesor Moran, experto contratado por el tribunal a petición de la defensa: violó la naturaleza *ex parte* de esa solicitud al comunicarla indebidamente a la fiscalía, ocultó los antecedentes negativos que existían en sus relaciones con ese experto, demoró y manipuló el pago por sus servicios, rechazó su trabajo con argumentos superficiales y falsos y manipuló sus datos y denegó la solicitud del cambio de sede empleando en su decisión criterios que ignoran o contradicen la ley federal.

La moción presentada ante el tribunal de Miami demandando un nuevo juicio, analiza profundamente y con rigor jurídico las violaciones de la fiscalía y de la jueza y va acompañada de varios anexos con documentos y declaraciones juradas que prueban ampliamente la justeza de esta petición y la necesidad de un nuevo juicio a los cinco patriotas cubanos, fuera de Miami, a la luz de las nuevas evidencias descubiertas y en el interés de la justicia.

Gerardo Hernández, Ramón Labañino, Antonio Guerrero, Fernando González y René González, Héroes de la República de Cuba, son también héroes de la cultura. Son cinco intelectuales que piensan y crean en las circunstancias más hostiles y difíciles. Cinco intelectuales encarcelados por sus ideas y sus ideales, por haber luchado —sin fusiles, sin usar la fuerza ni la violencia— contra terroristas que actúan impunemente, empleando en esa lucha solamente la inteligencia, el talento y la abnegación, sin más armas que sus convicciones y un admirable espíritu de sacrificio.

Desde su injusto y duro encierro ellos siguen peleando. No cesan de escribir ni de dibujar. En verso y en prosa se comunican con miles de personas en todo el mundo. El mensaje que ellos envían —sustento principal que anima el movimiento internacional para liberarlos— es una contribución invalorable a la cultura. Confirma que nada puede aprisionar el espíritu libre y creador.

2 de enero de 2003

LOS AUTORES

PRÓLOGO

Roberto Fernández Retamar
(La Habana, 1930). Estudió en
las Universidades de La Habana (donde es profesor de mérito), París y Londres.
Ha ofrecido cursos y conferencias en muchas otras de América, Europa y Japón,
varias de las cuales le otorgaron Doctorados Honoris Causa. Preside la Casa de las
Américas desde 1986. Ha publicado numerosos libros de versos desde *Elegía
como un himno* (1950) hasta *Aquí* (Madrid, 2000) y de estudios y ensayos desde
La poesía contemporánea en Cuba, 1927-1953 (1954) hasta *Concierto para la
mano izquierda* (2001). Entre las distinciones que ha recibido se encuentran:
la Orden Félix Varela, 1981 y el Premio Nacional de Literatura, 1989; el Premio
Latinoamericano de Poesía Rubén Darío, 1980, en Nicaragua; la Medalla
de Oficial de la Orden de las Artes y las Letras, 1994, en Francia; el Premio
Feronia, 2001, en Italia y la condición de Puterbaugh Fellow, 2002,
en los Estados Unidos.

óleo de barco con taller de fondo /11

Juan V. Rodríguez Bonachea (La Habana, 1957). Pintor y profesor. Cuenta con más de cien exposiciones personales y colectivas. Ha ilustrado libros para niños, jóvenes y adultos. Sus murales se encuentran en diferentes provincias del país. Parte de su obra se halla en colecciones privadas en España, Francia, Estados Unidos y Suiza. En 1988 obtuvo el Tercer Premio en el Concurso NOMA en Tokio; en 1990, el Tercer Premio del Salón Nacional de Ilustración, La Habana, y en 1992, Mención, Arte Gráfico *Revista Plural*, México DF, entre otros.

Eduardo Heras León (La Habana, 1940). Profesor, narrador, periodista, crítico literario y de danza, editor. Entre sus libros publicados se encuentran: *La guerra tuvo seis nombres* (Premio David, cuento, 1968); *Los pasos en la hierba* (Mención, Concurso Casa de las Américas, cuento, 1970); *Acero* (cuento, 1977); *A fuego limpio* (cuento, 1981); *Cuestión de principio* (Premio Nacional UNEAC, cuento, 1983 y Premio de la Crítica, 1986); *La nueva guerra* (cuento, 1990), y *La noche del capitán* (cuento, 1995). En 1990 recibió la Distinción por la Cultura Nacional.

Waldo Leyva (Las Villas, 1943). Poeta, narrador y periodista. Entre sus publicaciones se encuentran: *De la ciudad y sus héroes* (Premio de Poesía, 1976); *Angola desde aquí* (relato testimonial, 1985); *Memoria del porvenir* (poesía, 1999), y *La distancia y el tiempo* (antología poética, 2002) y el CD de sus poemas musicalizados *Definitivamente jueves* (EGREM, 2000).

La Petaca /19

Julio Girona (Manzanillo, 1914-La Habana, 2002). Pintor, escultor y profesor. Tuvo alrededor de ochenta muestras personales y colectivas. Durante la guerra de España dibujó para varios periódicos antifascistas. En las décadas del cincuenta y sesenta tomó parte en el movimiento abstracto-expresionista de Nueva York. Gran parte de su obra aparece en colecciones como las del Museo Nacional de Bellas Artes de Cuba, Unión Carbide, Museos de Trenton y Newark, en Estados Unidos, y Universidad de Dortmund y colecciones Fritz Winter y Stroher, en Alemania. Recibió el Premio Nacional de Artes Plásticas en 1998.

Leyenda /29

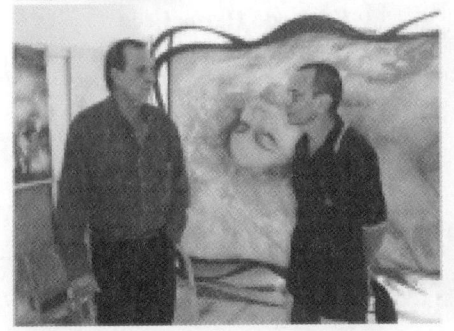

Miguel Mejides (Camagüey, 1950). Narrador. Ha publicado, entre otros, los siguientes libros: *Tiempo de hombres* (cuento, 1977); *El jardín de las flores silvestres* (Premio UNEAC, cuento, 1983); *Rumba Palace* (cuento, 1995), y *Perversiones en El Prado* (novela, 1999). Fue ganador del Premio Juan Rulfo de Radio Francia Internacional en 1995.

Ernesto García Peña (Matanzas, 1949). Pintor, grabador y profesor. Tiene una rica carrera pedagógica en las especialidades de dibujo, grabado y pintura. Cuenta con más de cincuenta exposiciones personales y colectivas. Desde 1970 es colaborador de diversas editoriales de libros y revistas. Ha realizado vitrales de gran formato y pinturas sobre cerámica para diversas instituciones de Cuba. Recibió el Primer Premio Concurso Mariana Grajales, 1984; Mención de Pintura, Salón UNEAC, 1985; en 1994, Mención Única de Dibujo, Salón Abanico, La Habana, y en 1996, la Distinción por la Cultura Nacional.

Seguir siendo yo /35

Aymara Aymerich Carrasco (La Habana, 1976). Poeta y narradora. Algunos de sus libros publicados son: *in útero* (poesía, 2000), *Deseos líquidos* (cuento, 2000) y *Cuerpo sobre cuerpo sobre cuerpo* (poesía, 2000). Ha obtenido el Premio Calendario en cuento, 1998, y en poesía los premios David, 1999, y Nosside Caribe, 2001, entre otros.

Alicia Leal Veloz (Sancti Spíritus, 1957). Pintora, grabadora, ceramista. Miembro de la AIAP. Ha participado en más de noventa exposiciones personales y colectivas. Obras suyas se encuentran en colecciones permanentes en Estados Unidos, Alemania, Jamaica y Nicaragua entre otros. Obtuvo el Tercer Premio en el Salón Paisaje '90 y en 2001 recibió la Distinción por la Cultura Nacional.

batido de chocolate /47

Eduardo M. Abela Torrás (La Habana, 1963). Pintor y grabador. Ha participado en más de cuarenta exposiciones personales y colectivas. Fue reconocido en 1997 con el Premio de Grabado, XVIII Salón, Concurso 13 de Marzo, Cuba y en 2000, con el Premio Especial y Premio del Centro de Desarrollo de las Artes Visuales, 2da. Bienal Internacional del DDT.

Alexis Díaz-Pimienta (La Habana, 1966). Narrador, poeta, investigador y repentista. Entre sus publicaciones se encuentran: *Huitzel y Quetzal* (Premio de Cuento Luis Rogelio Nogueras, 1991); *Los visitantes del sábado* (cuento, 1994); *En Almería casi nunca llueve* (Premio Internacional Surco de Poesía, Sevilla, 1996); *Teoría de la improvisación* (investigación, 1998), y *Prisionero del agua* (novela, Premio Alba / Prensa Canaria, 1998). Recibió la Distinción por la Cultura Nacional.

soy yo misma, María /77

Emilio Comas Paret (Caibarién, 1942). Poeta y narrador. Tiene publicados un poemario, un libro de cuentos y dos novelas. Obtuvo menciones en los concursos David, 1973, *La Gaceta de Cuba*, cuento, 1997, y Casa de Teatro, República Dominicana, 2001, con su novela *El dulce amargo de la desesperación*, entre otros galardones.

Flora Fong (Camagüey, 1949). Incursiona en la pintura, escultura, cerámica, grabado, telarte y el vitral. Miembro de la Asociación Internacional de Artistas Plásticos (AIAP). Tiene más de ciento cuarenta exposiciones personales y colectivas en Cuba y el exterior. Ha obtenido, entre otros: Primer Premio Dibujo, Salón Nacional de profesores, 1975; Mención de Pintura, Salón Nacional Carlos Enríquez, 1980, y Premio de la AIAP, Salón UNEAC, 1985. Ha recibido las Distinciones de Hijo Ilustre de la Ciudad de Camagüey y por la Cultura Nacional.

SECUELAS /87

Aida Bahr (Holguín, 1958). Narradora y guionista de cine. Tiene publicados, entre otros: *Ellas, de noche* (cuento, 1989); *Rafael Soler, una mirada al hombre* (ensayo, 1995), y *Espejismos* (cuento,1998). Algunas de sus obras han sido incluidas en antologías tales como *El submarino amarillo* y *Estatuas de sal*.

Antonio Vidal (La Habana, 1928). Pintor, escultor y grabador. Suman más de noventa sus exposiciones personales y colectivas en escenarios del mundo. Ha realizado murales de mediano y gran formato, diseños textiles y de libros y revistas. Sus obras enriquecen las colecciones permanentes de museos y galerías dentro y fuera del país. Ha sido reconocido con el Premio Nacional de Artes Plásticas, 1999; la Medalla Alejo Carpentier, 1994 y la Orden Félix Varela de 1er. grado, 2002.

TIRO DE CÁMARA /91

Juan Moreira (La Habana, 1938). Pintor, litógrafo y grabador. Es miembro de la AIAP. Cuenta con más de setenta exposiciones personales y colectivas. Algunas de sus obras integran las colecciones permanentes de Schools Museum, Gotha, Alemania; Museo Nacional, Szceczin, Polonia; Museo de las Américas, Managua, Nicaragua; Royal Ontario Museum, Canadá, y Museo Nacional de Bellas Artes, Cuba. Entre otros premios, obtuvo Primer Premio de Dibujo, Salón de profesores, 1973, y Mención de honor en la 7ma. Bienal de Pintura, Kosice, Checoslovaquia, en 1984. En 1988 recibió la Distinción por la Cultura Nacional.

David Mitrani Arenal (La Habana, 1966). Poeta y narrador. Ha publicado los libros: *Modelar el barro* (cuento, 1993), *Santos lugares* (cuento, 1997) y *Ganeden* (novela, México, 1999). Entre sus reconocimientos se destacan: el Premio Nacional Cucalambé de Décima, 1993; el Premio de Poesía La Rambla, España, 1995, y el Premio Anna Seghers, por el conjunto de su obra, concedido por la Fundación del mismo nombre, Berlín, 1998.

LOS DUENDES /99

Mylene Fernández Pintado (Pinar del Río, 1963). Abogada y narradora. Tiene publicado *Anhedonia* (Premio David, cuento, 1998). Ha recibido dos menciones en el Concurso *La Gaceta de Cuba*, así como en el Internacional de Cuento Fernando González, en Colombia, y el Premio de Novela en el Concurso Italo Calvino (2002) con su obra *Otras plegarias atendidas*.

Adigio Benítez Jimeno (Santiago de Cuba, 1924). Pintor, poeta, profesor. Ha participado en numerosas exposiciones personales y colectivas. Sus obras se hallan en la Colección de Arte Cubano del Museo Nacional de Bellas Artes y en colecciones privadas de Cuba y otros países. Entre sus reconocimientos se encuentran el Premio de Pintura en el Salón Nacional, 1961; Premio de Dibujo en el Salón Nacional, 1962; Mención II Trienal de Realismo, Bulgaria, 1976; el Primer Premio y Gran Premio René Portocarrero, Salón UNEAC, 1985; la Orden Félix Varela de 1er. grado en 1994, y el Premio Nacional de Artes Plásticas, 2002.

monólogo de Betina /109

Marilyn Bobes (La Habana, 1955). Poetisa, narradora, crítica literaria y editora. Obtuvo el Premio David de Poesía, 1979, con *La aguja en el pajar*. Ha publicado, además, los poemarios *Hallar el modo* (1989); *Revi(c)itaciones y Homenajes* (1998). En 1993 obtuvo en México el Premio Latinoamericano de Cuento Edmundo Valadés, y en 1994, en Perú, el Premio de Cuento Hispanoamericano Femenino Magda Portal. En 1995 ganó el Premio Casa de las Américas con su libro de cuentos *Alguien tiene que llorar* (1996).

Rafael Morante (Madrid, 1931). Diseñador gráfico, ilustrador, pintor, profesor, historietista, escritor de literatura fantástica (Premio David de ciencia ficción, UNEAC, 1984). Ha recibido numerosos reconocimientos entre los que se encuentran: la Distinción por la Cultura Nacional; el Premio Espacio, 2001 por La Obra de la Vida, de la Asociación Nacional de Publicistas y Propagandistas de Cuba, y el Premio Nacional de Diseño del Libro, 2001.

METAMORFOSIS DE UN NOMBRE /115

Enrique Núñez Rodríguez (Quemado de Güines, 1923-La Habana, 2002). Periodista y narrador. Publicó, entre otros: *Sube, Felipe, sube* (1980); *Yo vendí mi bicicleta* (1989); *Oye, cómo lo cogieron* (1991); *Gente que yo quise* (1995), y *Mi vida al desnudo* (2000). De los numerosos reconocimientos que recibió se destacan: la Distinción por la Cultura Nacional, 1981; el Premio Nacional de Periodismo José Martí, 1989; Orden Félix Varela de 1er.Grado, 1992; Premio Nacional del Humor, 2001, y Premio Nacional de la Radio, 2002.

Rafael Zarza González (La Habana, 1944). Pintor y litógrafo. Ha participado en más de trescientas exposiciones personales y colectivas en varios países. Sus obras figuran en museos y colecciones privadas, nacionales y extranjeras. Desde 1965 pertenece al Taller Experimental de Gráfica de La Habana. Ha obtenido diferentes reconocimientos como: Premio Portinari de litografía, Casa de las Américas, 1968; Premio Especial XXV Aniversario de la Revolución, Salón UNEAC, 1984, y Premio Concurso Arte en la Carretera, 1985.

VUELO 455 /119

Juan Carlos Rodríguez Cruz (La Habana, 1943). Investigador y narrador. Entre sus libros publicados se encuentran: *Ellos merecen la victoria* (Premio Testimonio 26 de Julio, 1981); *El último retorno* (Premio Novela MININT, 1991); *Vuelo 455* (Premio Novela 26 de Julio, 1993), y *La batalla inevitable* (testimonio, 1996).

Carlos Montes de Oca (Camagüey, 1968). Pintor autodidacta. Sus obras se han presentado en más de cuarenta exposiciones personales y colectivas, tanto en Cuba como en el extranjero. Recibió el Premio de Pintura, Concurso 13 de Marzo, Universidad de La Habana, 1991 y 1993.

once de septiembre /151

Alberto Guerra Naranjo (La Habana, 1963). Narrador y profesor. Entre sus publicaciones se encuentran: *Disparos en El aula* (cuento, 1994); *Aporías de la feria* (cuento, 1996), y *Blasfemia del escriba* (cuento, 2001). Ha obtenido el Premio Luis Rogelio Nogueras, 1992; el Premio de Cuento de *La Gaceta de Cuba*, 1997 y 1999, y el Premio de Cuento Ernest Hemingway, 1998.

Eduardo Roca Salazar, *Choco* (Santiago de Cuba, 1949). Pintor y grabador. Es miembro de la AIAP. Ha realizado numerosas exposiciones personales y colectivas. De sus actividades profesionales se destacan la Cátedra de Pintura en la Academia de Bellas Artes de San Alejandro y los Cursos de Colagrafía en la Fundación Pilar y Joan Miró, España, en 1994, y en San Francisco, Estados Unidos, en 2001. Tiene exposiciones permanentes en Museo de África, Chicago; Museo de la Estampa, México DF; Fundación Ludwig, Alemania; Museos de Yokohama y Kochi, Japón, entre otros. Obtuvo el Primer Premio de Grabado, pequeño formato, en Concurso de Orense, España, 1984 y el Gran Premio IV Trienal Internacional de Grabado, Kochi, Japón, 1999.

Zaida del Río (Villa Clara, 1954). Dibujante, grabadora, decoradora de cerámica e ilustradora. Ha realizado numerosas exposiciones personales y colectivas. En 1984 recibió el Premio de Litografía, Encuentro Nacional de Grabado, Cuba; en 1993 la Medalla de Oro, I Premio de Pintura Bienal de El Cairo, Egipto y el Premio Pintura, Bienal de Tenri, Japón, en 1998.

La Hija de Darío /163

Adelaida Fernández de Juan (La Habana, 1961). Médico y narradora. Entre sus publicaciones se encuentran: *Dolly y otros cuentos africanos* (1994); "Clemencia bajo el sol" (Gran Premio Cecilia Valdés, 1996), y *Oh vida* (Premio UNEAC, cuento, 1998).

Ave fénix /171

Jesús David Curbelo (Camagüey, 1965). Poeta, narrador, crítico. Entre sus publicaciones están: *Diario de un poeta recién cazado* (novela, 1999); *Tres tristes triángulos* (cuento, 2000); *El lobo y el centauro* (poesía, 2001), y *Cirios* (poesía, 2002). Ha recibido, entre otros, el Premio David de Poesía, 1991; el Premio José Soler Puig de Novela, 1998; la Distinción por la Cultura Nacional, 1999, y el Premio Oriente de Cuento, 2002.

Manuel Mendive Hoyo (La Habana, 1944). Pintor y escultor. Ha participado en más de noventa exposiciones personales y colectivas en escenarios nacionales e internacionales. Tiene una gran muestra de trabajos en performances. Ha obtenido el Premio Adam Montparnasse en el XXIV Salón de Mayo, Francia, en 1968; Premio Internacional de la II Bienal de La Habana, en 1986; la Orden Félix Varela de 1er. grado y la Orden Caballero de las Artes y las Letras del Ministerio de Cultura y Francofonía de la República de Francia, 1994, y el Premio Nacional de Artes Plásticas, 2001.

La noche de los fantasmas /177

Rogelio Riverón (Placetas, 1964). Narrador, poeta y periodista. Tiene publicados, entre otros: *Los equivocados* (Premio Luis Rogelio Nogueras, cuento, 1990); *Subir al cielo y otras equivocaciones* (Premio Pinos Nuevos, cuento, 1995); *Buenos días, Zenón* (Premio UNEAC, cuento, 1999), y *Otras versiones del miedo* (Premio UNEAC, cuento, 2001). Obtuvo, en 1997, el Premio Nacional de Periodismo Cultural, y Mención en el Premio Casa de las Américas, en 2001.

José Omar Torres López (Matanzas, 1953). Pintor, litógrafo, grabador y profesor. Cuenta con más de cien exposiciones personales y colectivas. Ha impartido cursos de grabado en Colombia, Ecuador, Suecia y Noruega. Muchas de sus obras se encuentran en colecciones del Museo Nacional de Bellas Artes; Museo Schrainer de Colonia, Alemania; Fundación Fénix de Estocolmo, Suecia; Workshop Brandywine, Filadelfia, Estados Unidos, entre otras. Actualmente dirige el Taller Experimental de Gráfica.

POR CULPA de un JODIDO BICHO ESPAÑOL /187

Edel Bordón (Las Villas, 1953). Pintor y profesor. Sus obras se han presentado en diversas exposiciones personales y colectivas en Cuba y el extranjero. Por su vasta labor pedagógica ha recibido numerosos reconocimientos como: Mención a la Labor Pedagógica, Centro Nacional de Enseñanza Artística y Premio a la Maestría Pedagógica, Universidad de La Habana, 1996 y 1998.

Daniel Chavarría (escritor cubano nacido en Urugüay, 1933). Narrador, guionista de cine y TV, profesor, traductor. Entre sus novelas más importantes figuran: *Joy* (1978, Premio MININT, a la mejor novela policíaca cubana de la década del 70); *Allá ellos* (Premio *Dashiell Hammett* de la AIEP en Gijón, Asturias, 1992), *El ojo de Cibeles* (Premio Planeta, México, 1993); *El rojo en la pluma del loro* (Premio Casa de las Américas, 2000), y *Adiós muchachos* (Premio E. Allan Poe, Nueva York, 2002).

EL NIÑO Y LA MUJER POLICIA /195

Ernesto M. Rancaño Vieites (La Habana, 1968). Pintor y dibujante. Es miembro de la AIAP. Cuenta con más de cincuenta exposiciones personales y colectivas. Obras suyas decoran instalaciones turísticas del país. Es coautor del Libro de arte titulado *Suceden los espejos*.

Marta Rojas Rodríguez (Santiago de Cuba, 1931). Narradora y periodista. Entre sus obras se encuentran: el testimonio *El juicio del Moncada*, publicado por primera vez en 1960; *Crónicas sobre Viet Nam* (del Sur y del Norte, 1966 y 1971); *El que debe vivir* (Premio Casa de las Américas, testimonio, 1978); *El columpio de Rey Spencer* (novela, 1996); *Santa lujuria* (novela, 2000). Obtuvo el Premio Nacional de Periodismo José Martí en 1998.

EPÍLOGO

Ricardo Alarcón de Quesada (La Habana, 1937). Doctor en Filosofía y Letras en la Universidad de La Habana. De su rica vida política puede destacarse su participación como miembro de la Dirección Provincial del Movimiento 26 de Julio en La Habana (1957-1959), Presidente de la Federación Estudiantil Universitaria (1961-1962) y miembro del Buró Político del Partido Comunista de Cuba desde 1992. Ha ocupado diferentes cargos del Estado como Director de Países de América Latina del Ministerio de Relaciones Exteriores, Embajador Representante Permanente de Cuba ante la ONU, Presidente del Consejo de Administración del PNUD, Viceministro y Ministro de Relaciones Exteriores, y Presidente de la Asamblea Nacional del Poder Popular, desde 1993.